사례별로 본

미국의 지방행정

후·속·편

LOCAL

the United States

사례별로 본
미국의 지방행정

ADMINISTRATION

박 용 래

KSi 한국학술정보㈜

❧ 머 리 말

1995년 전면적 지방자치제 실시 이후 시민 위주의 행정은 시민의 여론에 귀 기울이고 시민의 삶의 질 향상이라는 명제 아래 많은 발전을 한 것도 사실이지만 아직도 지방자치의 역사가 일천한 까닭으로 우리는 지방자치 선진국들의 행정경험을 배우고 접목하려는 노력이 계속되어야 한다고 봅니다.

지방자치 선진국 중의 하나인 미국에서 4년간 서울시 주재관으로 근무, 지방자치관련 제도, 관행을 눈여겨보면서 이를 비교 연구하게 되었고 이런 자료는 더 많은 사람들에게 읽혀져 지방자치 발전에 기여하여야 한다는 생각으로 이 자료집을 정리하게 되었습니다.

이 자료는 책에서 배우는 이론적인 것이 아니고 미국의 지방정부가 실제 시행하는 제도를 중심으로 정리한 것이라서 관련 분야 실무참고서로써 가치가 있다고 봅니다.

특히 정리하면서 우리가 연구를 계속하여야 할 분야로 지역경제에 대한 지방자치단체의 관심이 더욱 커져야 되며 지방자치 실시 이후 제도적, 행정적 측면에서 지역경제에 대한 지방자치단체의 주도적 역할이 증대될 수 있도록 중앙정부와 지방자치단체가 공동 노력하여야 한다고 느끼게 되었습니다. 그 지역의 특수성을 가장 잘 파악하는 것은 그 지자체이며 지역의 창의성을 유발시키는 것도 당해 지자체라고 보기 때문입니다. 행정의 초점이 서울의 산업을 진흥시켜 고용창출, 소득향상을 꾀하고 지속발전 가능한 도시로 발전시키기 위해 국제경쟁력을 향상시켜야 한다고 생각합니다.

자료의 연구는 서울시 행정과 비교하면서 현지 지방정부의 시행자료, 관련 연구기관, 전문 서적 등을 참고로 정리하였으며 연구는 현지 사무소에서 채용한 도시행정 관련 전문 직원과 관련 분야 인재풀제로 운영한 인사들의 협조가 큰 기여를 하였습니다. 현지에서 이러한 작업을 지원해 준 Don K Rhee, 조성길 박사, Malie Lee, 윤아경, 진재훈, 이사형, SCAG의 최승연 박사와 현지 언론기관, 총영사관, 교민사회 여러분에게 이 지면을 빌어 감사드립니다.

2008년 11월

박용래
(前 Los Angeles 서울 관장)

ℭ 추 천 사

　관악구를 지속발전 가능한 도시로 만들어가는 데 큰 힘이 되어 주시는 박용래 부구청장님께 깊은 감사의 말씀을 드립니다. 앞으로 더 큰 일, 더 많은 일, 더 중요한 일을 함께 할 수 있을 것이라 기대합니다.

2007년 3월　일

김 효 겸
서 울 관 악 구 청 장

　서울시 국제교류 과장 시절 국제교류 업무의 토대와 우리나라 해외주재관 제도의 효시를 만들며 가장 지역적인 것이 가장 민족적인 것, 가장 민족적인 것이 가장 세계적인 것이라는 지방의 국제화를 실현하신 박용래 관악구 부구청장님의 앞길에 무궁한 발전이 있으시기를 기원합니다.

2007년 3월　일

염 보 현
서 울 시　시 우 회　회 장
(前) 서울특별시장, 경기도지사, 치안본부장

　지방자치 실시 이후 제도적, 행정적 측면에서 지역경제에 대한 지방자치단체의 주도적 역할이 증대하면서 국제교류와 행정혁신 분야의 전문가이신 박용래 관악구 부구청장님께 모아지는 기대가 더욱 커지고 있습니다. 이에 부응하실 수 있도록 더욱 정진하시길 바랍니다.

2007년 3월　일

김 용 래
충 청 향 우 회　총 재
前) 서울특별시장, 총무처장관

서울시 초대 국제교류 과장을 역임하던 시절부터 대한민국 지방자치단체의 경쟁력 강화방안을 국제적인 안목으로 모색하며 많은 선진행정사례들을 전략적 국제교류방법의 기본지침과 방향을 제시할 보고(寶庫)로 만들어 온 귀하께 격려의 말씀을 드리며 앞으로도 더욱 정진하시길 바랍니다.

2007년 3월   일

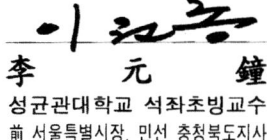

李　元　鐘
성균관대학교 석좌초빙교수
前 서울특별시장, 민선 충청북도지사

30년 공직생활을 통해 귀하께서 한결같이 보여 주신 혁신적 업무자세에 격려를 보내며 앞으로도 지자체 발전과 경쟁력 강화에 귀하의 창의적 사고와 풍부한 경험을 바탕으로 많은 기여 있으시길 부탁드립니다.

2007년 3월   일

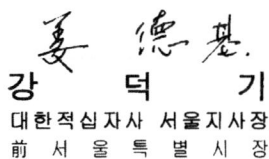

강　덕　기
대한적십자사 서울지사장
前 서 울 특 별 시 장

한국 지자체의 발아부터 현재까지 자치단체의 국제교류와 경쟁력을 키우기 위해 쏟아 온 노력과 열정에 격려를 보내며 이를 토대로 지방행정 역사에 길이 남을 모범적 사례를 만들어 가시길 바랍니다.

2007년 3월   일

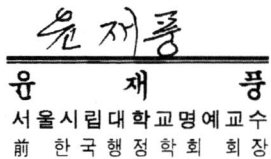

윤　재　풍
서울시립대학교 명예교수
前 한 국 행 정 학 회 회 장

끝없는 배움, 그리고 실천.

행정학 박사 박용래 관악구 부구청장님께 스승인 제가 오히려 배우고 감탄했던 모습입니다. 앞으로도 더욱 구정 운영과 학업에 매진하시어 적재적소에서 빛나시길 기원합니다.

2007년 3월 일

이 상 범
서울시립대학교총장
미국 Columbia대 박사

귀하께서 발굴해 오신 방대한 해외행정 선진 사례들이 여전히 학계에서 유용한 학술자료로 활용되고 있습니다.

학문탐구의 창의적 열정을 공직생활 중에서도 변함없이 유지하시어 한국행정학 연구의 밑거름을 창출해 주실 것을 부탁드립니다.

2007년 3월 일

조 영 달
서울사범대학 학장
미국펜실베니아대 박사

학계에 지방행정 선진 사례를 집대성하여 선사해 주신 점 늘 감사하게 생각합니다. 학구파 행정가의 명성이 앞으로 더욱 널리 알려질 수 있도록 끊임없는 정진 이루시길 진심으로 기원합니다.

2007년 3월 일

김 일 태
서울시립대학교수

불철주야 미국의 선진 행정사례들을 서울시 행정사례들과 주도면밀하게 비교검토하며 우리나라 지방자치단체의 나아갈 방향을 함께 논했던 때가 그립습니다. 이제 그 성과가 한국의 지방자치단체를 이끌어 가시는 귀하의 길목에서 하나하나 꽃피게 되기를 진심으로 기대합니다.

2007년 3월   일

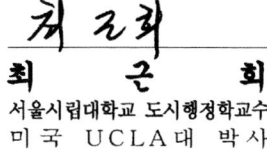

최   근   희
서울시립대학교 도시행정학교수
미 국 UCLA대 박 사

지방행정 혁신의 중심에 서 계신 박용래 부구청장님의 건승을 빕니다. 지역발전에 쏟으시는 노력과 열정에 항상 관심과 응원을 보내며 앞으로도 한국 지방자치단체 발전의 주도적 역할을 수행하시기를 기원합니다.

2007년 3월   일

김   홍   식
前 전라남도 장성군 군수(민선 1,2대)
前 교사, 공무원, 개인기업 CEO, 교육위원

LA서울종합홍보센터 관장을 역임하시며 보여 주셨던 국제교류 분야의 전문가로서의 역량을 지방행정을 통해 구현하고 있으시다는 소식에 반가움을 표하며 미국사회에 대한 폭 넓은 경험과 이해를 바탕으로 앞으로 더욱 중책을 수행하시길 기원합니다.

2007년 3월   일

이   영   만
호주교육연합 한국지사장
前 캘리포니아주정부 한국무역분과대표

☞ CONTENTS

Ⅰ. 일반행정

01. 미국행정 체제 안내

□ United States of America(미국)

1. 국명통칭
○ 아메리카합중국

2. 공식국명
○ The United States of America

3. 수 도
○ Washington, District of Columbia

4. 면 적
○ 면적: 9,372,610㎢(47% 농지, 29% 산지, 한반도의 약 42배, 남한의

95배)

○ 면적기준 세계 제4위국이며, 북으로 캐나다, 남서로 멕시코, 동남으
  로 쿠바와 국경을 접하고 있음.
○ 지형학적으로 본토는 서부 산악지대, 동부 구릉 및 저산지대, 중부
  대평원 알라스카 장년기지형의 산악과 많은 협곡, 하와이 화산지형
  으로 구성

5. 인 구

○ 2억 5천8백만 명(1993년 기준, U.S.Bureau of Census)

ㄱ. 인구개요

○ 미국 인구는 80년 초 90년 초까지 2,400만 명의 증가를 보였는데,
  이 중 외국 이민유입에 의한 증가(특히 아시아계, 라틴아메리카계)
  가 29% 정도임.
○ 지역별 인구분포 및 특징
  - 남부지역
    미 전체 인구의 35% 이상이 거주하는 인구가 가장 밀집된 지역
    이며, 특히 델라웨어와 플로리다에 이르는 대서양연안 남부지역
    (South Atlantic)의 인구 증가율이 두드러짐.
  - 서부지역
    80-89년간 20%의 인구증가율을 기록하였으며, 특히 네바다 주의
    증가율이 높았음. 전체 인구 중 약 22%가 거주
  - 북동부지역: 미국 전체 인구의 20%를 차지하고 있으며, 완만한
    성장세 지속
  - 중서부지역: 미국 전체 인구의 24%를 차지
○ 미국의 총 가구(Households) 수는 9,600만 호이며, 이 중 1인 가구가 25%임.

ㄴ. 수도인구(워싱턴)

ㅇ 606,900명(1994. 4월 기준)

ㄷ. 10대도시(92년 추정, 교외지역 제외)

NEW YORK	731만 명
LOS ANGELES	349만 명
CHICAGO	277만 명
HOUSTON	169만 명
PHILADELPHIA	155만 명
SAN DIEGO	115만 명
DALLAS	102만 명
PHOENIX	101만 명
SAN ANTONIO	97만 명
SAN JOSE	80만 명
INDIANPOLIS	75만 명

ㄹ. 미국의 10대 메트로폴리탄지역(92년 추정)

NEW YORK - NORTHERN NEW JERSEY - LONG ISLAND	1,967만 명
LA - RIVERSIDE - ORANGE COUNTY	1,505만 명
CHICAGO - GARY - KENOSHA	841만 명
WAHSINGTON, D.C. - BALTIMORE	692만 명
SAN FRANCISCO - OKLAND - SAN JOSE	641만 명
PHILADELPHIA - WILMINGTON - ATLANTIC CITY	594만 명

BOSTON – WORCESTER – LAWRENCE	544만 명
DETROIT – ANN ARBOR – FLINT	525만 명
DALLAS – FORT WORTH	421만 명
HOUSTON – GALVESTON – BRAZORIA	396만 명

6. 인구성장률

○ 1.1%(1993년, 전년대비 증가율)

7. 인구밀도

○ 27.3명/㎢(1992년 기준)

8. 종 족

○ 비히스패닉계 백인이 75%로 최대 인종(히스패닉계 포함 시 백인인
  구 80%) 백인 80.3%, 흑인 12%, 히스패닉 9%, 아메리카인디언 및
  에스키모 0.8% 아시안·태평양섬 2.9%, 기타 3.9%(백인비율 점차
  감소추세)

9. 언 어

○ 공용어 – 영어(스페인어도 일부지역에서 통용)

10. 종 교

○ 신교 56%, 가톨릭교 28%, 유대교 2%, 기타 4%, 비신도 10%

11. 국제공항

○ 연방 항공규정에 의거, 인가된 미국 내 공항은 총 680여 개로서 이

중 국제공항(미국 내 전체 항공 탑승객의 1% 이상을 수송하는 공항기준)은 26개 도시 40여 기에 달함.

o 현지 주요공항 교통편의(한국인 여행객이 많은 공항)

 - L.A. 국제공항(약칭 LAX)

   국제편은 모두 톰 브래들리 국제터미널에 도착, 한국으로부터 직행편인경유 이곳에 도착하지만, 호놀룰루 경유 시 국내선 취급을 받기 때문에 다른 터미널에 도착할 수 있음. 국제공항은 다운타운의 남서쪽으로 약 30킬로미터에 소재, 톰 브래들리 터미널은 1층이 도착 전용 2층이 출발 전용임. 국제선으로 도착했을 경우 여기에서 입국절차와 통관절차를 밟아야 함.

   • 시내까지의 교통편

   ‣ 택시

     공항 밖의 역삼각형 TAXI 표지판에서 기다림. 팁은 미터요금의 10-15%이고 짐을 트렁크에 실었을 때는 개당 1불 정도 추가하는 것이 에티켓임.

   ‣ 공항버스

     공항과 L.A 각지를 잇는 리무진버스로 승차장은 도착로비로 나와 횡단보도를 건너 안전지대에 있는 'BUS STOP'의 표지판이 있는 곳임. 표(TICKET)는 각 터미널 앞의 매표소(TICKET BOOTH) 아니면 버스 안에서 직접 구입함. 짐은 밖에서 버스 트렁크에 넣는데, 이때 운전기사에게 호텔이름을 말해두면 좋음.

   ‣ RTD 버스

     L.A.의 대표적인 대중교통수단으로 정식명칭은 Southern California Rapid Transit District임. 공항 내에는 RTD 버스 정류장이 없으므로 터미널 앞에서 LOT C(96th ST)행 셔틀버스(LAX

SHUTTLE) 'C'를 탐. 종점 바로 옆에 RTD 버스 센터가 있어 여기서 각 방면 버스를 탐. 국제선 도착로비 안내(Information)에서 노선도 입수 가능. 요금은 노선에 따라 다름 국제선 도착로비 안내(Information)에서 조선도 입수 가능.

‣ 렌터카

L.A에서 가장 편리한 교통수단으로 공항에서 바로 렌터카를 이용 시 한국에서 미리 예약하면 편리함. 공항도착 터미널에 Hertz, Avis, National, Budget, Dollar 등 렌터카 회사의 부스가 있으므로 렌트절차를 밟을 수 있음.

- 뉴욕(John F. Kennedy 공항)

• 한국에서 오는 편을 포함한 국제선은 이곳에 도착.

맨해튼 중심에서 남동쪽으로 24킬로미터 떨어진 퀸즈구에 공항 소재 이곳이 최초 미국 도착지일 때는 입국절차를 여기서 밟아야 함.

• 교통편

‣ 공항버스(carey transportation)

공항과 맨해튼의 그랜드센트럴역, 버스터미널인 PORT AUTHORITY BUS TERMINAL을 연결. 심야를 제외하고는 30분 간격으로 운행. 요금은 11불이고 약 1시간 정도 소요.

‣ 택시

각 터미널 앞에 있음. 공항에서 맨해튼의 미드타운까지 약 30-40분 소요 요금은 미터제이며 통행료. 팁을 포함해서 45-50불 정도 소요. 뉴저지 등 시외로 향할 경우는 왕복요금을 지불해야 함. 안전을 위해 YELLOW CAB(노란색 관허 영업용 택시)를 타는 것이 좋음.

- 시카고

- 한국에서 오는 편을 포함한 국제선은 모두 O'HARE 국제공항에 도착. 공항은 다운타운에서 북서쪽 37킬로미터 소재
- 교통편
  ‣ 택시
    각 터미널 앞에 있음. 소요시간 40-50분, 요금 25-30불이며, 리무진은 50불 정도임. 주요 택시회사 yellow and checker(829-42222)와 flash cab(561-1444)
  ‣ CTA(Chicago Transit Authority)
    공항의 주차장 지하에서 다운타운을 연결하는 쾌속열차(Rapid Transit)는 약 30분 간격으로 다운타운의 루프(LOOP) 내에 도착. 24시간 운행하며, 낮에는 약 20분 간격으로 운행
- 호놀룰루
  - 한국에서 오는 편을 포함한 국제선은 호놀룰루 국제공항에 도착. 공항은 다운타운의 남서쪽 약 8킬로미터 떨어진 곳에 있으며, 다운타운에서 약 15분 소요.
  - 교통편
    AIRPORTER라 불리는 공항버스가 운행되고 있으며, 와이키키까지 25분 정도 소요되며, 요금은 성인 5불임. 시영버스도 있지만 짐을 실을 수 없으므로 주의. 갈아타기는 두 번까지 무려. 택시요금은 와이키키까지 20불 정도. 택시는 미터제이며, 공항 내의 승차장에서 타든가 아니면 전화로 요청.

12. 시 차

○ 미 본토는 태평양연안에서 동쪽으로 향해 태평양표준시간(Pacific Standard Times: PSY), 산악지대표준시간(Mountain Staandard Time: MST), 중부표준시간(Central Standard Time: CST), 동부표준시간

(Eastern Standard Time: EST) 등 4개의 표준시간이 있음.

○ 시간대를 넘을 때마다 시계를 1시간 앞으로 돌리거나 뒤로 돌려야 함

○ 한국과 미국과의 시차

  • 서해안(L.A.., PST)：－17   • 산악부(덴버, MSR)：－16

  • 중부(시카고, CST)：－15   • 동부(뉴욕, EST)：－14

○ 한국의 자정은 미국에서는 전일 오전 7시(L.A), 오전 8시(덴버), 오전 9시(시카고), 오전 10시(뉴욕)임.

○ SUMMER TIME

  서머타임 채택으로 4월 첫째 일요일부터 10월 마지막 일요일까지 반년 동안 표준 시간보다 1시간 빨라짐. 따라서 이때에는 서울과 뉴욕 시차가 13시간이 됨.(단, 애리조나, 하와이 주 등은 서머타임제를 채택하지 않음)

13. 공휴일

○ 미국의 공휴일은 주별로 약간 다르나, 다음 공휴일은 거의 모든 주에서 공휴일임.

NEW YEAR'S DAY	1//1
MARTIN LUTHER KING'S DAY	1/18
PRESIDENT'S BIRTHDAY	2월 셋째 월요일
MEMORIAL DAY	5월 마지막 월요일
INDEPENDENCE DAY	7/4
LABOR DAY	9월 첫째 월요일
COLUMBUS DAY	10월 둘째 월요일
VETERANS DAY	11/11
THANKSGIVING DAY	11월 넷째 목요일
CHRISTMAS DAY	12/25

□ CALIFORNIA STATE(캘리포니아 주)

1. 연 혁

가. 연방 편입: 1850년 9월 9일, 31번째 주로 편입

나. 주명: STATE OF CALIFORNIA

다. 연도별 역사적 사건
 - 1542년: 스페인 탐험가 후안 호드리게스 카므리오가 처음 발견
 - 1769년: 샌디에이고에 스페인 선교단 정착
 - 1846 - 8년: 영유권으로 미국과 멕시코 전쟁, 미국 측이 승리, 골드러쉬
 - 1850년: 31번째 연방 편입
 - 1870년: 극심한 경기침체 시작
 - 1871년: 백인계에 의해 첫 인종 폭동, 중국계 이민자 탄압
 - 1877년: 샌프란시스코 인종 폭동
 - 1906년: 샌프란시스코 대지진, 700명 사망, 2만 8천여 건물 파괴
 - 1900년대 초기: 천연자원 개발과 농업 발달로 경제붐
 - 1950년대: 제2차세계대전 후 방위산업 중심지로 발달
 - 19965년: 이민법개정으로 이민 급증, 와츠 폭동으로 소수 민족계 권
   익 향상을 위한 각종 법규, 행정 제도, 교육제도 신설

2. 지역적 구분

가. 위치: 미국의 서쪽 끝에 위치

나. 주의 지리적 경계
 - 동: 네바다 주　 - 서: 태평양　 - 남: 멕시코　 - 북: 오래곤 주

다. 주의 특징
 - 아름다운 자연과 질 좋은 농산물, 공산물, 사회보장 제도
 - 정치적으로 주요한 주

- 주요 도시: 로스앤젤레스, 샌프란시스코, 샌디에이고 등
- 가장 인구가 많은 주
- 크게 9개의 지역으로 구분(노스코스커, 노스이스트, 새크라멘토, 샌프란시스코 베이, 새노아킨벨리, 센트럴코스트, L.A., 인렌드엠 파이어, 샌디에이고)

3. 지리적 특징

가. 면적: 424,002㎢, 미국 제3위, 주의 44.5%는 연방 소유

나. 위치: 미국의 서쪽 끝

다. 기후 특징
- 여러 가지 기후 패턴
- 대부분의 지역은 2가지 계절로 구별

  우기: 10월 4월

  건기: 5월 9월
- 연간 평균 강수량

  북가주(해안지방): 2,032mm

  남가주: 254 – 381mm
- 평균 온도

  북가주: 13℃(1월),   22℃(7월)

  남가주: 10℃(1월),   15℃(7월)

4. 인 구

가. 인구: 30,866,851명(1992년 센서스), 미국 제1위

나. 인구밀도: 73.7명/㎢

다. 인구분포
- 백인: 69%   - 흑인: 7.4%   - 동양인: 9.6%   - 히스패닉:25.8%

라. 인구분포
- 도시: 92.6%   - 농촌: 7.4%

5. 주정부의 심볼

가. 별칭(닉네임): Goldent State(펴우언과 농산물, 밀림과 풍부한 목재,
   사막과 온촌, 금과 석유, 백사장이 있으며 찬란한 태양이 있기에 골
   든 스테이트라고 함)

나. 주의 상징 새: California Valley Quail

다. 주의 꽃: Golden Poppy

라. 주의 나무: California Red Wood

마. 주의 Motto: I have found it

바. 주의 노래: 'I Love You, California.'

6. 주와 연방정부의 관계

가. 연방 편입: 1850년 9월 9일, 31번째 주로 편입

나. 연방 의원 수:
- 상원: 2명(민주당)
- 하원: 52명(민주당 31명, 공화당 21명)

다. 대통령 선거인단: 54명

7. 주의 행정조직

가. 주지사
- 임기: 4년, 2번 연임 가능
- 권한: 입법, 사법, 행정의 최고 통치자.
  - 행정권한
  - 행정의 최고 통치자

- 고위 행정관의 임명
- 행정의 감독 및 재정 통치권한
- 입법권한:
  - 입법 계획, 특별위원회 소집
  - 의회 의결 사항 거부권
  - 예산안 편성, 규칙 제정권한
- 사법권권한:
  - 범죄의 사면 및 감형
  - 주 방위군의 최고 통치자
  - 정당의 최고 당수

나. 주도: 세크라멘토

다. 조직: 주지사(1), 주장관(8), 주지사에 의해 임명된 각 부서의 장들로 구성

라. 주 공무원 수: 154,000명(1992년)

마. 캘리포니아 산하 지방 정부
- 카운티: 58개, Genenral Law, Charter, Consolidated의 3개의 형태
- 슈퍼바이저 위원회: 각 카운티는 5명 슈퍼바이저 위원회로 구성
- 지역 발전 도모
- 조례 제정과 제도 실시
- 시: 410개, General Law, charter, Consolidated의 3개의 형태
- 실질적인 지방 자치 단위
- 모든 권한을 주로부터 위임
- 시민의 건강, 안전, 사회보장을 위해 법령 제정
- 모든 도시계획을 주도(주로부터 위임된 권한과 경찰력으로)

바. 주정부의 권한
- 법의 제정과 실행

- 세금의 징수
- 선거의 실시와 집행
- 지방 정부를 완성
- 주 내의 통상 조절
- 공공의 안전을 보호
- 미국 헌법의 수정안의 비준
- 은행과 회사설립을 허가
- 법원을 완성

사. 주 정부의 지방 정부를 위한 역할
- 권리를 위임(주와 미국 연방 법 아래)
- 대규모의 건설 사업의 주도(고속도로, 상하수도 건설 등)

8. 주의 입법

가. 구성: 주상원(40명), 주하원(80명)

나. 임기: 주상원(4년), 주하원(2년)

9. 캘리포니아의 산업

가. 산업구조: 1,2,3차 산업이 고루 발달

나. 산업구조 변화
- 19세기 초 경공업 발달
- 1940년 이후 항공 우주 산업 발달과 중공업 발달
- 20세기 초반 영화, TV, Radio 등의 산업 발달

다. 산업별 특징
- 농 업 - 곡물, 야채, 과일 등 모든 종류가 발달(특히 오렌지와 포도)
- 광 업 - 캘리포니아에서 가장 먼저 발달
        - 금, 원유, 천연가스, 귀금속, 석연, 석회석, 중장석

　　　　- 미국의 원유 생산량의 12%
- 임　업 - 주의 40%가 산림 지역, 레드우드와 프리스텔콘 소나무
- 수산업 - 주의 연 총생산에 1%가량 비중
　　　　- 미국의 주요한 생선 공급원
- 제조업 - 48,0000여 개의 제조회사
　　　　- 주의 연 총생산에 175의 비중
　　　　- 2,100,000명 고용창출
　　　　- 방위 산업, 운송장비, 항공유주, 조선, 전기, 전자 장비,
　　　　　기계부품, 과학, 인쇄, 식품, 봉제 등의 산업 발달
- 관광업 - 주의 주된 산업
　　　　- 매년 40,000,000명의 관광객
　　　　- $53,000,000의 관광 소득
- 수송업 - 로스앤젤레스, 샌프란시스코, 샌디에이고가 중심이며 도로
　　　　　망 가장 발달
- 에너지 산업 - 연간 115,000,000,000KW의 전기를 생산
　　　　　　- 수력 - 21%　　- 화력 - 41%
　　　　　　- 원자력 - 29%　- 태양력, 풍력 등

10. 가주의 오늘

가. 1992년 L.A. 폭동: 58명 사망 - $750,000,000의 피해
나. 1992년 L.A. 지진: 6.7도, 57명 사망, 주요 고속도로 파괴
　- $300억 불의 피해

□ 로스앤젤레스 카운티정부(Los Angeles County)

1. 로스앤젤레스 카운티정부 특성

가. 경제규모: 미국 9번째, 전 세계 14번째 규모

나. 주요산업: 제조업, 광고, 컴퓨터 프로그래밍, 데이터, 프로세싱, 엔지니어링, 회계, 법률 등의 서비스업, 영화, 연예산업 발달, 의류제조, 항공 관련 첨단기기 산업발달

다. 2개의 국제항구 보유: LA, 롱비치

라. 1개의 국제공항 보유: LA 국제공항

마. 국제무역관련 교류액이 1천 7백억 불(1996년 기준)로서 뉴욕의 1천 5백 6십억 불(1996년 기준)을 능가함

2. 면적: 10,4453㎢(4,752 sq.mile: 서울의 약 17배)

3. 인구: 약 9백4십만 명(1996년 통계): 1990년 이후 50만 명 증가

○ 인구수만으로는 전국 9번째 주에 해당

○ 시 인구(Incorporated Cities): 8,392,000명

○ Unincorporated Area: 977,800명

○ 최대 규모 시: 로스앤젤레스 시(인구 약 3백6십만 명)

○ 최소 규모 시: 버논시(인구 80만 명)

○ 인구분포: 남미계(41.6%), 백인(36%), 동양계(11.7%), 흑인(10.4%)

○ 주민의 70% 이상이 고졸 이상 학력소지자(22% 이상이 대학졸업 이상)

○ 140여 개의 대학들이 소재(UCLA, CIT, USC 등)

○ 카운티 공무원 수: 73,705명(임시직 제외)

4. 카운티 정부형태: 카운티헌장(Charter County)에 의거한
   정부형태이며 주정부의 행정대행임무(Administrative
   Subdivision)수행

5. 카운티의 구성: 88개의 독립된 시 및 기타지역(Unincorporated
   Area)들로서 구성되어 있다.

6. 카운티 정부조직: 슈퍼바이저 위원회(Boaard of Supervisiors),
   Chief Administrative Officer(1명), 행정부서(9개)

가. 슈퍼바이저위원회
   ◦ 5명의 슈퍼바이저(5개 지역구)들로 구성
   ◦ 임기 4년
   ◦ 행정, 입법, 준사법기능, 수행의 최고 의사결정기구
   ◦ 카운티 헌장이 허용하는 범위에서 조례와 규정을 제정
   ◦ 카운티 내 Unincorporated Area에 대한 시장권한 및 의무
   ◦ 도시계획위원회 예외사항관련 항소위 기능
   ◦ 지역개발 및 면허관련 청문회 주재

나. Chief Administratife Officer
   ◦ 슈퍼바이저위원회에 의하여 임명
   ◦ 슈퍼바이저위원회 결정사항 실행
   ◦ 카운티 예산준비
   ◦ 카운티 행정의 실질적 수반
   ◦ 슈퍼바이저위원회에 필요한 정보준비 및 연구

다. 카운티 법원
   ◦ 사법권 담당

○ 지방법원(Municipal Court), 상급법원(Superior), 대배심(Grand Jury)

○ 모든 판사(약 400명)는 선거로 선출

라. 카운티 검사장

○ 선출직 임기 4년

○ 3,200명의 검사 및 수사요원 근무(미국 내 최대)

○ 범죄예방 및 피해자(주민)에 대한 보호와 지원제공

마. 보안관(Sheriff)

○ 보안국장은 선출직

○ 경찰임무: 주민보호, 범죄예방, 범죄자 체포, 구금

○ 8개 부서에 23개 지서를 운영(미국 내 최대)

바. 세무 사정관(Assessor)

○ 재산세(선박세 포함), 부동산관련 상속세 사정과 징수

○ 부동산 가치의 시세변동 주시 과세지표를 현실화

○ 과세근거의 지속적 제공

7. 카운티의 역할

가. 출생, 사망, 혼인 등

나. 선거업무 기획 및 집행

다. 공중보건 프로그램에 대한 감독

라. 쓰레기 매립시설운영

마. 도서관운영

바. 보안관(Sheriff)운영

사. 재판부, 교도소운영

아. 소비자 보호업무

자. 검찰기능(카운티 내 모든 중범에 대한 기소권)

차. 공해예방 및 정책업무

카. 공식 계량업무 등

8. 로스앤젤레스카운티 예산

o 1995－6년 예산총액: $98억

9. 문 화

o 로스앤젤레스 필하모니

o 뮤직센터

o Greet Theater

o Getty Museum(1997년 개관)

□ 로스앤젤레스 시(The City of Los Angeles)

1. 역사적 배경

가. 시의 편입: 1850년 4월 4일

나. 공식명칭: The City of Los Angeles

다. 연도별 역사적 사건

 ◦ 1781년 스페인 식민지하의 시로 출발

 ◦ 1850년 미 연방법에 의해 시로 편입(초대시장: 앨 퓨즈 하지스)

 ◦ 1851년 로스앤젤레스 시 경찰 창설

 ◦ 1872년 시의 골격이 갖추어짐

 ◦ 1926년 22대 메레디스 시장 당시 4년 임기제 확정과 각종 부서신설

 ◦ 1960년대 36대 샘 요티 시장 때부터 대도시로 발전 및 로스앤젤레
   스 시의 국제화, 경제진흥, 외국의 도시들과 자매결연

 ◦ 1973년 탐 브래들리 시장 당선 이후 20년간 세계 각국의 이민자들
   의 터전이 됨과 동시에 미 제2의 도시로 성장

◦ 현 리오단 시장(2001년까지 임기)

2. LA의 특색

가. 미국 내 2번째로 인구가 많은 도시

나. 온화한 기후, 우거진 숲 등 아름다운 환경

다. 영화산업, TV, 라디오 등 방송관련 산업이 번창

라. 광범위한 고속도로망

마. 지진, 매연

3. 지리적 특성

가. 면적: 1,206.7㎢

◦ 남북 길이: 70.4km

◦ 동서 길이: 40km

◦ 시 경계선 총연장: 504km

나. 지형:

◦ 해면으로부터 1,548.4M

◦ 평균 해발: 83.8M

4. 인 구

가. 총인구: 약 350만 명(96년 기준)

나. 인종분포

◦ 남미계(히스패닉)	40%
◦ 백인	37%
◦ 흑인	13%
◦ 동양계	9%
◦ 기타(인디언 포함)	1%

◦ 한인 인구: 7만 2천(인구 조사자료 기준)

5. 시의 공식 기(Flag)

가. 크기: 2.43미터 X 3.66미터

나. 모양: 빨강, 노랑, 초록색을 세로로 배열한 Taffeta

다. 기의 상징: 기의 색상들은 스페인과 멕시코에서 유래되었으며 시의
마크가 중앙에 위치함

◦ 빨강색: 포도밭

◦ 노랑색: 오렌지

◦ 초록색: 올리브 나무

6. 시의 마크(Seal): 스페인 통치하(1542 - 1821)의 스페인 전통무 기의 상징인성의 모양이 있고 독수리는 멕시코 통치하(1822 - 1846)의 무기를 상징

7. 시의 조직형태

가. 시장(Mayor) - 시의회(Council) - 위원회(Commission)

나. 1925년 7월 1일 선거를 통한 시 헌장에 의한 Charter City가 됨

8. 시정부의 조직

가. 구성: 시장, 시검사장, 감시관, 15명의 시의원, 39개 부서로 구성

나. 직원 수: 약 33,136여 명(임시직 제외, 한인은 50여 명)

다. 시장: 리차드 리오단(1993년 6월 8일 당선, 1997년 재선)

◦ 임기: 4년

◦ 권한: - 행정부처 총괄

　　　　　- 시의회의 동의로 국장, 행정위원, 기타 직원의 임명과 해임
　　　　　- 시 조례를 집행
　　　　　- 모든 시 행사관련 집행 및 참여
　　　　　- 시의회 제안. 동의된 조례의 승인 및 거부권 행사

라. 시청건립: 1928년 4월 26일 완공

마. 시의회: 15개 지역을 대표하는 15명의 시의원으로 구성

　◦ 임기: 4년

　◦ 임무: - 시 조례 제안. 제정
　　　　　- 시 예산결정
　　　　　- 시 세입과 기타 중대 사항 논의·결정
　　　　　- 시 공무원 관리·제재

　◦ 회기: 화요일, 수요일, 금요일 오전 10시 공개모임(일반시민 방청)

바. 시검사장: 선출직

　◦ 임무: - 시의 법률적 조력자, 각종 법률소송에 시정부를 대표
　　　　　- 시 조례, 주법, 연방법 관련한 기소의무

사. 시감사관: 선출직

　◦ 임무: - 시정부의 회계업무를 총괄
　　　　　- 각 부처의 회계업무를 감독 및 감사

아. 각 부처의 조직

　◦ 시헌장과 조례에 의한 국장과 운영위원회(5-7명)

　◦ 위원의 임기: 5년

　◦ 운영: 시의 예산으로 할당받음

　◦ 자체운영 관리부서: 항만국, 공항관리국, 수도전력국

　◦ 주요 3대 부서: 경찰국(LAPD), 수도전력국(DWP), 대민봉사국

자. 주요 부서의 기능

　◦ 공항관리국: LA인근의 공항과 공항시설의 관리

◦ 동물관리국: LA시 내외의 동물관리, 보호 등의 업무
◦ 교통국: 각종 도로망과 대중교통수단 운영관리 및 도로신설
◦ 노인국: 연금관리자(65세 이상)를 관리, 봉사업무, 노인관련 프로그램 준비 및 조정
◦ 건물안전국: 건설관련 제반법률과 조례관련 허가사항 및 감독 시의 조림 규정 실행
◦ 행정국: 시장과 시의회의 재정보조 업무, 시 관리문제관련 조사, 시 예산 수립 및 시장의 예산업무 보조, 행정예산 감독, 시행정 프로그램 감독, 보조
◦ 서기국: 시의회의 서기업무, 시의회 기록관리, 시행정관련 부동산 사용 기록관리, 시선거 기록과 관리
◦ 항만국: LA항을 관리(Tides Lands Trust Act 규정하), 자체수입으로 재정 조달
◦ 수도전력국: LA 시민들을 위한 상수원과 전력공급 당당업무, 시의회의 인준을 받아 수도 및 전기요금 조정
◦ 시공무원 퇴직 업무국: 소방국, 경찰국, 수도전력국 공무원들을 제외한 일반공무원의 연금관리
◦ 도시계획국: 주정부에서 위임받은 권한에 의거 'General Plan(도시 계획 관련)'을 수립, 토지개발과 사용, 시 간전자본 발전관련 재정 결정, 시발전 목표, 계획, 정책수립 및 프로그램 실행, 장기 재개발 계획 수립, 지역별 인구분포, 교통망, 공공시설, 상업지역, 공업지역, 주거지역별 문제연구
◦ 통신국: 통신관련 제반업무 담당, 케이블 방송의 시행, 행정, 교섭

9. 시 예산개요

가. 회계년: 매년 7월 1일 익년 6월 30일

나. 예산안 제출 및 확정: 예산은 수지균형을 고려 제안 및 심의

  ∘ 시장 제출안: 4월 20일까지

  ∘ 시의회 심의: 6월 1일까지

다. 1997－98년 예산 총액(시장 제안안): $40.1억 불

라. 1996－97년 예산 총액(시장 제안안): $40.6억 불

02. 미국지방정부 인사제도

Ⅰ. 미국 인사행정의 발전배경

1. 역사적 발전배경

미국 인사행정의 특징은 실적주의(Merit System)로 대표된다. 곧 인사행정의 발전과정은 실적주의 역사라고 말할 수 있다. 건국 초기(1789 – 1829) 정치사회가 추구하는 인사행정의 최고 가치는 관리의 적격성과 정직성을 강조하고 정치적 효과성과 존립성을 당대의 정치적 관리등용 가치기준으로 채택하였다.

그 후(1789 – 1883) 꾸준한 영토확장과 정치참여 확대는 민주주의가 급속히 확산된 반면 사회적 여건이 미성숙하여 정치적 인력이 필요한 결과 정실·엽관이 등장하는 계기가 되었으며 초기 정치행정의 병폐가 사회문제로 숱한 문제와 갈등을 초래하여 이에 대한 해소책으로 1883년

Pendleton법을 제정하게 되는데 이 법이 오늘날 미국 근대 인사행정의 실체인 실적제도의 골격을 제시한다.

Pendleton 법에 따라 인사위원회(Civil Service Commission)가 설립되면서 실적주의에 의한 공무원채용, 시험제도 도입, 정치적 중립, 신분보장 등을 주요사항으로 채택하였으며 이때부터 인사관리를 개방하여 사기업에서 공기업으로 또한 공무원이 사기업으로 능력과 보수 및 조건에 따라 전직하는 상호인사교류가 시작되었다. 1880년대에는 공무원의 90%가 정치적 임명자들이었으나 실적주의 채택으로 현재는 90%의 공무원이 실적주의에 기초한 소관분야 전문직 공무원들이다.

20세기 초 정부의 역할이 증폭되고 비대해진 정부관리에 대하여 국민들은 정부의 관리행태에 능률의 문제를 제기하고 그때까지 최고의 가치로 여겼던 '정치적 중립'만으로는 안 된다는 사회적 인식이 공공부문에 대한 책임과 능력을 강조하고 이에 대한 제도적 장치로 분류법(the Classification Act of 1949)을 제정하여 직위분류제, 근무평가, 승진 등 실적제도의 틀을 구비하였다.

대공황으로 정부에 대한 기대는 커지고 업무의 중첩, 혼선 등이 필연적으로 문제해결의 해법을 요구하는데 1937년 Franklin D. Roosevelt의 '브라운 위원회'가 인사행정의 분산화를 거론하고 이를 계기로 Dwight D. Eisenhower 대통령의 '후버위원회'는 고위정책 결정분야에 고급직업공무원 충원권고로 실적제도의 보완대책을 직업공무원제도에서 찾으려 하였다.

1978년에 개정된 Civil Service Act는 과거의 인사위원회(Civil Service Commision)를 폐지하고 기능에 따라 실적주의 보호위원회(Merit Systems Protection Board)와 인사관리처(Office of Personnel Management)를 설립하여 실적주의 보호위원회(MSPB)는 항소권 및 조사의무를 인사관리처(OPM)는 인사정책수립 및 인사관리를 담당하고, Office of Special Council

에서는 공무원관련 조사 및 기소권을 부여하여 연방공무원의 면직 및 강등에 관한 소청을 가능하게 하였다.

1940년 사회보장법상의 실적제도 의무화와 더불어 전국적으로 확산되고 Civil Service Act of 1978의 등장으로 오늘날 연방인사법에 이르게 되는데 1980년에는 36개 주에 걸쳐서 광범위하게 확산되고 10만 이상의 대도시에는 거의 실적제도를 채택하고 있다.

연방공무원법에 실적제도의 원칙을 명문화한 법정신에 따라 지방 자치단체 헌법(주), 강령인 헌장(시, 카운티) 그리고 자체규정(Code)을 두고 있으며 다양한 고유의 행정여건에 따라 독자적인 인사기능을 갖고 있다.

2. 인사행정의 특징

오늘날 미국 연방인사법의 주요 특징은 직위분류제, 동등한 고용기회, 노조활동, 채용방식으로 구분된다.

1) 직위분류제

직위분류제의 주요특징은 업무, 학력, 경력 등의 객관적 기준 및 보수 등이 직업별로 상세히 규정된 제도로서 한국의 경우 정기모집 후 교육을 통한 보직배치방법이 아닌 능력별 전문 보직제도이다.

2) 동등한 고용기회부여(Equal Employment Opportunity)

다민족사회로서 소수민족 및 장애자 여성 등을 보호하고 편견이 없이 모든 사람에게 동등한 고용기회를 부여함을 목적으로 한다. 1964년의 Civil Right Act는 폐쇄적 백인중심사회에서 피부색, 언어, 문화가 다른 소수계에게 고용기회를 제공하도록 규정한 차별금지목적의 법안이다. 이와 같은 결과 소수계 및 여성은 실적주의 인사제도하에서 개인의 전문성을 통하여 능력을 발휘할 수 있는 제도적 장치를 마련하였다.

3) 노조활동

공무원의 노조활동은 1912년 The Lloyd-LaFollete Act 이후부터이며 현재의 노조활동과 같은 기본적인 틀은 1961년 케네디 대통령이 서명한 Executive Order 10988 이후에 본격적인 노조활동이 시작되어 미국 최대의 공무원 노조조직인The American Federation of State, County, and Municipal Employees(AFSCME), an affiliatevof the AFL-CIO이 있으며 노조가입 총인원은 1천3백만 명이다.

공무원은 임금인상, 처우개선, 신분보장 등을 요구하는 피고용인으로서 노조활동이 보장되고 지방정부는 사용자의 역할을 수행하는 등 민간부문의 노조활동과 동일하나 단체행동은 금지되어 있다.

4) 채용방식

실적주의 채용방식에 의거 공무원은 경쟁시험 및 자격조건에 따라 관련부서에 전문성이 있는 사람을 채용하고 직위분류제에 의한 자격기준 및 보수기준이 다르다. 수시로 요구되는 해당보직을 공고를 통하여 공채로 선발한다.

공무원이 되고자 하는 지원자는 임용대기원서를 미리 접수하여 해당분야채용 시 모집 통보받는 Walk in Application방식을 이용하며 인사국에서는 시험절차를 거쳐서 최종 적격자를 선발한다.

이와 같은 실적주의 채용방식은 공적부분과 사적부분의 상호인사교류를 활발하게 하여 능력 있는 공무원이 보다나은 조건으로 개인기업에 채용되고 역으로 지방정부에서도 민간부분의 고급인력을 채용하는 상호보완 시스템이다.

(세부 자세한 사항은 조사요청내용에 설명하였음.)

5) 결 론

미국 연방 및 지방공무원 인사제도는 가장 능력 있는 사람이 한 직위에 계속 근무하여 행정의 전문성 및 일관성을 확보하고, 공무원은 시 혹은 카운티정부로부터 정당한 권리를 인정받고 정당한 보수, 피고용자로서 권한을 누린다.

오히려 부가혜택(Fringe Benefit)은 사기업에 비하여 직장의 안정성, 퇴직 후 연금혜택 그리고 의료보험 등 보다 나은 직장을 보장한다. 이와 같이 미국의 인사제도는 연방의 실적주의 보호위원회(MSPB)와 인사관리처(OPM)의 상위개념에 입각한 직위분류제, 동등한 고용기회부여, 노조활동 보장, 공개채용 등 각 지방정부의 조직과 실정에 해당되는 적절한 인사규정을 구비하여 독립적인 인사행정을 관리·운영하는 점이 특징이다.

3. 참고사항

미국 자치단체의 계통은 연방-주-카운티-시의 형태이며 서울시와 비교할 만한 유사한 지방 자치단체로는 미 전국에서 LA카운티와 LA시의 복합형태가 해당된다. 본 보고서는 조사요청내용인 LA시 및 카운티의 인사제도 설명에 앞서 LA카운티와 LA시와의 차이점을 간단히 비교하고자 한다.

LA카운티와 LA시의 비교

항목/구분	LA카운티	LA시
행정수반	슈퍼바이저 위원회	시 장
인 구	940만 명	360만 명
면 적	10,565㎢	1,206㎢
공무원 수	7만 3천 명	4만 3천 명
예 산	8조 8천억 원	3조 2천억 원
주요업무	∘호적사무 ∘보안업무 ∘사회보장 ∘보건업무 ∘민방위 ∘선거관리 ∘공해문제	∘지역 내 교통 ∘도로관리 ∘상수도관리 ∘가로등/신호등 ∘전력 ∘도시계획 ∘공원관리 ∘건축/토목 ∘항만/공항(LA시의경우)

II. LA카운티 및 LA시 인사행정 사례조사
-조사요청내용 대비

지금까지의 설명된 미국의 인사행정을 바탕으로 LA카운티와 LA시의 인사규정을 조사하고 조사요청대비 분야별 세부사항의 사례는 LA시 인사국의 협조로 별첨자료를 첨부하였다.

I. 인사제도분야

I-1. 지방공무원의 종류

미국 지방공무원의 가장 큰 특징은 한국의 통일적이고 획일적 직책분류방법이 아닌 각 부서별 필요한 직책이 구분된 규정(별첨1: Summary of Positions by Class Title)에 전문화된 보직을 코드(Code)별로 구분한 점이 특징이다.

 일반적으로 은퇴 시까지 신분상 보장을 받는 일반공무원(Civil Service)은 Classified Civil Service로 구분되며 Unclassified Civil Service는 근무기간이 일정기간 제한되고 신분보장이 없는 선출직 및 임명직 공무원을 의미한다.

 공무원의 종류를 신분보장에 따른 분류, 근무상황별 분류, 업무성격에 따른 분류 등으로 구분하면 다음과 같다.

1. 신분보장 유·무에 따른 분류

Civil Service: 시헌장에서 신분을 보장받는 공무원

Civil Service Exempt: 신분을 보장받지 못하는 임기제한직 공무원

Unclassified Civil Service: Civil Service Exempt와 같은 임기제한직 공무원

Classified Civil Service: Civil Service로서 분류된 신분보장의 일반공무원으로서 다음과 같이 구분된다.

- 공개채용시험공무원(Competative Class) : Merit System에 의해 임명된 전문분야 공무원
- 단순노무직(Non-Comp etative Class) : 비전문 단순노무직 공무원

가. 로스앤젤레스 시의 업무관련 공무원 분류(Classified Service)

 로스앤젤레스의 경우 업무관련 공무원을 구분하면 다음과 같다

 1) 사무 및 행정분야(Clerical and Administrative Series)
 2) 감독 및 조사분야(Inspectional and Investigation Series)
 3) 전문직 및 준전문분야(Professional and Sub-Professional Series)
 4) 숙련 및 반숙련분야(Skilled and Semi-Skilled labor Series)
 5) 미숙련 노동분야(Unskilled Labor Series)

나. 로스앤젤레스 시 임명직 공무원(Exempt Employee)

시헌장에 명시된 공무원 신분보장이 없는 임기제한의 공무원으로서 전체 공무원 중 상위 10% 및 하위 10%를 차지하며 상위직 소개는 다음과 같다.(LA시 97.3.기준 12,957명)

  1) 모든 선출직 공무원: 시장, 시의원, 회계감사관, 시검사장, 재무관 등
  2) 모든 운영위원회 위원(Board Member)
  3) 조닝 항소위원(Board of Zonning Appeals)
  4) 기타 선출직 및 정무직 공무원

일반적으로 국장급(General Manager)직위는 신분보장이 없는 공무원(Unclassified Civil Service)에 속하지만 아래의 다음 부서는 예외적으로 신분이 보장(Classified Civil Service)된다.

  국장급(General Manager): 도서관(Library)

  퇴직연금부서(Pensions)

  공원관리국(Recreation & Parks)

2. 업무별 공무원분류

Provisional Employee: 직무대리직 공무원

Probationary Employee: 시보 공무원으로서 6개월의 기간이 소요

Permanent Employee: 시헌장에서 신분을 보장받는 공무원(LA시 97.3.기준 41,125명)

Professional Employee: 전문교육과정을 필한 전문직 공무원으로서 시검사, 의사, 간호사, 엔지니어, 건축가, 교사, 물리·화학·생물학관련분야 공무원

3. 근무상황별 공무원 분류

Temporary Employee: 일시적으로 고용된 임시직(LA시 97.3.기준 2,201명)

Emergency Employee: 응급상황 시 고용된 근무자

Seasonal Employee: 계절별 필요에 의한 고용직

Full-Time Employee: 법정근무시간인 하루 8시간 일주일 총 40시간인 일반공무원

Part-Time Employee(Half Time): 하루 8시간 이내의 임시직근무자

Intermittent Employee: 비정기적인 근무 및 필요시마다 고용

☐ 참고자료: 로스앤젤레스 시 City Administration Code

    Sec. 4.22. Article 6. Employees Exempt From Classified Civil Service

☐ 참고자료: Los Angeles County Code

    Appendix 1 to Title 5 Civil Service Rules

☐ 별첨1: 1996-97 Summary of Positions by Class Title(City of LA)

I-2. 지방공무원 직급체계 및 직책부여

지방공무원의 직급체계는 고위직 공무원의 경우 시헌장에 직책을 규정하고 있으며 기타 직급은 Code화하여 전문성 및 업무별 구분을 하고 있다. Classification의 기준은 다음 사항을 원칙으로 한다. 첫째, 같은 직위의 동종업무를 기준하며, 둘째, 교육수준, 경력사항, 지식정도, 능력수준 등의 동등한 자격을 기준하며, 끝으로 동일한 시험기준을 필요로 하는 조건일 경우 같은 직급의 범위에 든다.

☐ 참고자료: Los Angeles County Code

    Rule 5 Classification of Positions(p.5-205)

1. 직급체계(Organizational Structure)

우리나라 공무원의 경우 직급체계인 1등급부터 9등급의 직급체계가 존재하지만 미국의 지방정부의 직급체계는 시에는 시장 이하 그리고 카운티는 Board of Supervisors 밑에 대부분의 정무직 공무원인 General Manager, Manager, Assistant Manager, Director 등이 부서장을 맡고 있으며, 주로 실무를 전담하고 공무원으로서의 신분보장이 되는 전문직공무원으로서Supervisor, Legislative/Regulatory, Chief Analyst 등의 직급체계를 구성한다. 다음은 로스앤젤레스 시의 고위직 공무원이다.

가. 시헌장규정 고위직 공무원(The Officers of the City): 로스앤젤레스 시

Mayor(시장)

Council Member(시의원)

City Attorney(시검사장)

City Clerk(시서기)

Controller(회계 감사관)

City Engineer(엔지니어)

City Administrative Officer(행정관)

Purchasing Agent(조달처)

Secretary of the Board of Education(교육관)

Treasure(재무관)

Board of Education Member(교육위원)

City School Superintendent(장학관)

Boards of the Department Members & Chief Administrative Officer
(행정수석, 분과 위원)

Executive Director Of the Board of Police Commissioners(경찰위원장)

□ 참고자료: 로스앤젤레스 시 City Administration Code
　　Sec.4.277.

□ 별첨2.: 로스앤젤레스 시 조직표　로스앤젤레스카운티 조직표

2. 직책체계(Job Analysis)

모든 공무원의 직책을 업무별로 Code화하여 각 코드별 직책구분을 하였으며 이에 따른 봉급수준까지 구분하였다. 경력구분에 따른 보상액은 1 -5까지 5단계로 구분하여 1년 경력은 1, 2년 경력은 2로 구분하고 5년 경력 이상 공무원은 5로서 동일하다.

□ 참고자료: 로스앤젤레스 시 City Administration Code
　　Sec.4.61. Adoption of Classification

□ 별첨3.: 로스앤젤레스 시 Class Title/Salary Table

3. 사례보고

로스앤젤레스 시 부서별 조직의 주요직책을 소개하면 다음과 같다.

가. 사회개발국(Community Development Department)
　　General Manager
　　Assistant General Manager
　　Human Resources & Office of Aids Coordinator
　　Support & Operations

나. 하수처리과(Bureau of Sanitation) 조직표
　　Director
　　Assisstant Director Ⅱ

Asst. Director Ⅰ

Legislative/Regulatory

Chief Management Analyst

Ⅰ-3. 지방공무원에의 여성 및 장애인공무원

지방공무원의 소수계 및 여성보호법안으로 Affirmative Action이 있어서 채용 및 승진 시 차별을 금지하고 피부, 인종, 언어, 문화, 관습에 관계 없이 다인종 혼합사회에서 능력을 인정받는 제도이다. 한편, 장애인에 대한 채용 및 장애공무원으로서의 임무수행에 도움을 주는 부서인 Office of Disabilities가 있다.

1. **소수계 및 여성보호법안(Affirmative Action):** 소수계 및 여성공무원 보호법으로서 시공무원 중 일정비율의 소수계 및 여성을 위한 보직 및 승진의 기회마련의 보호대책이다

2. **여성 및 소수계의 경찰직 및 소방직 채용(Female and Minority Police and Fire Recruitment):** 여성 및 소수계를 위한 경찰관직 및 소방관 직 우대 프로그램이다.

3. **여성공무원 성적학대금지(Sexual Harassment Policy):** 근무 중 발생 가능한 여성 공무원에 대한 인권존중 규정이다

4. **조사보고(로스앤젤레스 시 1995-1996)**
   ○ 성추행 관련조사   18건
   ○ 인종 및 인권 차별행위조사   160건

○ 인종 및 인권 차별행위 조사완결   69건
○ 소수계 및 여성보호법 조사완결   10건 등이다

5. 장애자 공무원 담당부서(사례)

가. Office of Disabilities(장애자담당 부서):

장애자들에게 동등의 공무원 응시기회부여 및 기존의 공무원이 장애
요인 발생 시 제반 협조업무수행

- 공무원의 장애요인 발생 시 고용기회부여(Disabled City Employees
Employment Opportunities)

□ 참고자료: 로스앤젤레스 시 City Administration Code
Sec.4.405. Investigation of Complaints of Discrimination and
Sexual Harassment Against City Officials
□ 참고자료: Los Angeles County Code
Sec.5.08.050 Affirmative Action Program
□ 참고자료: Los Angeles County Code
Sec.5.09.010 Sexual Harassment Policy

Ⅰ-4. 지방공무원제도 전입·전보, 중앙부처와 인사교류 실태

일반적으로 지방공무원의 중앙부처와의 인사교류는 없으며 전문화된 실
적주의개념에 따른 직위분류제를 채택하므로 원칙적으로 전입 및 전보제
도는 없다.

다만 공무원이 중앙부처의 전입 및 전보 희망 시 해당자격요건을 구비
하여 신규 공개채용시험을 응시하여야 하며, 승진을 위한 전보는 인사국
에서 주관한 필기시험, 근무평정, 구술시험 등을 통한 우선순위에 의거 전

보가 가능하다. 다음 사항은 전보에 대한 예외규정이다

1. 전보(Transfer)

전보의 주요 경우는 전시의 군입대 상황과 질병 및 상해사고로 업무를 수행할 수 없을 경우 및 상해나 질병으로 인한 업무수행에 지장을 초래할 경우 또는 소기의 수습과정을 이수하였을 경우이며 다음은 전보가 인정되지 않는 규정이다

- 모든 공무원은 본인의 서면동의가 없으면 타 부서의 다른 직위로 전보 불가
- 부서직위의 변동으로 승진결과 초래 시 불가

한편, 타 부서에로의 전보는 해당부서에서 요구하는 자격 및 업무능력을 구비하였을 경우 가능하며 해당사항은 다음과 같다

1) **일반전보(Regular Transfer)**: 동종직책의 타 부서 전보행위를 의미하며 이때에 현직책의 부서장의 서면동의 및 타 부서장의 동의와 인사국의 승인하에 가능하다.
2) **보직유예전보(Tentative Transfer)**: 수습과정 후 최고 6개월간의 부서 간 보직 유예제도로서 근무능력 및 보직에 대한 시험목적이다
3) **보직변경전보(Tentative Transfer Under Charter Section 108)**: 직종이 상이한 부서로 전보 시 최고 6개월의 기간이 소요됨

□ **참고자료: 로스앤젤레스 시 City Administration Code**
  Sec. 4.11. Transfers

Ⅰ-5. 지방공무원 임용자격

만 18세 이상의 성인으로서 현행범이 아닌 자이면 누구나 임용가능이나 부서별·직무별 상황에 따라 자격기준(통상적으로 경력사항)을 정하여 적격자를 임용하며, 인사국에서 발행하는 구인정보란에 각 분야 및 보직상 요구되는 경력, 면허증소지여부, 기타 필요한 자료를 기재하므로 모집분야에 응시할 수 있다

□ **별첨4.: 로스앤젤레스 시 인사과 분야별 구인광고**
□ **참고자료: Los Angeles County Code**
　　Sec. 5.08.010 Equal Employment

Ⅰ-6. 지방공무원 징계제도 및 소청제도

지방공무원의 징계는 항목별 징계행위에 따라 다르나 일반적으로 상담 후 개선점이 보이지 않을 경우 부서담당 슈퍼바이저에 의한 일차 서면경고 및 징계건의에 의한 이차정직 및 삼차해고의 순서에 의한다.

소청제도는 징계를 받은 해당 공무원의 항소행위로서 징계결과의 불복 시 이에 대한 소청기회를 부여하고 위원회의 결정사항으로 징계를 감면하여 해당공무원을 구제하는 제도이다. 한편 미국의 경우 징계제도와는 별도로 사기업의 군살빼기식 개념을 예산감소 및 임금인상 등 시재정의 악화 시 적용되는 정리해고제(Layoff)가 있다

1. 징계원인:

징계원인은 해당상황에 따라 다르나 다양한 위반사항, 근무평정, 업무수행기준 등 공무원 징계관련사항을 결정하는 기준에 의한다.

장기근속자의 단순징계(경징계)는 신규공무원에 비하여 장기근속에 따른 신용(Credit)을 부여하며, 재범 이상은 중징계를 부여한다. 징계결정 시 동일항목에 대한 과실행위 시 2차 및 3차 경고가 주어지며 일반적으로 공무원의 과실위반행위는 전 근무기간에 걸쳐서 여러 종류의 위반사례가 있으므로 동일한 경우가 아니면 1차 경고가 주어진다.

2. 징계의 종류

경징계(Suspension)일 경우 청문회를 통한 재심을 요청하며 이 경우 통상 5일 이내의 업무정직이 해당되며, 중징계는 5일 이상의 업무정직 및 해고를 말한다. 이 경우 이미 청문회를 통하였으므로 소청을 원할 경우 주정부의 인사위원회에 재심을 요청할 수 있다.

가. 해고(Discharge, Removal): 징계기준에 의한 심대한 책임 및 과실행위 시 최종 징계방침이다.

나. 일시정직(Suspension): 근무태만 또는 과실행위 시 적용되는 무급의 일시정직으로서 5일 이내의 경징계와 5일 이상의 중징계가 있다

☐ **참고자료:** Los Angeles County Code
    Rule 18(p.5 - 223) Suspension, Discharge, Reduction and Resignation

3. 징계행위의 항목별종류

가. 공무원 직권남용 행위(Conduct Unbecoming a City Employee)

나. 업무기준미달(Job Performance Below Standard)

다. 근무태만(Neglect or Inexcuusable Absence from Duty)

라. 대민봉사, 부서직원, 상급자 불손행위(Improper Behavior in Relations with Supervisors, Fellow Employees, or the Public)

마. 도박, 음주, 마약상습(Gambling, Drunkness, or Use of Liquor or Narcotics)

바. 장비훼손(Safety)

사. 사기, 불성실, 절도, 허위서류작성(Fraud, Dishonesty, Theft, or Falsification of Records)

아. 인종편견/성추행행위(Discrimination/Harassment)

☐ **별첨5.: 로스앤젤레스 시 공무원 징계기준**
   (City of LA: Guide to Disciplinary Standards)

4. 소청심사제도(Appeal)

가. 항소절차

정직 및 해고통보를 받은 해당공무원을 위한 소청절차는 다음과 같다

1) 서류접수

   인사위원회(the Board of Civil Service Commissioners)에 본인의 서명, 부서장명, 본인주소가 기록된 서류를 접수한다.

2) 징계 후 5일 이내 접수

3) 청문회(Hearing)

4) 소청이유진술

5) 위원회결정사항

   - 중징계를 경징계 결정

   - 징계기간 감면

   - 항소인에게 인정할 만한 구제법 권고: 해고 대신 자의에 의한 퇴직권고

나. 심사기준

징계를 받은 해당 공무원의 소청을 심사하는 기준은 다음과 같다.

1) 해고 및 일시정직(Discharge and Disciplinary Suspention)
2) 체포, 전과기록, 허위기록으로 인한 자격박탈(Disqualifications for Arrest, Work History, Consistency of Application Data)
3) 사기성(Disqualifications for Cheating)
4) 건강문제(Disqualifications for Medical Reasons)
5) 서류제한(Rejection of Application)

☐ 참고자료: Los Angeles County Code
   Rule 4(p.5 - 200) Hearings

다. 조사보고(사례)

다음은 로스앤젤레스 시 인사국 소청관련 조사보고이다

항목\기간	97.3.1-3.31(한 달)	97.1.1.-97.3.31.	96.1.1.-96.3.31.
소청신청	징계4 해고4	징계47 해고47	징계45 해고35
소청기각	징계0 해고0	징계7 해고3	징계11 해고3
소청결과 ◦직장복귀 ◦감 면	징계0 해고0 징계1 해고1	징계3 해고0 징계9 해고9	징계2 해고0 징계15 해고14
소청미결	징계21 해고37	징계21 해고37	징계6 해고10

☐ 별첨6.: 로스앤젤레스 시 인사국 업무현황

5. 징계상황

로스앤젤레스 시의 1997년 4월 1일부터 4월 30일까지의 징계통계는 다음과 같다.

경징계: Suspensions(5일간 정직)	25
중징계: Suspensions(5일 이상 정직)	26
해 고: Discharges during Probation(시보직 중의 해직)	3
해 고: Discharges following Probation(시보직 후의 해직)	7
응급해고: Emergency Discharges(응급상 해직)	0
건강문제: Medical Dischsrges(치료상 해직)	1
정무직 보직해임: Exempt Discharge(정무직 해직)	8

□ 별첨7.: 로스앤젤레스 시 정직 및 해직공고

(Agenda for Friday, August 15, 1997)

6. 정리해고제(Lay-off)

가. 주요 원인

1). 직무태만(Lack of Work)

안일무사한 근무태도 및 직무유기자

2). 예산부족(Lack of Fund)

지방정부 예산의 자금부족으로 인한 임금인상을 해결하는 강구책

3). 보직폐지(Abolishment of Position)

해당업무의 폐지 및 유사분야로의 합병 시

나. 정리해고우선순위(Lay-off Seniority Computation)

수습사원이 일차대상이고 근무경력이 낮은 순서에 따른다.

이와 같은 이유는 정년을 보장받은 공무원의 능력과 경력을 인정하고 한편으론 노조 측의 강력한 주장인 경력공무원(Seniority)에 대한 신분보장과 관련 있다.

참고사항으로 로스앤젤레스 시의 97년 3월 중 정리해고된 공무원 수는 19명이며 96년도 정리해고된 총 공무원 수는 471명이었다.

□ 참고자료: Los Angeles County Code

　　Rule 19(p.5-236) Layoffs and Reemployment Lists

□ 별첨6.: 로스앤젤레스 시 인사국 업무현황

8. 복직관련제도(Restoration of Persons Suspended for Lack of Work,
　　Lack of Funds, or Abolishment of Position)

근무태만, 예산부족, 보직의 소멸 등에 관한 일시적 정직 및 해고자에
대한 복직제도를 통하여 공무원의 복직혜택을 부여함으로써 직업공무원으
로서의 기회를 제공하는 제도이다

Ⅰ-7. 지방공무원 정·현원관리, 연도별 증감 현황

지방공무원의 정·현원 관리는 각 부서별 정원, 현 인원, 공석 중인 자
리를 인사국에 매월 보고한다.

1. 공무원 인원현황보고(Employment Level Report)

시산하 각 부서별 인원 변동상황 및 추가 소요인원을 보고하며 전반적
인 로스앤젤레스 시 공무원의 연도별 증감추이는 다음과 같다

	경찰직	일반공무원	총 공무원 수
1985-86	9,498	18,290	27,788
1987-88	9,903	19,600	29,503
1989-90	11,107	21,957	33,064
1991-92	11,227	22,667	33,894
1993-94	10,597	21,660*	32,257*
1995-96	12,191	20,509*	32,700*

* 표에서 보면 로스앤젤레스 시 재정악화 완화수단으로 전체 공무원 수가 감소하여 공무원 수가 항상 증가하지 않고 시기에 따라 감소하는 탄력적인 인사관리의 실제를 알 수 있다.

□ **별첨8.: Authorized City Staffing(도표)**

Ⅰ-8. 지방공무원 신분보장 및 공무원노조

1. 신분보장제도

앞에서 설명한 일반직공무원(Civil Service)은 신분상의 보장을 받으며 본인의 업무상 중대한 실수 및 보직의 소멸 등 외적요인이 없으면 정년시기까지 공무원으로서의 신분을 보장(Classified Civil Service)받으나 선출직 및 임명직 공무원의 경우에는 시장이 바뀌면 재임명을 받지 못하면 새로운 인물로 교체되는 공무원(Unclassified Civil Service)이다.

2. 공무원 노조

가. 공무원 노조 배경설명

1912년 이전에는 공무원의 노조가 법적으로 금지되었으며 이후 연방공무원이 노조단체를 구성할 수 있는The Lloyd-LaFollete Act of 1912가 공표되었다. 그 후 케네디 대통령시기에 Executive Order 10988이 1962년 발표되어 이때부터 단체협상(Collective Bargaining)에 의한 공무원과 연방정부와의 근무조건 및 개선사항 등을 협상을 통하여 해결하는 방식이 시작되었다.

Executive Order 10988의 주요내용은 점심시간, 개인사물함, 위생, 휴가, 휴식시간, 건강보험, 교육 및 여가활동 프로그램 등은 협상대상으로 인정하고 봉급, 근무시간, 후생복지 등은 인정하지 않았다.

닉슨 대통령 시기의 Executive Order 11491은 다방면의 협상체계 및 연방노사관계위(Federal Labor Relations Council)의 주요정책사항, 중재안, 위기협상 등을 결정할 수 있는 권한을 부여하였으며 후에 Title VII of the Civil Service Reform Act of 1978의 토대가 되었다.

1970-1980년대에는 공무원의 노조활동이 가속화되었는데 주요 이유는 인플레이션의 상승, 예산감축 및 구조재편성에 의한 실직우려 등으로 인한 공무원의 신분보장의 불확실성에 기인한다. 이 당시 공무원 노조구성원 중 2/3 이상이 화이트칼라이었고 주정부의 경우는 전문직 및 화이트칼라층이었다.

대표적인 노조단체로는 최대 공무원조직인 American Federation of State, County, and Municipal Employees(AFSCME; AFL-CIO), National Federation of Federal Employees(NFFE), National Association of Government Employees(NAGE)로 대표되며 자세한 사항은 다음과 같다.

1) AFSCME-AFLCIO

미국 내에서 가장 큰 노사단체인 AFL-CIO(American Federation of Labor and Congress of Industrial Laboration)라는 전국적인 노총에 속한 산하단체 중 최대조직이며 백만 이상의 회원이 가입된 공무원 노조단체로서 전국 6위의 규모이다. 1932년 위스콘신주 공무원노조로 발족되어 현재는 교사노조 및 소방관 노조를 제외한 시, 카운티, 주정부 공무원을 대표하는 거대조직이며 주요활동은 노조원들의 복지향상 및 공무원 고용조건의 개선 등이다.

PEOPLE 프로그램(Public Employees Organized to Promote Legislative Equality)을 통하여 공무원의 법적인 신분보장을 추구하고 있으며 조직원의 1/5는 연방공무원, 1/4는 시·주정부공무원, 1/10은 카운티공무원이고 기타는 대학 및 비영리기관소속이다.

2) National Association of Government Employees(NAGE)

1961년 결성된 노조로서 산하조직에 IRS(미연방 국세청), the U.S.Postal

Service(우정국), the Veterans Administration(재향군인청), the General Services Administration(연방총무국), the Federal Aviation Administration (연방항공국: FAA) 등 영향력이 큰 정부기관을 회원으로 구성되어 있다.

3) National Federation of Federal Government(NFFE)

Americamn Federation of Labor(AFL)에서 분리하여 우체국 공무원을 제외한 콜롬비아주의 모든 공무원들과 연방공무원들 및 AFL산하노조원 으로서 구성된 3번째 규모의 공무원 노조단체이다.

나. 노조의 권한

연방정부, 주정부, 지방정부별로 임금결정 관여금지 및 단체행동권 불인정 등 별 차이가 없으나 연방보다는 주정부가 주정부보다는 카운티 및 시정부로 내려가면서 노조활동 및 협상범위가 확대되고 세분화된 권한을 부여하고 있다.

다. 노조운영

주정부산하 노동부서인 Department of Labor에서 공무원을 포함하는 모든 노사관련업무를 수행하고 산하기관인 PERC(Public Employees Relation Commission)에서 노사협상 시 사안을 중재하고 공무원 노조가입 등록업무를 담당한다. 한편 노조운영에 필요한 제반비용은 노조가입공무원들의 회비에서 충당하는데 봉급의 일정비율을 공제한다.

라. 노사협상절차

사안의 중대성에 따라 다르지만 복수노조가 인정되는 미국에서 정기적인 협상을 통하기는 불가능하며 Collective Bargaining을 통한 협정서에 연방 및 지방정부대표와 노조대표의 합의사항을 기록하여 이를 시행하는데 협상 결렬 시에는 중재위원회를 통하여 문제를 해결하는 방법을 사용하고 있다.

마. 로스앤젤레스 시 및 카운티의 노조현황

현재 로스앤젤레스 시의 노조결성은 부서별 및 업무관련분야에 따른 노조 조직으로 구분되어 있으며 전체 공무원 중 80%가 노조에 가입되어 있으며 간부직인 Supervisor 및 Manager급은 가입이 불가능하다. 한편, 로스앤젤레스 카운티에는 로스앤젤레스 시와 같은 Employee Relations Commission에서 노조단체에 관한 임무 및 권한, 규정 및 절차, 관련사항의 분쟁해결 등 협조를 하고 있다. 로스앤젤레스 시 및 카운티의 노조협상의 주요쟁점은 90년 이후 계속된 불경기 및 예산부족으로 인한 현실적인 문제인 연 2%의 봉급인상 및 일반 후생복지 사항개선 정도이다.

1) LA시의 공인된 노사조직

(Recognized City Employees' Organizations; Unions)

공인된 노조단체로서 약 24개의 노조가 설립되었다. 대표적인 노조단체 는 다음과 같다.

All City Employees Association, Local 3090 AFSCME, AFL-CIO

American Federal of State, County & Municipal Employees, Local 901, AFL-CIO

Engineers and Architects Association

Los Angeles City Employees Union Local #347, SEIU

Los Angeles Police Protective League

2) LA카운티의 공인된 노사조직

(Recognized City Employees' Organizations; Unions)

로스앤젤레스 카운티의 경우, 대표적인 노조단체로는 다음의 2개 단체 가 Administrative Commitee of Referred Compensation Plan and Thrift

Plan의 위원으로 참가하고 있다.

The Coalition of County Unions, AFL‐CIO

Local 660, Los Angeles County Employees Association SEIU, AFL‐CIO

☐ 별첨9.: 로스앤젤레스 시 Union 자료:Directory of Employee Organizations & Representatives Authorized to Represent City Employees

☐ 별첨10.: 로스앤젤레스 시 공무원의 공인된 노조단체 및 업무별 노조단체(Recognized City Employees' Unions)

☐ 참고자료: 로스앤젤레스 시 City Administration Code Sec.4.203.

☐ 참고자료: Los Angeles County Code Sec.5.04.160 Sec. 5.04.070.

Ⅰ‐9. 지방공무원 복무제도
(토요전일근무제, 서머타임, 연가, 휴가운영 등)

1. 토요근무 시차제(Staggered Schedules for Saturdays)

일반적으로 토요일은 근무를 하지 않으며 대민관련 업무 시 토요일 근무자는 부서장의 확인을 거쳐 근무하며 이에 대한 시간을 보상받는데 수당을 받거나 아니면 휴가기간에 추가로 합산할 수 있다.

가. 토요일 근무부서(오전)
1)the City Clerk(시 서기국)
2)the Personnel Department(인사국)

2. 공무원 근무시간: 8:00(오전)‐5:00(오후)

근무시간은 맡은바 업무에 따라 시간대를 달리하기도 하며 점심시간 규정은 1시간이며 오전근무 중 15분 및 오후근무 15분의 휴식시간을 사용할 수 있다.

가. 근무시간별 구분

  1) Full time: 하루 8시간 일주일 총 40시간의 업무

  2) Part-time:

    - Half-time: 일년 총 근무시간이 1040시간인 경우

    - Intermittent 일년 총 근무시간이 1040시간 이내이며 필요시 근무

3. 시간 외 근무규정(Overtime for Regular Employees)

정규시간 외의 근무를 말하며 상급자 허가 시에만 가능하며 초과근무에
대한 보수는 수당 및 휴가로 대처할 수 있다.

가. 시간 외 근무에 따른 권리(Right to Require Overtime)

  공무원 근무시간인 하루 8시간 및 일주 총 40시간 외의 추가근무시
  간은 오버타임 수당을 지급받는다.

나. 시간 외 근무 수당기준(Rate and Methods of Compensation)

  상급자의 사전허가 시에만 가능 시간당
  $26.34 이하의 급여를 받는 공무원의 경우 오버타임 수당으로 본인
  의 시간당 급여의 1-1/2의 금액지급
  시간당 $26.35 이상의 급여자는 1-1/2의 금액 혹은 오버타임 시간
  의 차후 가시 적용
  1시간 이내의 오버타임은 기록되어 차후 합산되어 지급한다.

다. 시간 외 근무 수당지급(Compensated Overtime)

  지진발생, 홍수, 하수처리물 누출, 기타 응급상황 시 발생하는 오버
  타임 근무일은 월급여의 4.6%에 해당되는 수당을 지급한다.
  법정공휴일 근무자는 하루의 휴가 및 1-1/2의 금액을 지급받음

라. 시간 외 근무휴가(Time Off for Overtime)

  오버타임의 합산시간이 총 8시간일 경우 부서장의 허가 후 1일 휴

가를 선택할 수 있다.

마. 헌혈 및 골수기증휴가(Time Off to Donate Blood or Bone Marrow)
헌혈 및 골수기증자의 외출은 적십자사의 확인증으로 가능

4. 유급휴가(Paid Vacations)

가. 유급휴가의 근무연한별 구분

- 근무연한 1년: 2주 유급휴가
- 근무연한 5년: 3주 유급휴가
- 근무연한 13년: 추가 유급휴가 기간배려

나. 부서장 허가 시

- 최단기간 유급휴가(Minimum Time Off With Pay): 부서장 허가
시 매년 8시간의 유급휴가

근무경력(로스앤젤레스 시)	휴가일 수
1	11
5	17
13	18
14	19
15	20
16	21
17	22
18	23
19	24
20	25

□ **참고:** 개인여건에 따라 2년간의 휴가기간을 적립 후 사용가능

□ **참고자료: 로스앤젤레스 시** City Administration Code Sec. 4. 245 Vacations

□ **참고자료:** Los Angeles County Code Part 2 Annual Leave(p. 5 - 100. 3)

5. 무보수 휴직(Unpaid Leave)

기간은 1년이며 추가기간연장은 인사국의 허가를 요한다. 공무원 본인의 만성적인 지병, 부상, 건강회복 목적, 군입대, 출산, 교육과정 입학 및 교육훈련, 노조업무참여 시 무보수 휴직을 요청할 수 있다.

6. 휴가(Leaves of Absence): 근무경력 1년 경과 후 적용되며 허가 없이 무단결근을 7일 이상하면 사직이유가 되며 무단결근에 대한 확실한 변명 사유를 제출하여야 한다. 다음은 휴가의 종류이다

가. 유급 군입대(Military Leave with Pay)

가주법(the Military and Veterans Code of the State of California)에 의거 군입대 시 적용

나. 병가휴가(Allowance for Sick Leave)

1) 1997년 1월 이전 근무 시공무원은 12일의 유급휴가, 추가 5일은 봉급의 75%, 차후 5일은 봉급의 50%지급
2) 1997년 1월 이후 시공무원의 경우 6개월간의 수습기간 이후 해당
3) 5년 이상의 경력자는 업무 외적 상해사고도 혜택

다. 임산모 출산휴가(Allowance for Leave for Pregnancy)

모든 공무원에 해당(Part-time 포함)

라. 가족병가휴가(Allowance for Leave for Illness in Family)

1년에 12일간의 유급기간이며 의사의 진단서 첨부 시

가족의 범위: 부모, 형제·자매, 자녀, 배후자, 입양아, 조부모, 손자·손녀, 계부모, 의붓자녀 등

마. 장례휴가(Allowances for Leave because of Family Deaths)

가족사망 시 3일간의 유급기간

가족범위: 부모, 장인·장모, 형제자매, 배후자, 자녀, 조부모, 계부모, 의붓자녀, 입양아부모, 입양아 등

예외조항: Intermittent employees는 가족사망 시 유급기간 혜택 없음

바. 가족양로휴가(Family and Medical Leave - Non - Represented Employees)

1) 본인출산:Childbirth(Mother)

산부인과 담당의사의 분만 후 안정기간이 명시된 진단서에 기재된 기간의 유급휴가(100%) - 정기 휴가기간 이용 - 5일간 병가(75%) - 추가 5일간 병가(50%) - 무급휴가 순

2) 부인출산:Childbirth(Father), Adoption, Foster Care, or Family Illness

병가기준일인 12일간의 유급휴가(100%)

이후는 본인의 정기휴가 기간이용 - 5일간 병가(75%) - 추가 5일간 병가(50%) - 무급휴가 순

3) 병가(Personal Medicare Leave)

병가기준일인 12일간의 유급휴가(100%) 후 정기휴가 사용 - 무급휴가

사. 무급휴가

15일 이내의 무급휴가는 부서장(국장)의 허가 없이도 가능하며 1년에 15일을 초과할 수 없다. 무급휴가 기간연장 시 부서장의 허가로 1년 이내 기간연장이 가능하다

☐ **참고:** 1993년에 공표된 the Family and Medical Act와 the California Family Rights Act에 의거한 기준임

□ 참고자료: Los Angeles County Code Chapter 5.16 Absences, Leaves, and Vacations

7. 법정 공휴일

New Years Day(신정)

Martin Luther King's Birthday(1월 3주 월요일)

Washington's Birthday(2월 3주 월요일)

Memorial Day(5월 4주 월요일)

Independence Day(7월 4일)

Labor Day(9월 1주 월요일)

Columbus Day(10월 2주 월요일)

Veterans Day(11월 11일)

Thanksgiving Day(11월 4주 목요일)

The Friday after Thanksgiving Day(11월 4주 금요일)

Christmas Day(12월 25일)

The last four hours of an employee's scheduled work shift on the last working day preceding Christmas Day(12월 24일 오후)

시장의 휴일선포일(시의회의 동의 시)

II. 급여제도분야

II-1. 지방공무원의 급여결정 방법
(일반직공무원 및 정무직공무원의 보수결정방법)

일반직 및 정무직 공무원은 모두 Salary Plan에 의거 급여에 대한 기준이 설정되어 있다. 참고로 로스앤젤레스 시의 고위직 봉급규정은 다음과 같다.

시장	$107,419(연봉)
시검사장	$91,307(연봉)
시회계감사관	$64,451(연봉)
시의회의원	$64.451(연봉)

□ **사례연구:**

1. 캘리포니아 주 평균 봉급(직책별)

직책	CA
City Manager	$97,066
Chief Administrative Officer	$86,444
Assistant Chief Administrative Officer	$83,177
Chief Financial Officer – City	$73,630
Economic Development/Planning Director – City	$76,850
Police Chief	$84,104
Director of Parks/Recreation	$72,562
Personal Director	$70,221
Director of Public Works	$77,497
County Manager	$98,515
Chief Financial Officer	$73,598
Economic Development	$71,758
County Engineer	$58,638
County Health Officer	$93,474

□ 별첨11. : International City/County Management Association(ICMA)
미국 지방정부 평균 봉급표

Executive Summary: Average Local Government Salaries

2. 봉급계획(Salary Plan)

일반직공무원 및 정무직공무원에 대한 보수결정구분은 해당업무에 따른 산정된 보수기준(최저 및 최고 보수)에 의거 사전계약조건에 준한다.

가. 급여결정

직급별 5호 봉제: 근무연수 5년 이상 급여 같음. 승진유도정책 시와 노사단체(Employee Organization)와의 상호협상

나. 급여지급

월별지급이 아닌 격주별 지급을 우선으로 한다.(응급작업 시 동원된 인력의 경우는 작업완료 시 지급)

□ **별첨12.: 로스앤젤레스 시 도로관리과장의 봉급 및 후생조건**

II-2. 직위(계급)별 보수액의 차등지급실태

1. **보수기준표(Class Title Table): 직위·직책별 설명(Explanation of Codes)**
○ **Rate: 시간당 보수액**
○ **NT: Memorandum of Understanding(MOU)**
직무별 구분으로서 MOU(*1)부터 MOU(*39)까지 구분할 시와 공인된 노조단체와의 합의된 직무별 구분

MOU(*1)	Administrative
MOU(*2)	Building Trades Rank and File
MOU(*3)	Clerical and Support Service
MOU(*4)	Equipment Operation and Labor
MOU(*5)	Inspectors

MOU(*6)   Librarian

MOU(*8)   Professional Engineering and Scientfic

MOU(*9)   Plant Equipment Operation and Repair

MOU(*10)   Professional Medical Services

MOU(*11)   Recreational

MOU(*12)   Supervisory Blue Collar

MOU(*13)   Supervisory Building Trades and Related Employees

MOU(*14)   Service and Crafts

MOU(*15)   Service Employees

MOU(*16)   Supervisory Librarian

MOU(*17)   Supervisory Professional Engineering and Scientific

MOU(*18)   Safety & Security

MOU(*19)   Supervisory Technical

MOU(*20)   Supervisory Administrative

MOU(*21)   Technical

MOU(*26)   Port Pilots

MOU(*29)   Deputy City Attoneys

MOU(*30)   Peace Officers

MOU(*31)   Confidential Attoneys

MOU(*32)   Management Attoneys

MOU(*34)   Clossing Guards

MOU(*35)   Hiring Hall Daily Rated Building Trades

MOU(*36)   City Management

MOU(*37)   Executive Secretaries

MOU(*38)   Los Angeles Port Police Association

MOU(*39)   Supervisory Airport Peace Officers

○ **GR:** 일반부서는 시의회관장의 봉급군에 속하나 다음과 같은 독립부
　　서는 봉급군을 구분하고 있다

1. Airport   7. Coliseum

2. Harbor   8. Sports Arena

3. Library   9. Community Redevelopment Agency

4. Recreation & Parks   A-LA Historical Monument

5. Fire & Police Pension B-LA Multi. Service Child Development

6. Retirement System

○ **TP:** 해당항목에 대한 설명은 다음과 같다

1. 봉급(최저액-최고액) 6. Part-time(거의무관)

2. Annual Rate   7. Meeting, Event or Call(e.g., $25 per Meeting)

3. Flat Rate   8. Hourly Rate

4. Weekly Rate   9. Monthly Rate

5. Daily Rate

○ **FLSA:** E는 신분을 보장받는 직위(Classified Civil Service)
　　　　　　N은 신분을 보장받지 못함(Exampt Civil Service)

☐ **별첨3.:** 로스앤젤레스 시 Class Title/Salary Table
☐ **참고자료:** 로스앤젤레스 시 경찰직 및 소방경찰직 보수기준(격주별/연
　봉별) Sec.4.157.

2. 로스앤젤레스 시 봉급기준(Salary Schedule City of Los Angeles)
☐ **참고자료:** 로스앤젤레스 시 City Administration Code Sec.4.60.

3. 로스앤젤레스 시 직위별 봉급기준

□ **참고자료:** 로스앤젤레스 시 City Administration Code Sec.4.61.
　Sec.4.900.1.

4. Memorandum of Understanding(업무구분표)

업무분류상 구분으로서 MOU(*1)부터 MOU(*39)까지 구분하고 있다.

□ **참고자료:로스앤젤레스 시** City Administration Code Sec.4.61.

Ⅱ-3. 각종 수당의 종류 및 지급대상·요건 등

수당의 종류는 부서별 상황에 따라 종류가 다양하며 지급대상 및 요건도 종류가 다양하며 주요내용은 다음과 같다.

1. 특별 보너스(Salary Bonus)

야간근무 시 시간별 구분대에 따라 야근수당 외에 시간당 35Cents 및 50Cents를 지급한다.

2. Premium Pay for Persons Possessing Bilingual Skills

:2 중언어자 우대(대민 서비스 관련분야)

봉급의 2 3/4% 수당지급

번역 및 보고서 작성 시 봉급의 5 1/2% 수당지급

3. Premium Pay for Persons Possessing Sign Language Skills

청각장애자 및 언어장애자 프로그램 참여 시 봉급의 2.75%의 수당지급

II-4. 지방공무원의 연금제도 및 공제제도

지방공무원의 연금제도는 공무원 은퇴 후 재정적, 금전적, 신분상의 혜택을 부여하여 노후를 대비하기 위한 제도이며 로스앤젤레스 시 및 카운티에는 다음과 같은 대표적인 제도가 있다.

1. 거치식 보상제도(Deferred Compensation)
공무원 은퇴적금 저율의 세금공제혜택 퇴직 시 혜택

☐ 참고자료: Los Angeles County Code Chapter 5.24 Deferred Compensation

2. 은퇴연금(Retirement Plan)
공무원 및 지방정부 일부부담
공무원 부담액의 6% 세금공제 효과
시부담액은 18%
건강보험 공제액의 1.45%는 적립효과
은퇴보상금 수혜자격 이전 사직 시에도 적립금 및 가산이자 지급

☐ 참고자료: Los Angeles County Code Chapter 5.20 Retirment Plan
☐ 참고자료: 로스앤젤레스 시 City Administration Code
 Sec.4.1020 Calculation of Service Retirement allowance
 Sec.4.1030 Rate of Contribution of the City Employee's Retirement System
 Sec.4.1056 Computation of allowances in case of Early Retirement

3. 저축식 제도(Savings Plan)

일반적으로 본인부담 4.5% 및 지방정부 부담 3% 등 매년 총 7.5%의 저금형 저축방식을 말하며 $7,500 이상 및 공무원 봉급의 33.3%를 초과할 수 없는 조건이다.

☐ 참고자료: Los Angeles County Code

    Chapter 5.21 Employee Contributions to Pension Plans

    Chapter 5.26 Savings Plan

    Chapter 5.27 County of LA Flexible Benefit Plan

☐ 참고자료: 로스앤젤레스 시 City Administration Code

    Sec. 4.1603. Pension Savings Plan Contributions

4. 후생식 제도(Benefit Plan)

가족장례 시 보상규정은 다음과 같다(Benefit Plan 가입 시에만 혜택)

배우자/1 자녀	$1,875.00
배우자/2 자녀	$2,186.90
1 자녀	$937.50
2 자녀	$1,875.00
3 자녀 이상	$2,186.90

☐ 참고자료: Los Angeles County Code

    Chapter 5.27 County of LA Flexible Benefit Plan

☐ 참고자료: 로스앤젤레스 시 City Administration Code

    Sec. 4.1063. Family Death Benefit Insurance Allowance

    Sec. 4.1800. Excess Benefit Plan

5. 은퇴연금 지불방법(Distribution of Benefits)
일시불 지급
특정기간(10년, 20년, 30년)에 분할금으로 지급
생존 시까지 지급
은퇴연금 수혜자 사망 후에도 가족에게 일정기간 지급

□ **참고: 일반적인 추세는 일시불지급은 지방정부도 권고하지 않으며 분**
   할방식 및 생존 시까지의 지급을 선호한다.

Ⅱ-5. 지방공무원 후생제도

지방공무원의 후생제도는 아래와 같은 건강보험 혜택과 상해보험 및 생
명보험, 은퇴 시 혜택, 휴가, 기타 공무원 처우제도 등이 있다.

1. 치과보험(Dental Insurance)
치아관리 및 점검포함
가정주치의 선정 시(옵션사항)

2. 건강보험(Health Insurance)
건강점검 포함
가정주치의 선정 시(옵션사항)

3. 부양가족 보험공제 프로그램(Dependent Care Reimbursement Program)
  - 배후자는 공무원 공제금액으로 치과치료 혜택
  - 건강보험은 개인부담

4. 의료검진(Medical Exam)
 - 공무원신청자 및 공무원에 대한 건강검진(Pre-employment and post employment medical exams)

□ **별첨12.: LA시 도로관리과장의 예**

Ⅱ-6. 지방공무원 피해보상제도

공무원 상해보험 신청자는 경찰관 및 소방관직 5,150명, 일반공무원직 4,689명 합계 9,839명(1996년도)이었다

1. 실직보험(Unemployment Insurance)
외적요인으로 인한 공무원 실직 시 이에 대한 보상보험의 일종

2. 공무원 상해보험(Workers' Compensation)
근무 중 발생한 상해사고에 대한 피해보상제도

3. 장애퇴직수당(Disability Retirement Allowance)
근무경력 5년 이상 공무원의 장애사고 시 지급

4. 장애보험 프로그램(Disability Insurance Program)
근무 중 발생가능한 공무원 장애발생 시 제공되는 보험제공

5. 상해보험(Compensation to Employees Injured in Course of Employment)
근무 중 발생한 상해나 질병에 대한 피해보험(**Workers' Compensation for Illness or Injury sustained in Course of Employment**)

6. 공무원소유 피해보상(Reimbursement for Lost or Damaged Property of City Employees)

가. 재산의 분실 및 파괴 시(Employee Reimbursement for Lost or Damaged Property)

근무 중 발생된 안경파괴, 청각보조기구, 틀니, 시계, 의복 등의 훼손 및 분실 시 보상제도

나. 사용기구 변제제도(Reimbursement for Tools)

근무 시 요구되는 장비 및 기구분실 시 해당부서 슈퍼바이저의 확인 후 피해보상

다. 피해보상 예외규정
  - 공무원 과실이 명백한 경우
  - 공무원 과실로 인한 장비분실
  - 시계 이외의 보석류
  - 차량관련 피해사항(업무 중 차량피해 제외)
  - 타 출처(보험회사)의 피해보상 시 제외

☐ 참고자료: Los Angeles County Code
  Chapter 5.31. Health, Safety Program & Workers' Compensation
  Part 3(p.5-100.37) Short-term Disability
  Part 4(p.5-100.39) Long-term Disability
  Part 5(p.5-100.44) Death Benefits
  Chapter 5.80 Damage to Employees' Property

Ⅱ-7. 기타 보수 및 수당관련제도

1. 여행경비 보조

공직관련 승인된 세미나 참가 경비, 사업상 점심식비, 자동차 수당 등 제공

2. 주차비 공제

청사주변 주차장시설의 부족으로 인한 사설 주차장 이용 시공무원의 주차비 공제

3. 배후자 및 자녀공제

배후자 및 자녀 부양 시 세금공제

4. 카풀제 참여 시 공제

대기오염국에서 실시하는 카풀제(동승출근제) 참여공무원에게 수당지급

□ **참고자료: 로스앤젤레스 시 City Administration Code**

　　Sec. 4. 218 Sec. 4. 219

5. 행정개선사항 포상제

가. 시행정관련 우수 제안상(Suggestion Awards)

시행정관련 제안으로 예산 및 비용절감에 기여한 공무원에 대한 보상제도이다.

1). 주요안건

　　시행정 서비스관련 증진사항

　　예산절감 방안

2). 참여대상

전 부서 전 공무원

예외 공무원: 1. Department, Bureau and Division Manager

2. Employees of the City Administrative Officer

3. Employees of the Chief Legislative Analyst

4. 주요임무가 시행정 개선 및 연구분야 공무원

5. Suggestion Award Program에 관여하는 공무원

3). 보상금액

$100 지급

□ 참고자료: Los Angeles County Code

Chapter 5.56 Incidental Allowances & Service Award

Chapter 5.60 Suggestion Awards

나. 최우수 상호 협조(Partnerships in Excellence Program)

업무상 동반관계 시 행정업무를 상호 협조하에 능률적으로 수행하기 위한 공무원업무발전 프로그램

□ 참고자료: Los Angeles County Code

Chapter 5.62.

II-8. 급여제도 개선동향

Ⅲ. 능률분야

Ⅲ-1. 지방공무원 교육훈련제도 개관

- 교육종류, 정기교육 및 특별교육, 교육훈련의 주기 등

1. 교육의 종류(Training Programs)
지방정부에서 준비하는 프로그램은 다음과 같다.

신입공무원 교육프로그램(인사국 주관)
공·사립대학 위탁교육 프로그램
부서별 전문프로그램
관리자 교육프로그램
경찰학교 및 소방학교 전문프로그램

2. Empolyee Development-Training Program/Tuition Reimbursement Reimbursement for Tuition
위탁교육관련 해당자는 인사담당 부서장 및 행정담당 부서의 기준에 의거 추천되어야 하며 교육비용은 전액 공제된다.

□ 참고자료: Los Angeles County Code
　　Chapter 5.52. Tuition Reimbursement Plan

3. 인사과시험관련 주요업무
 - 응시서류접수
 - 필기, 구술, 기타시험 준비

- 필기시험자수
- 면접인원
- 시험완료자수
- 추가자격자수
- 경찰직 지원 필기시험자
- 경찰직 지원면접자
- 경찰·소방직 승진 시험자

4. 로스앤젤레스 시 인사국주관 주요 교육프로그램

Administrative Training and Development

16시간의 신규행정직 공무원 교육프로그램으로서 공무원법, 예산준비, 노조소개 등을 주로 교육한다.

Advanced Supervision

20시간의 간부교육으로서 리더십, 근무평정 기준, 동기부여, 결정사항, 근무평정 등이다. 3년차 이상의 Supervisor대상 교육프로그램이다.

Affirmative Action for Superviors

6시간의 소수자보호법, 민법, 간부책임사항을 교육한다.

Career Development Workshop

4시간의 경력개발능력, 개인의 능력 및 관심사항의 검토 등에 관한 토의식 교육

Certification Interview Training

7시간의 인터뷰관련 요령에 관한 교육

Civil Service Rules for Supervisors

3시간씩의 3개 과정의 공석인 자리에 대한 슈퍼바이저의 책임 및 업무에 관한 교육프로그램

Discipline and the Supervisor

7시간의 일 년차 슈퍼바이저대상의 부하관리에 관한 전반적인 사항을 교육

Effective Communication Skills

6시간의 내부행정에서 요구되는 공무원 간의 업무상 협조사항 및 대민접촉 시 유의사항에 관한 교육으로서 전화사용방법, 면접 시 대화방법, 극한상황대처방법 등을 교육

Effective On-the-Job Training

7시간의 슈퍼바이저대상의 업무관련 부하직원에 대한 전달방법 및 효과적인 교육방법을 교육

General Orientation

4시간의 시조직, 후생제도, 복지제도에 관한 토론식강의

Introduction to Supervision

20시간의 슈퍼바이저직책에 대한 관련임무 및 기법을 교육

Time Management

6시간의 시간소비형 공무원에 대한 관리방법 및 통제방법

'Windmills' Training

4시간의 프로그램으로서 장애자공무원의 소외되는 문제에 대한 해결방안연구

Work Force Diversity

7시간의 다인종사회 및 문화적 차이에 관한 상호 이해증진 방안연구

참고사항으로 로스앤젤레스 시 인사국 공무원 교육인원을 조사한바 96년도 6월까지 시 내부교육인원은 777명이었으며 외부위탁교육은 5,989명이었다.

□ **별첨6.: 로스앤젤레스 시 인사국 업무현황**

Ⅲ-2. 카운티공무원 교육 및 시공무원 교육비교

공무원 교육에 있어서 시나 카운티 등 지방공무원 교육은 주정부의 교육내용과 대동소이하며 이는 공무원 인사관련규정 및 행정업무상 주된 내용 혹은 카운티에서 요구하는 공무원의 전문성, 효율성 그리고 중간관리자 양성 등 연방 및 주정부와 공통된 공무원 교육목적을 갖는다.

1. 로스앤젤레스 카운티 교육훈련
1) Defuty Sheriff Educational Advancement Program
2) Public Safety Dispatcher Program

□ 참고자료: Los Angeles County Code
   Chapter 5.48.
   Chapter 5.50.

2. 로스앤젤레스 시 교육훈련
1) General Orientation to the City of Los Angeles(인사국담당)
□ 별첨13.: 로스앤젤레스 시 신규공무원 교육
2) New Employee Orientation(Department of Public Works)
□ 별첨14.: 로스앤젤레스 시 Department of Public Works 신규공무원 교육
2) Academic Training Program
□ 별첨15.: 로스앤젤레스 시 공무원 위탁교육
3) The Institutes Leadership 2000
□ 별첨16.: 로스앤젤레스 시 공무원 위탁교육
4) Managing Employee Performance Train-The-Trainer Program
□ 별첨17.: 로스앤젤레스 시 공무원 관리자교육

5) City of Los Angeles Training & Development Programs
□ 별첨18.: 로스앤젤레스 시 교육개발 프로그램

Ⅲ-3. 교육훈련결과의 인사평정 반영방법

1. 교육훈련 평가방법
- 피교육생의 교육내용 인지도 평가보다는 강의자에 대한 평가(Evaluation) 위주
- 주요내용은 강의전달방법, 자료준비, 전문성 등에 관한 피교육생의 평가로서 항목당 5-4-3-2-1점 중에서 선택된 점수로서 교육훈련결과를 평가하며 인사평정에는 반영되지 않는다.

Ⅲ-4. 지방공무원의 국외훈련제도

국외 훈련보다는 학계 및 기타 연구기관에 위탁교육을 위주로 함

Ⅲ-5. 지방공무원 능률분야 관련제도

지방공무원의 능률성 제고를 위하여 근무평정제도를 두고 있다

1. 공무원 근무평정(Employee Performance Evalution)
가. 기준(Standards)
1) 공무원 근무성적 평정보고(Employee Evalution Report): 일반공무원 가장 기본적이고 오래된 양식으로서 항목별 구분인 업무수행능력의 양적 및 질적 평가, 근무습관, 대인관계, 적응성 등에 관한 평가를 우수(Competent), 개선요망(Improvement Needed), 불충분(Unsatisfactory)

등 3가지로 구분하여 기록한다.

2) 근무성적 평정보고(Performance Evalution Clerk Typist) : 일반공무원 일반양식은 동일하나 항목별 구분에 최우수(Outstanding), 우수(Exceeds Standards), 적합(Meets Standards), 개선요망(Needs Improvement), 불충분(Unsatisfactory), 미비(Not Observed) 등 6가지로 구분하여 평가

3) 근무성적 평정보고(Performance Evalution) : 간부직(Supervisor) 최우수(Outstanding), 우수(Exceeds Standards), 적합(Meets Standards), 개선요망(Needs Improvement), 불충분(Unsatisfactory) 등 5가지 항목은 동일하나 시보직 공무원의 경우에는 시보직 임무계속(Continue Probation), 시보직 임무완료(Complete Probation), 해고(Be Terminated) 등 3가지 항목 중에서 결정한다.

4) 근무성적 평정보고(Performance Evalution) : 전문직 전문 관리자 근무평정으로서 항목별 근무평정내용은 다음과 같다. 담당부서 임무수행(Getting Work of Unit Accomplished)

- 근무기준설정(Established Work Standards)
- 기한 내 근무계획(Planned Work to Meet Deadlines)
- 적정한 업무분배(Assigned Work with Appropriate Direction)
- 기한 내 및 진행상 관리유지(Maintained Control of Progress and Due Dates)
- 근무결과 및 질적 향상(Ensured Appropriate Quality and Quality of Work Product 인력개발(Developing Employees)
- 직원 동기부여 및 보상(Motivated and Rewarded Employees)
- 책임성 있는 기본 권리보장(Fulfilled EEO Responsibility)
- 징계기준적용(Applied Disciplinary Standards)
- 근무평정의 적시성(Made Timely Evaluations) 고충처리(Complaints and Grievances)

- 신속한 고려(Gave Timely and Sensitive Consideration)
- 보고내용(Documented Thoroughly) 관리능력(Management Qualities)
- 결정(Decision Making)
- 지휘력(Leadership)
- 공정성(Fairness and Impartiality)
- 부하직원 신상파악(Sensitivity to Subordinates)
- 분위기 조성(Approachability)

□ 별첨19. : 공무원 근무평정(Performance Evaluation)

나. 규정(Guidelines)

1) 슈퍼바이저용 근무성적 평정기준(Supervisor's Guide to Performance Appraisal) 시공무원의 중간관리자인 슈퍼바이저를 위한 담당공무원에 대한 근무평정기준을 설정하여 공정하고 정확한 평가를 하는 데 있다

□ 별첨20. : 슈퍼바이저용 근무성적 평정기준
   (Supervisor's Guide to Performance Appraisal)

다. 근무평가기준(Service Rating)

라. 근무기준(Standards of Performance)

업무수행능력(Quality of Work Done)

업무태도(Service Manner)

임무완수(Faithfulness of Duty)

주요사항 및 성격(Objective Factors and Characteristics)

인사위원회의 견해(Opinion Of the Board of Civil Service Commissioners)

마. 평가절차(Processing): 일반적으로 6개월의 기간이 소요됨

바. 근무평가 결과 항소(Service Rating Appeals): 상급자의 근무평가에 대한 항소

사. 슈퍼바이저대상의 근무평가교육(Service Rating Training for Supervisors): 근무 평가의 공정하고 질적 향상을 위한 교육마련

□ **참고자료:** Los Angeles County Code
Rule(p.5 - 240) Performance Evaluation

Ⅳ. 시험제도

Ⅳ -1. 지방공무원 공개채용시험의 종류(직급별 구분)

지방공무원의 공개채용의 종류는 비경쟁 시험분야, 경쟁시험분야, 부처별 승진시험분야, 각 부처 간 승진시험분야 등으로 구분되며 자격조건 및 경쟁시험에 의거 해당 자리에 전문성이 있는 사람이 채용되는 Merit System 제도이다.

1. 공개채용시험(Open Competative Examination)
전문성이 있는 사람을 공개시험을 통하여 채용하는 방법으로 미국의 인사제도에서 전형적인 시험방식이다.

□ 참고자료: Los Angeles County Code

　　Rule 7 Competitative Examination(p. 5 - 210)

2. 비경쟁시험(Non - Competative Examination)

공개채용시험이 불필요한 경우에 시험을 치루지 않고 공무원을 채용하는 경우로서 지원자보다 많은 인원이 필요한 경우 및 일반 단순노무직 공무원의 채용 시 해당된다.

□ 참고자료: Los Angeles County Code

　　Rule 8(p. 5 - 216) Noncompetative Examinations and Labor Appointments

Ⅳ - 2. 공개채용시험의 종류별 시험과목

1. 공개채용시험의 방식(Method of Testing)

필기시험(Written Test)

구술시험(Oral Test of knowledge or ability)

인터뷰(Interviews covering general qualification, education, training or experience)

실무시험(Performance Test)

신체시험(Physical Test of strength, stamina, or dexterity)

경력평가(Evalution of education, training, experience, or other qualifications as shown by the application, or by other information submitted, or by the record)

참고사항질의(Questionaires submitted to references)

기타 적합성(Any other appropriate measure of fitness)

2. 공개채용시험 담당부서임무

- 채용안내 공고준비(Bulletin Preparation)
- 서류마감 및 연장(Close or Extend Filing On)
- 인터뷰 시간표(Interview Board Scheduling)
- 통지서 발급(Notification Cards)
- 성적결과 재심요구자 협조(Protests−Analysis & Evalution)
- 시험결과 통보(Report of Results)
- 새로운 시험요청(Request for New Examinations)
- 시험통과자 기록유지(Standing on Eligible List)
- 시험자격(Status of Examination)

Ⅳ-3. 공개채용시험의 응시자격

1. 응시자격

공개채용 응시자격은 주 및 연방법에서 요구되는 법적 근무권리 소유자로서 모든 시민에게 자격이 있으며 인사국에서 배포하는 분야별, 부서별, 업무별 코드에 따라 자격이 있는 사람이면 공개채용시험에 응시할 자격을 갖는다. 다음은 로스앤젤레스 카운티에서 규정하는 부적격자의 경우이다.

공개채용시험에서 정한 기준 미달자
업무상 육체적 및 정신적 부적격자(장애인과는 무관)
습관적 알코올중독 및 마약중독자
전과자
해고경험자
허위서류 제출자
법에 대한 맹세 불이행자

지문채취 거부자

시험부정행위자

신체검사 불합격자 및 거부자

해당직위가 시민권자 조건일 경우 비시민권자

참고적으로 공개채용 신청자는 로스앤젤레스 시의 경우 57,883명(1995 -1996년도)이었으며 필기시험자는 52,566명, 인터뷰 15,316명이었으며 신규채용자는 2,254명이었음

참고: 로스앤젤레스 인사국 예산보고 - 업무현황(Indicators of Workload)

사례연구: 냉동기술직 공무원 채용기준 및 시험과목

1. 냉동기술직 공무원

○ 근무처: 수도전력국

○ 보수: $4536 - $4849/월(타 부서 보수수준 $4159/월)

○ 임무: 에어컨설치, 관리, 보수, 히터관리, 환풍장치 관리분야

○ 자격: - 냉각기 및 에어컨관련 공인경력자(경력증명서) 혹은

     - 건물관리 엔지니어 3년 경력 및 시공사 전기보수 관련자(인사과 서류양식구비) 혹은

     - 에어컨관련 6년 경력자

○ 필수사항: 환경방지국발행 자격증(Technician Form)

          시응시원서(City Application Form)

          약물 및 음주 테스트 기록

○ 시험: 필기시험(2시간 소요) 100점 만점

○ 시험과목: - 냉각기 사용 및 종류

          - 에어컨

　　　　　- 관련장비

　　　　　- 조절장치

　　　　　- 프레온가스

　　　　　- 청사진 독해능력

　　　　　- 용접관련 등 객관식 문제로 구성되어 있다

☐ **참고자료:** Los Angeles County Code

　　Rule 6.04 Nonacceptance of Applicant

☐ **참고자료:** Los Angeles County Code

　　Rule 10 Eiligible List(p.5 – 220)

☐ **별첨21.:** 로스앤젤레스 시 공무원 채용광고

　　(Weekly Summary of City Job Opportunities)

☐ **별첨22.:** 로스앤젤레스 시 소방공무원 채용공고

　　(Firefighter Recruitment)

Ⅳ-4. 특별채용시험종류 및 자격요건

미국의 시험제도는 필요시 특정시기에 관계없이 누구든지 자격요건이
되면 응시할 권리가 부여되므로 우리나라와 같은 특별채용시험은 없다.

Ⅳ-5. 승진시험 종류 및 시험과목, 자격요건

승진시험 시 최소 65점을 필기시험에서 받아야 하며 Senerioty Credits은
매년 0.25를 가산한다(로스앤젤레스 시의 경우 승진시험 신청자는 4,826명
(1996년도)이었음)

1. 승진시험(Promotional Examinations): 자격이 있으면 누구나 응시가능

1) Departmental Promotional Basis: 특정부서와의 경쟁을 제한하는 부서 내 승진

2) Interdepartmental Promotional Basis: 해당부서 관계없는 자유경쟁 승진시험

승진시험 시 고려사항

1) 의무(Duty)

2) 책임감(Resposibility)

3) 자격(Requirement)

4) 보수(Compensation)

☐ 참고자료: Los Angeles City Administration Code

　Sec. 4. 8. Promotions

☐ 참고자료: Los Angeles County Code

　Chapter 6. 02. Qualifications for Promotional Examination

Ⅳ-6. Veterans에 대한 채용우대 제도

군복무자 우대(Veterans Credit): 지방공무원 응시기회 혜택 1회 제한

1) 참전 경험자: 합격점수(일반적으로 70점)의 5%를 가산하여 줌 참전 경험자가 합격점인 70점 획득 시 73.5점으로 산정

2) 참전전사자 배후자로서 전사 후 5년 이내면 합격점수의 5%를 가산함

3) 참전 시 부상으로 장애인이 된 배후자의 경우 제대 후 5년까지 배후자에게 합격점수의 5%를 가산함

□ **참고자료:** City Administrative Code
  Sec4.2. Veterans Credit

Ⅳ-7. 시험 시 응시자 구비서류

일반서류

시공무원 응시원서(The City Application Form)
운전면허증(Drive License)
사회보장번호(Social Security Number)

기타 서류: 해당분야별 요구사항

자격증
경력증명서(Vrification of Work Experience)
학위증

□ **별첨23.:** 시공무원 응시원서(The City Application Form)

Ⅳ-8. 우리나라 지방고등고시제도와 유사한 시험제도

고등고시와 같은 시험제도로는 PACE(Professional Administrative Career Examination)이 있으며 이는 연방공무원 시험제도로서 지방 자치단체에 대한 인사관련사항은 없는 독자적인 연방공무원 시험제도이다. 로스앤젤레스 시 및 카운티의 경우 선출직이 아닌 고위직은 임명직이 대부분이며 부서별 전문성 여부에 따라 임명되며 공무원으로서의 신분상의 보장은 없다.

Ⅲ. 미국의 인사제도 개선동향

1. LA시 인사행정의 주요 개선동향
로스앤젤레스 시의 인사행정의 개선동향은 다음과 같다.

1) 직급체계의 단순화(Class Consolidation)

   Career System에 의한 전문직 직위분류제로 약 2천 개로 구분되어 있는 직책을 점검하여 상호유사성이 있는 직책을 통합하는 과정 (Compression of Job Classification) 중에 있으며 예산절감효과 및 인사관리의 효율화에도 기여된다.

2) 사무장비 전산화(Office Automation)

   인사국의 경우에도 2년 전까지 컴퓨터 보급이 미비한 실정이었으나 현재는 부서 내 및 부서 간 협조사항을 컴퓨터시스템인 Local Area Network System을 통한 사무전산화로 인적, 물적, 시간적 및 경제성을 기대할 수 있다.

3) 시험제도 개선(Examinations)

   공무원의 채용이 정기적 방법이 아니므로 번잡한 공채공고 및 시험관리상 야기되는 제반사항을 개선하고 있는데 이 중 몇 가지를 소개하면 다음과 같다.

   ○ 시험과목의 단순화

   필기시험에 포함되는 전문분야별 시험과목을 단순화(예: 3과목을 1과목으로 줄임)하여 점진적으로 필기시험 1과목 및 인터뷰만을 요구하는 시험과목의 단순화과정에 있다.

   ○ 시험성적 확인제 폐지(Repeal of Protest)

   공채 응시자를 위한 제도인 시험성적확인제도인 Protest를 시행하였으나 필기시험에 탈락한 응시자 중 다수가 Protest를 신청하여 이에 대한 인력 및 시간소요가 신규공무원 채용 시 지연요인이었으며 Protest채점확인 결과도 문제점이 없다고 분석되어 이를 폐지할 계획이다.

○ 시험원서양식의 컴퓨터화

연중 계속되는 응시자의 원서관리를 현재까지는 담당 공무원들이 응시자 지원원서를 수작업을 통하여 컴퓨터에 입력시키는 작업을 하였으나 내년부터는 컴퓨터양식의 Scannable Application Form을 사용하여 응시자가 기록한 원서내용을 자동으로 입력하고 통계화할 수 있도록 추진 중에 있다.

□ 별첨24. : 시공무원 응시원서(예정)

(The City Application Form : Scannable)

4) 시보공무원 관리강화(Probation Employee)

현재 실시하는 시보직 공무원의 기간은 일반직은 6개월, 경찰관 및 슈퍼바이저(관리자급)는 12개월로 변동사항은 없으나, 시보기간 중에 실시하는 근무평정성적이 기준에 미달 시 해고처리하는 강력한 징계제도를 도입하였다.

이와 같은 이유는 시보직 공무원의 자격을 강화하여 능력 있고 전문적인 공무원으로 양성하고 공채합격 후 시보직 공무원이 공무원 신분보장이 아님을 의미하며 해고된 시보직공무원의 경우 소청의 기회가 없다.

5) 교육 프로그램신설(Training Program)

기존의 공무원 프로그램 외에 UCLA와의 산학협조방안으로 공무원교육과정을 신설하여 중간 관리자급 이상 공무원의 관리능력 및 지도력향상에 중점하여 공무원 인사관리에 적용하고자 함.

□ **별첨15.: 로스앤젤레스 시 공무원 위탁교육**

　　Academic Training Program(UCLA)

□ **별첨16.: 로스앤젤레스 시 공무원 위탁교육**

　　The Institutes Leadership 2000

2. 미국인사제도의 개선동향 사례

다음 사항은 인사행정 관련도서 및 계간지에서 발췌한 최근의 인사제도 개선동향 사례로서 주요내용은 다음과 같다.

1). 다양한 업무 고가평정

　　(Multi-Source Performance Appraisals)

　현재 사용되는 고가평정 평가방법의 문제점을 지적하고, 연방정부 관련 기관을 대상으로 조사연구한 결과인 다양한 업무고가 평정방법(MSA)을 소개하였다. 효과적인 인사관리방법의 하나인 고가평정의 중요성 및 공무원들의 다양한 업무고가 평정방법에 대한 공정성, 효과성의 제인식, 조사 발견사항의 적용 그리고 향후연구에 대한 제안을 소개한 보고서이다.

2). 주정부의 실적보상제도: 주정부기관의 인사관리 인식

　　(Pay-for-Performance systems in State Government)

　1980년도부터 대부분의 정부기관에서 사용 중인 실적보상제의 다양한 문제점을 지적하는 보고서의 증가 및 실적보상제의 문제점을 경험한 연방 정부에 의한 실적경영 및 인식체계 방지법(Performance Management and Recognition)이 1993년에 통과되어 실적보상제의 약화를 초래하였으나 주정부 인사기관의 무작위 추출방법을 사용한 결과 아직도 실적보상제가 많은 어려움에도 불구하고 주정부 인사관련제도에 인기가 있음을 지적하는 보고서이다.

3). 주정부 인사기관 교육 프로그램

(Training Practices in State Government Agencies)

30개 주 140여 주정부기관을 대상으로 공무원 교육프로그램을 조사연구한 보고서이다. 교육훈련의 종류, 방법론, 평가방법 그리고 평가수준에 관련된 기본적 질문사항을 조사한 내용으로서 주정부기관들과 교육프로그램들과의 부합여부 및 교육프로그램의 발전 그리고 성과에 관한 평가사항을 수록하였다.

4). 미국인사행정의 제 문제와 향후 당면과제들

(Public Personnel management)

1997년 개정된 인사행정 관련도서로서 급변하는 시대의 인사관리에 관한 내용을 서론으로, 1부 개혁사항, 2부 내제적 문제, 3부 노사관계 전망, 4부 변화시대하의 전통적 인사행정, 끝으로 5부에는 현재와 미래의 과제에 대한 세부주제를 행정학자들이 기고한 보고서이다.

별첨자료

1. 1996-97 Summary of Positions by Class Title(City of LA)
2. 로스앤젤레스 시 조직표
3. 로스앤젤레스 시 인사과 구인광고
4. 로스앤젤레스 시 공무원징계기준
   City of LA Guide to Disciplinary Standards
5. 로스앤젤레스 시 인사국 업무현황
6. 로스앤젤레스 시 정직 및 해직공고
   Agenda for Friday, August 15, 1997

7. 로스앤젤레스 시 공무원 현황

    Authorized City Staffing

8. 로스앤젤레스 시 Union

    Directory of Employee Organizations & Representatives

9. 로스앤젤레스 시 공무원의 공인된 노조단체

    Recognized City Employees' Unions

10. ICMA 미국 지방정부 평균 봉급표

11. 로스앤젤레스 시 도로관리과장 봉급 및 후생

12. 로스앤젤레스 시 Class Title/Salary Table

13. 로스앤젤레스 시 신규공무원 교육(인사국)

14. 로스앤젤레스 시 신규공무원 교육

    Department of Public Works

15. 로스앤젤레스 시 위탁교육

    Academic Training Program(UCLA)

16. 로스앤젤레스 시 위탁교육

    The Institute Leadership 2000

17. 로스앤젤레스 시 공무원 관리교육

    Train-the-Trainer Program

18. 로스앤젤레스 시 교육개발 프로그램

    City of LA Training & Development Programs

19. 로스앤젤레스 시 공무원 근무평정

    Performance Evaluation

20. 슈퍼바이저 근무성적 평정기준

    Supervisor's Guide to Performance Appraisal

21. 로스앤젤레스 시 공무원 채용광고

    Weekly Summary of Job Opportunity

03. 지방 자치, 서울과 LA의 비교

민선 자치 1년을 맞이하여 우리 시에서 발행한 '시정백서'에 의하면 현재의 지방 자치는 반쪽에 지나지 않는다고 지적되었다. 본 보고서는 지방 자치의 선진국인 미국의 지방 자치가 우리의 경우가 어떻게 다른가를 인사, 조직, 재정, 지역 경제, 중앙 정부와의 관계 등 5개 부문에 걸쳐 조사-비교함으로써 현재의 지방 자치의 한계를 구체적으로 살펴보고자 하였다.

◇ 인 사

LA시는 시장과 시의회 관할하에 3만 3천여 명(경찰 및 소방 공무원 포함)의 공무원들이 2조 원의 예산을 집행하는 지방 자치단체이다. 시장은 시 검사(City Attony)와 시 통제관(Controler), 특정 부서의 위원회 임원 등 선출직 공무원을 제외한 주요부서장의 인사권을 가지며, 이와 같은 인사권을 행사함에 있어 상급 기관, 예컨대 주 정부나 연방 정부의 간섭을 전혀 받지 않는다.

LA 시청에는 주 정부나 연방 정부의 파견 공무원이 거의 없다. 이는 시 정부가 상급 기관으로부터의 위탁 업무를 거의 하고 있지 않는 점과도 일치한다. 중앙 정부의 고유 업무인 출입국 관리, 관세 등의 업무는 해당 공무원의 인사권과 함께 중앙 정부가 직접 관할한다. 결국 중앙 정부와 지방 정부는 업무 영역이 분명하며 따라서 상호 간 직원의 교류나 인사의 간여 등이 거의 없다. 독립적인 인사권은 재정의 자립과 함께 미국 지방 자치의 근간을 이루어 왔으며, 이는 연방이나 주정부 그리고 지방 자치단체가 모두 공감하고 있다고 할 수 있다.

LA시 인사의 또 다른 특징은 부서별 최고 책임자를 제외한 거의 전 공무원의 인사권이 해당 부서장에게 위임되었다는 점이다. 각 부서의 최고 책임자는 자기 부서 공무원의 채용, 승진, 휴직, 복직 등을 책임 관할한다. 예를 들어 조직의 확대나 직원의 퇴직 등의 사유로 신규 인원이 필요하게 된 부서는 자체 승진을 통해서 또는 시 인사부(Personel Department)에 신규 직원 선발을 요청하여 충당한다. 신규 채용을 의뢰받은 인사부에서는 자격 심사와 시험을 통해 선발하게 되는 것이다. 이처럼 LA시의 인사가 부서별로 독립적일 수 있는 것은 각 직책의 업무 성격에 따른 전담 직원을 채용했기 때문이다. 즉 공무원 개개인의 업무 분장이 임용 때부터 명확하며 이러한 업무 분장은 특별한 이유가 없는 한 직원이 퇴직할 때까지 유지된다.

◇ 조 직

미국의 주요 도시의 조직과 편제는 시 헌장과 조례에 따라 자치적으로 설치, 운영되고 있다. 물론 헌장과 조례도 상위법에 저촉되지 않는 범위

내에서 시민에 의해 제정되므로, 지방 자치가 자치단체의 형성 단계부터 실시된다고 볼 수 있다. 우리나라의 지방 자치단체의 조직의 대부분을 상위법이 제한하는 것과 비교하여 볼 때 우리와는 구조적, 개념적 시각 차이를 보인다고 할 수 있다..

지자체마다 헌장과 조례가 다르듯이, 시의 조직과 편제 또한 규모가 비슷한 도시들 간에도 상이할 수 있다. 즉 시민의 여론과 시정의 필요 그리고 예산 규모 등에 따라 다양한 형태와 규모로 발전되어 온 미국 도시들의 조직을 거의 획일적이고 표준화된 우리나라 지방 자치 조직과 평행적으로 비교하기는 곤란하다.

미국 지방 자치단체 조직의 형태가 우리와 근본적으로 다른 점은 기능 위주의 분산적 형태라고 할 수 있다. 즉 시장을 정점으로 국-과-계 순서의 수직적이고 집중적인 형태가 아니라 기능 위주의 수평적, 분산적 성격이 강하다. LA시의 경우 조직의 권한과 책임이 시장-의회-각 위원회로 분산되어 각 기관 간의 견제와 균형이 이루어지고 있다. 행정의 실질적인 집행은 26개의 집행부서에 의해 이루어지며, 9개의 지원부서가 이들 부서를 지원한다. 이 외에 10개의 집행 겸 지원부서가 있으며, 이들 부서는 자체 집행 기능과 타 부서의 지원업무를 겸하고 있다.

LA시의 가장 실질적인 단위 조직은 부(Department)이며, 대부분의 부는 집행부서에 속한다. 이러한 부는 존립 근거에 따라 주 법에 근거한 부(State Law Department), 시 헌장에 근거한 부(Charter Department), 조례에 따라 설치된 부(Ordinance Department), 시 헌장에 근거한 독립 채산 부(Independent Charter Department)로 구분되며, 따라서 주 법에 근거하지 않은 부의 설립과 운영은 시의 고유 권한이라 할 수 있다.

비록 이러한 부(Department)들이 시장 산하의 하부구조이기는 하나 획일적이고 직접적인 통제는 어렵다. 즉 각 부는 해당 위원회(Commission)의 직접적인 통제를 받으며, 이들 위원들은 부에 따라 직업 공무원 또는

(무보수)시민 대표로 이루어진다. 예를 들어, 독립 채산 부인 공항부, 항
만부, 수도-전력부, 도서관부, 위락-공원부, 연금부 등의 장은 시민 위원
중에서 임명된다.

이처럼 LA시의 조직은 설립과 운영 모두에서 대단히 자치적이고 자주
적이다. 즉 중앙 정부나 주 정부가 조직을 통해 자치단체를 규제하거나
간섭하는 것은 제도적으로 불가능한 것이다.

◇ 재　정

LA시의 재정 자립도는 80% 이상으로 대단히 높은 편이다. 나머지는
연방 정부, 주정부 그리고 카운티 정부의 할당금이나 보조금에 의존한다.
LA시의 수입원은, 94-95회계년 기준으로, 수도-전기 사용세(11%), 재
산세(13%), 사업세 및 호텔세(9.1%), 판매세(7.2%), 회계 특구(수도-전
기, 공항, 항만)의 전용금(6.1%), 각종 수수료, 면-허가세, 벌금(24.3%),
기타 채권 등 (10.5%)으로 구성되며, 나머지 18.8%는 상급 정부나 기관
의 할당금으로 충당된다.

이들 수입원 중 수도-전기 사용세와 사업세, 호텔세의 세율 결정과 징
수 및 사용은 LA시의 독자적 재량이며, 판매세의 경우 주정부의 관할하에
징수하되 이 중 일부(캘리포니아 주 판매세 8.25% 중 1%)는 LA시로 귀
속된다. 재산세의 경우에도 상급 기관인 카운티 정부에서 관할하지만 이
중 일부(LA시의 경우 전체 재산세의 28%)를 되돌려 받고 있다. 한편 소
득세는 연방 정부의 고유 관할로서 시는 전혀 간여하지 않는다. 세입원 중
호텔세, 판매세가 16.2%를 차지하고 있는 것은 관광 및 비즈니스와 세입
원이 직접 연결되어 있기 때문이며, 따라서 LA시는 관광 진흥 및 비즈니
스 활성화를 위한 여러 정책들을 적극 지원하여 세수 증대를 꾀하고 있다.

이처럼 연방 정부와 주 정부 소관인 소득세와 판매세를 제외하고는 거의 모든 세금의 세율 결정, 징세, 집행이 지방 정부의 권한으로 위임되어 있다. 이와 같은 조세의 자율성은 납세자 우선 혜택의 원칙과 지방 자치단체들 간의 시장 경쟁 원리 측면에서 이해하여야 할 것이다. 즉 연방 정부와 주 정부의 운영에 필요한 세금을 제외하고는 한 지역에서 징수된 재원은 그 지방을 위해 쓰여야 하며 따라서 지방 자치단체는 징세와 이의 집행(예산 지출)에서 주체가 된다.

◇ 지역 경제

미국 내 각 지방 자치단체들은 지역 발전과 번영의 주체로서 권리와 책임을 동시에 갖는다. 예를 들어, 지방 자치단체들은 소득 증대와 고용 창출의 관점에서 비즈니스와 기업의 유치에 매우 적극적이다. 이들을 유인하기 위해서는 교통, 노동력, 자본, 정보 등의 입지요소 이외에 생산원가나 생활비에 직접적인 영향을 주는 각종 세금을 적절히 조절할 필요가 있다. 즉 입주자(가구나 기업체)는 이러한 입주 조건을 여러 도시 간에 비교하여 입지를 선정하고 따라서 도시들 간에는 끊임없는 유치경쟁이 이어져 결과적으로 성장하는 도시와 정체 또는 쇠퇴하는 도시가 생겨나는 이른바 시장 경쟁의 양상이 현저하게 나타나게 된다. 이처럼 조세 및 재정의 자치성은 도시 자체의 존립과 긴밀한 관계를 가지며 따라서 지방 자치의 핵심 요소 중의 하나로 인식되고 있다. 지방 정부의 재정에 관한 자율권과 책임을 극명하게 보여주는 한 예로 LA인근 오렌지카운티 정부의 파산 선고를 들 수 있다. 지방 자치단체의 파산 선고는 미국에서도 드문 예이기는 하지만 지방 정부의 자율과 책임이 어느 정도인가를 보여주는 좋은 예라고 할 수 있다.

◇ 중앙 정부와의 대립

미국에서의 중앙 정부와 지방 간의 마찰은 아주 드문 경우에 속한다. 미국은 건국 자체가 다민족 이민 사회를 배경으로 시작되었고, 때문에 지방 자치는 정치의 기본 원 중의 하나이며 미국 역사 자체가 지방 자치의 역사라고 할 수 있다. 이와 같이 긴 지방 자치 역사와 그동안의 풍부한 경험과 시행착오가 이루어낸 오늘날의 지방 자치 제도는 구조적으로나 법적으로 안정되어 있다고 할 수 있다.

이와 같은 안정은 중앙 정부가 지방 정부에게 자치에 필요한 대폭적인 권한을 위임하고 간섭을 최소화할 뿐만 아니라 이를 명문화하여 정부 위계상의 간의 대립을 정치 대립이 아닌 법률 해석상의 문제로 전환한 것에 힘입은 바가 컸다고 볼 수 있다. 실제로 일정 규모 이상의 도시들은 대개 시민 투표로 선출된 시 검사(City Attorney)를 두고 있으며 행정상 필요한 연방법과 주법 그리고 시 헌장과 조례에 대한 자문과 해석을 제공하고 있다. 시 검사는 또한 시청 내에서 일어나는 주 법과 시 조례 위반 경범죄에 대한 기소권을 가지며 시와 공무원이 연루된 모든 민사 재판에서 시를 대표한다.

이처럼 지방 자치의 오랜 전통과 경험 그리고 지방 정부의 철저한 법률적 사전 대응 등이 정부 간의 갈등을 효과적으로 방지하거나 완화하고 있다고 할 수 있다.

04. 지방 자치단체 검찰조직

1. 연구 배경

아직 걸음마 단계를 벗어나지 못한 우리나라의 지방 자치제는 중앙 정부에 대한 많은 재정적 의존과 함께, 경찰 및 사법부의 중앙 집중에 따른 치안 및 사법권의 종속으로 인한 기형적인 제도로 인해 진정한 지방 자치제도의 꽃망울을 터뜨리지 못하고 있는 실정이다. 본 보고서는 복잡한 계층을 가진 자치 정부 구조하에서도 치안 및 사법권의 완전한 자치제도를 구현하고 있는 미국의 '자치 검사' 제도를 각급 자치단체별 실제를 예시하여 분석한 것이다.

재정 부문의 독립과 함께 경찰과 사법권의 독립은 진정한 지방 자치 제도를 더욱 꽃피울 수 있는 계기가 된다는 점에서, 3권(행정, 입법, 사법)의 완전한 독립을 기반으로 한 가장 선진적인 지방 자치제도를 운용하고 있는 미국 자치 도시의 '자치 검사' 제도에 대한 사례 연구는 앞으로 도래할 서울시의 치안 및 사법권 독립 및 그 운용을 위해 좋은 예시가 되리라 믿는다.

우리나라와 미국의 정부 행정 조직에 대한 다른 많은 차이 중에서도 미국의 각급 자치단체에서 실행하고 있는 자치 검사(주 정부의 Attorney General, County 정부의 District Attorney, 시 정부의 City Attorney) 제도는, 그 제도의 연원과 조직 및 실행에 있어서 3권의 하나인 사법부에 소속되어 중앙 집중형 조직의 일원으로 활동 중인 우리나라의 검찰과는 확연히 구별된다. 미국의 경우 우리나라와 달리 각급 정부의 자치 검사(attorney)들은 시의 치안을 담당하는 경찰이나 County(이하 郡)의 공안을 담당하는 보안관(Sheriff)과 같은 수사 집행기관에 대한 직접적인 지휘권을 가지지 못하지만, 사안별로 연방 또는 주의 헌법이나 법률이 정하는 지방 검사에 대한 권한 부여에 따라 경찰에 대한 지휘권을 가지기도 하며, 각급 자치단체의 검찰청별로 별도의 수사권과 인력으로 필요한 조사를 하기도 한다.

우리나라와 마찬가지로 성문법(statutory law)에 기초한 법률 적용이 미국의 기본 사법제도이지만, 자치 검사들의 경우에는 해당 자치단체의 관습법(common law)이 법적 권한 사용의 원천이라 할 수 있는데(Ross 1990: 27), 이러한 면은 자치 검사의 중요 업무 중의 하나인 유권 해석(Opinions)을 통해 기존의 법률이 명시하지 않은 사항에 대한 권위를 가진 법률 해석을 함으로써 잘 드러난다.

본 보고서는 다음과 같이 구성되어 있다. 다음 장에서는 미국에서의 자치 검사 제도의 연원과, 연방 및 주 그리고 군정부에서 실행하고 있는 자치 검사 제도를 개략적으로 살펴보고, 3장에서는 시정부에서의 자치 검사의 책무를 포괄적으로 조명하고, 4장에서 시정부 차원에서 이루어지고 있는 특별 검사제의 실제를 간략히 알아본 후, 마지막으로 1996년 현재 LA 시 검찰청에서 운영하고 있는 자치 검사 제도를 실제 집행하고 있는 각종 program들에 대한 설치 목적과 함께 예시하였다.

2. 미국의 자치 검사 제도(Attorney)

영국의 미국 식민사에 그 기원을 둔[1] 각 주 정부의 주 검사(Attorney General), 군정부의 지구 검사(District Attorney) 그리고 시 정부의 시 검사(City Attorney) 제도의 실제는 미국의 다른 많은 제도와 마찬가지로 주, 군 그리고 자치 도시별로 그 채택과 적용에 있어서 엄청난 다양성을 띠고 있다. 연방정부의 경우 대통령이 상원(The Senate)의 동의를 얻어 행정부의 일원으로 법무 장관(The U.S. Attorney General)을 임명하여 법무부(Department of Justice)의 장관으로서 연방 검찰청, 연방 재판소, 교도소 및 연방 수사국을 총괄 감독하게 하는 반면, 연방정부의 법무장관에 비견되는 각 주, 군 그리고 자치 도시별 검찰 총장이나 지구 검사장 또는 시 검사장의 경우는 그 양상이 판이하게 다르다.

예를 들면, 현재 미국에는 최상위 자치단체로서 50개의 주와 6개의 자치구 및 부속령(District of Columbia, American Samoa, Guam, Northern Mariana Islands, Puerto Rico and Virgin Islands)에 각 1개 소의 대검찰청을 두고 있는데, 그중 43개 주에서는 검찰총장이 주민의 직접 선거에 의해 선출되며, 나머지 5개 주(Alaska, Hawaii, New Hampshire, New Jersey, and Wyoming)와 5개 부속령에서는 주지사가 임명한다. 주정부의

---

1) 미국의 법률 사가들은 현재 미국의 각 주정부에서 채택하고 있는 Attorney General의 연원이 영국 왕정하에서의 'King's Attorney' 제도에 그 뿌리를 두고 있다고 보고 있다. 영국왕에 의해 지명된 King's Attorney의 역할은 왕의 이해관계 또는 각종 칙령 선포에 따른 법적 장치의 정비가 그 주된 임무였다(Ross 1990, 4). 이러한 역할은 17세기 초 미국 식민지 시대 Attorney General의 주된 임무로 이어졌으나, 각 주별로 여러 점령 유럽 식민 국가의 Attorney General의 역할과 권한은 다양하게 나타났다. 이에 따라 영국의 관습법이 이들의 권한을 규정하는 모태가 되었으나, 다른 유럽 국가들의 영향도 잔재하고 있으며, 시민이 주체가 되는 현 미국의 민주주의 제도하에서는 미국 및 그 부속 영토 내의 주권 시민(sovereign people)에 대한 공공 이익을 대변하는 것이 현 Attorney General의 주된 임무로 규정되어 있다(상게서, 3-14).

하위 자치단체인 군의 경우에도 각 주별로 서로 다른 제도를 채택하고 있
는데, California(이하 가주)의 경우 군의 수장인 검사장을 대체로 선거직
으로 규정하고 있으며, 군의 하위 자치단체인 시의 경우는 그 자치단체의
규모에 따라 선거에 의해 선출되거나 시장의 지명 또는 시의회에서 선출
되기도 한다. 이에 따라 피선거권의 자격 요건 및 업무의 범위와 권한과
책임의 한계도 지역별 또는 각 자치단체별로 서로 다르다.

 거의 모든 주에서 검찰총장의 일반 업무에 대한 겸직을 법률, 관습, 정
책 또는 규정으로 금지하고 있으나, 4개 주에서는 겸직을 허용하고 있다.
21개 주에서는 피선거인의 나이를 최소 21세로 규정하고 있으나 가주를
비롯한 몇몇 주에서는 나이 제한을 두지 않고 있으며, 대다수의 주에서
변호사회 회원에 한해 피선거권을 주는 반면 15개 주 및 부속령에서는 이
에 대한 제한 규정이 없다. 시민권자 및 출마하려는 주에 대한 일정 기간
이상의 거주 규정을 다수의 주에서 채택하고 있으나, Tennessee주를 비롯
한 9개 주 및 부속령에서는 이에 대한 제한을 두고 있지 않으며, 그 임기
도 4년이 대다수를 차지하고 있으나, Rhode Islands나 Maine 그리고
Vermont에서는 2년, Tennessee는 8년으로 그 임기를 다르게 규정하고 있
다. 이러한 다양성은 각급 자치단체별 자치검사의 역할 규정에도 역시 적
용 되는데, 다음은 각급 자치단체별 자치검사의 책무를 가주의 경우를 중
심으로 간략하게 살펴보기로 한다.

가. 주검사(State Attorney General)의 책무

 거의 모든 주에서 주검사의 업무를 '주헌법으로 규정'하고 있으며, 비록
입법부가 이러한 주검사의 책무를 새로운 법률 제정으로 바꿀 수 있으나,
현재 주헌법이 규정한 책무의 행사에 있어서 '입법부나 사법부가 그 권한
을 침해하지 못한다'라고 규정하고 있다(Ross 1990: 31). 이러한 검찰 총
장의 주요 책무는 주와 관련된 '포괄적인 법률 사무'라고 할 수 있으나, 이

러한 책무의 실행에 있어서는 각 주별로 너무나 다양해서 개괄적인 분석이 용이하지 못하나 공통적인 그 주요 책무를 요약하면 다음과 같다.

- 주와 관련한 제반 소송 및 <u>상소(항소 및 상고)를 심리하는 권한</u>
- 주지사 및 주정부 내의 모든 부서에 대한 법률자문
- 입법부의 법률 제정 및 행정부의 각종 정책 및 행정 처리에 대한 <u>유권 해석</u>
- 어린이 보호, 소비자 보호, 독과점 금지, 공공요금(전기, 가스 등)의 통제, 범죄 피해자 보호 등과 같은 <u>공공 안녕 부문의 유지</u>
- 강력 범죄와 관련된 <u>형사 소송 및 기소 집행권</u>
- <u>법률 창안</u> 및 제정 시의 자문
- <u>주정부의 직권 남용이나 공무원의 배임 행위에 대한 수사권</u>
- 각종 <u>정책 입안</u>

주검찰총장이 임명하는 주검사는 해당 주 안에서 발생하는 주법 위반 사례에 대한 모든 기소 업무를 관장하는데, 최근의 업무 분야는 전통적인 검사 업무 분야(일반 범죄에 대한 기소, 소추, 법률자문 및 주정부나 공무원 관련 소송 업무 등)뿐만이 아니라 환경이나 지역사회 보존, 아동 보호 및 공공 안녕 부문의 유지 등과 같은 시민 생활과 직결된 분야로 그 업무가 확장되는 추세에 있다.

나. 지구 검사(District Attorney)의 책무

가주 헌법은 주검찰총장이 모든 지구 검사에 대해 '직접적인 감독'을 한다고 명시하고 있으며, County와 관련된 구체적인 법률적 책무를 군헌장(County Charter)에 규정하고 있다. LA 군헌장은 지구 검사장을 County 내 3개의 선거직의 하나로 규정하고 있으며, 이에 따라 지구 검사장은

County 내의 행정부의 수장 격인 County Supervisors를 제외한 모든 선거 및 임용 공무원에 대한 계약 및 자문 그리고 파면 등과 같은 모든 법률적 심사에 있어서 책임과 권한을 행사하고 있으며 각종 형사 범죄의 기소, 대배심(Grand Jury) 이전의 법정 자문 및 법률 행정의 발전을 위한 각종 program에 대한 조언 등이 있다.

LA County에 있는 지구 검찰청(District Attorney Office)은 미국 전체에서 그 규모가 가장 크며, 1996년 현재 1,011명의 지구 검사와 202명의 수사관을 포함해 총 3,085명의 스텝진을 두고 있다. LA County 지구 검사들은 County 내에서 발생하는 연 70,000건이 넘는 모든 중범죄(felony) 그리고 비도시 지역 및 시검사 제도를 두지 않는 County내 69개 도시의 연 300,000건이 넘는 경범죄(misdemeanors) 그리고 각 도시와의 계약에 근거하여 시조례(ordinances) 위반 사항에 대한 기소를 담당하고 있으며, 고유 형사 업무인 중범죄 처리를 제외하고도 각종 청소년 비행 등과 같은 경범죄에 대한 법률 행사도 전체 County 처리 건수의 약 50%를 차지하고 있는 것으로 나타났다. 다음은 LA 지구 검찰청에서 최근 담당하고 있는 주요 업무를 요약한 것이다.

- 청소년들의 학교 무단결석 방지 program
- 부도 수표 방지 program
- 가정 범죄나 아동 보호 program
- 환경 및 각종 경제 사범 처리
- 범죄 집단의 조사 및 인종 혐오 범죄 처리
- (부동산, 보험, 고용, 公私문서 등의) 사기, 절도
- 공무원의 직권 남용이나 배임
- 범죄 피해자에 대한 보상 및 증인 보호

다. 시검사(City Attorney)의 책무

자치 도시에서 지향하는 시검사의 업무로는 첫째, 시의 공무원 및 각 부서에 대한 법률자문, 둘째, 시의 각종 위원회 및 행정 감독관 그리고 공무원에 대한 기소 및 변호, 셋째, 시 내부에서 발생한 시헌장(City Charter), 시조례 및 상위법인 주법을 위반한 각종 경범죄(misdemeanor)에 대한 기소, 마지막으로 사법부, 변호사회, 시정부 그리고 일반 시민간의 법률적 가교 역할을 수행하는 법률 사무소의 역할이라고 할 수 있다. 다음 장에서는 이러한 자치 도시의 검찰이 수행하는 업무를 상세하게 살펴본다.

3. 시검사의 책무

시민들의 시정부에 대한 행정 욕구 증대와 이로 인한 시정 운영의 다양화로, 최근 많은 도시들에 있어서 시검사에 대한 법률자문 수요가 급격히 증가하는 추이를 보이고 있다. 시정부의 모든 정책 집행은 제반 법률(연방법, 주법, 헌장, 조례 등)에 근거하여 이루어져야 하며, 이때 시검사는 이러한 시정부의 제반 행위가 법적 근거를 갖추고 있는지를 심사한다. 비록 형사상의 경범죄나 민사 사건에 대한 기소권을 유지하고는 있지만, 시검찰청은 수사권을 가진 경찰과는 구별되며, 민사 소송이나 경범죄에 대한 수사는 시검사의 책무가 아니다.

이러한 시검사의 역할은 엄격히 '법률적' 행위라는 측면에서 '행정적' 업무를 위주로 하는 여타 공무원과 또한 구별된다. 따라서 시검사 및 검찰청의 공무원에 대한 고용에 있어서도 여타 대민 행정직 공무원의 고용 체계와는 구별되는 독자적인 방식을 취하고 있다.[2] 다음은 이러한 시검사의 주요

---

2) 검찰청의 시검사 및 여타 공무원에 대한 인력 고용은 대체로 변호사 시험 결과가 발표되는 6월과 12월, 즉 1년에 2회 정도 있으며, 검찰청 내에 있는 독자적인 고용 위원회가 그 심사를 주도한다.

업무들을 시에 있는 여타 기관과의 관계를 중심으로 살펴보기로 한다.

가. 시의회에 대한 자문

시검사의 책무 수행에 있어서 가장 중요한 사항 중의 하나는 시의회의 법률 제정(시조례 등)에 따른 법률자문이라 할 수 있다. 연방법이나 주법을 위반하지 않는 한 포괄적인 권한 행사가 가능한 주정부의 경우와는 달리, 시정부의 경우는 그 권한의 행사에 대한 제한 요건이 주헌법이나 주의회에 의해 그 권한이 비교적 상세하게 명시되어 있다. 따라서 시정부는 그 정책 집행에 필요로 하는 시의회의 조례 제정이 연방법이나 주법과 같은 상위법의 제한 요건을 충족시키는 <u>법률적 요건의 충족</u>뿐만 아니라, 이에 따른 <u>법률적 절차의 충족</u>이라는 사항을 고려해야만 하며, 이를 위해 법률을 전공한 시검사의 법률적 해석이 필연적이라 할 수 있다. 따라서 시검사는 시의회가 제정하는 각종 조례가 시행 가능한 법이 될 수 있도록 하는 법률자문 및 조언이 법률 제정 분야에 있어서의 주요 의무라 할 수 있으며, 이를 위해 시검사에 대한 회기 중의 시의회 참석이 대체로 요구되고 있다.

나. 시위원회 및 시민에 대한 법률자문

시정부 내에는 특정 분야의 행정 집행에 필요한 수많은 자문 위원회나 특별 위원회가 상시 운영되고 있다. 이러한 위원회의 활동은 대체로 특정 분야의 법적 해석을 필요로 하며, 이를 보조하는 전문가의 법률적 도움은 필요 불가결하며, 이러한 역할을 수행을 위해 시검사에 대한 각종 시위원회 참석을 의무화하고 있다. 시행정에 관련하여 시민들이 주도하는 각종 회의나 세미나에 대한 참석은 시검사의 의무로 규정되어 있지 않으나, 그 활동과 관련된 사항의 법률적 해석 및 조언은 필요 불가결한 것으로 받아들여지고 있다.

다. 유권 해석

각종 시정부 관련 법률사항에 대한 유권 해석은 법률 부문에 있어서 시의회에 대한 조례 제정 시의 자문과 함께 시검사의 주요 업무 중의 하나다. 이러한 유권 해석은 시정부가 세심한 주의를 기울여야 하는 정책 입안 시 반드시 수반되는 사항이며, 시의회나 각종 위원회 또는 시공무원의 요청에 의해서 이루어지고, 이러한 요청에 대한 유권 해석은 시검사가 반드시 응해야만 하는 의무 사항이기도 하다.

라. 법률의 제안 및 명문화

시검사의 포괄적 업무 중의 하나는 조례(ordinances)나 결의안(resolutions) 그리고 헌장의 개정 및 법률 제안 등을 준비하는 것이다. 이러한 각종 법률들이 합법적 절차에 의해 채택되고 나면, 그 제정 목적에 부합하는 법률의 명문화는 시검사의 의무다.

마. 소송 및 기소

각 도시별로 시검사의 법원 참석은 그 도시가 속한 주별로 다양한데, 가주에 있는 모든 자치 도시의 경우 시검사가 해당 도시의 조례 위반 사항에 대한 기소를 책임지고 있다. 시검사 제도를 채택하고 있지 않는 도시나 농촌 지역의 경우는 해당 County의 지구 검찰청에 있는 지구 검사가 기소를 전담하고 있으며, 몇몇 도시의 경우에는 시조례 위반 사항에 대한 기소뿐만이 아니라, 시내부에서 발생한 주법 위반 사항에 대한 기소도 담당하고 있다. 기소에 대한 사항은 우리나라와 마찬가지로 기소 독점주의(sui generis)를 채택하고 있다.

시별로 차이가 있기는 하지만, 대체로 시검찰청은 시와 관련한 제반 소송에 대한 법률적 변호를 전담하고 있으며, 몇몇 도시에서는 보험 회사에 시와 관련된 소송을 맡기기도 하나 이 경우에도 시검사가 전반적인 절차를 감독하고 있다. 특정 사안에 대한 특별 위원회가 따로 조직되지 않는 한, 시검사는 그 대부분의 업무를 상급 법원이나 상급 검찰에서 내리는 직무 집행 영장이나 칙서 그리고 훈령에 대한 시를 대변하는 입장에서의 변호에 주안을 두고 있으나, 때때로 시검사가 이러한 업무를 집행하기도 한다.

이와 같은 업무 이외에 시검사는 공무와 관련된 공무원 개인의 소송을 위한 변호에 나서거나, 시의 행정과 이해관계가 걸려 있는 전기나 가스 등과 같은 민간이 운용하는 공공시설에 대한 책임을 지기도 하며, 포괄적인 보험이 없는 자치 도시의 경우에는 시에 대한 소송을 취소하기 위한 타협이나 분쟁에 대한 수습의 업무를 맡기도 한다.

바. 법률 문서 작성

헌장이나 법률 개정, 유권 해석이나 조례 그리고 소장 작성과 같은 고유 업무에 대한 공문서 작성 이외에, 시검사는 시가 매일 집행하는 각종 행정에 대한 법률적 문제에 대한 공문서를 작성한다. 이러한 공문서로는 시의 모든 계약 문서, 계약자의 집행 및 유지 문서, 대여, 특허, 토지 수용권, 양도 증서, 각종 결의안 등 그 수와 종류가 헤아릴 수 없이 많다.

사. 공채 발행 위원회

시의 운영을 위한 각종 공채 발행 시 채권 발행에 따른 전반적 집행 및 절차에 있어서의 법적인 적합성을 심사한다.

아. 정부 간 교류 및 의무

최근 시민의 행정 서비스 욕구 증대에 따른 각급 정부의 업무량 증대를 비교해 볼 때, 연방이나 주정부 같은 상위 정부에서보다는 군정부나 시정부 같은 하위 자치단체에서 그 업무량이 상대적으로 더욱 큰 것으로 나타났다. 이에 따라 시검사의 업무에서 차지하는 시정부－군정부, 시정부－주정부, 시정부－연방정부 간의 업무량도 더욱 증대되고 있다.

최근 연방 정부의 각종 분야의 사업 증대에 따라, 자치 도시들의 업무도 경찰, 소방, 공공사업 등과 같은 고전적인 도시 보존이나 유지 업무에서 사회적 또는 문화적 분야까지 그 업무의 영역이 급속히 확산되고 있다. 예를 들면 연방에서 시행하는 저소득 계층이나 노인들에 대한 복지 program은 연방법의 적용에 대한 실제 업무를 집행하게 되는 자치단체와 이의 법적 해석에 대한 시검사들의 업무를 더욱 증대시키고 있다. 다음 장에서는, 공식적인 시검사의 업무가 불가능할 경우에 채택되는 특별 검사 제도에 대해 간략히 살펴본다.

4. 특별 검사

우리나라의 경우와 구별되는 또 다른 제도로서 최상위 연방정부에서부터 시정부에 이르기까지 모두 채택하고 있다. 상위 정부(연방, 주)가 운용하는 경우가 정부 내 고위급 공무원이나 정치인 또는 검찰 내부의 부정 및 각급 정부 간 마찰이 있는 경우에 그 초점이 맞추어져 있다면, 시정부에서 채택하는 경우는 복잡한 민사상의 사건으로, 그 분야에 대한 전문성이 필요하다고 판단될 경우가 더욱 많은 편이다. 시검찰청 내부에서는 이를 위한 특별 운용과를 별도로 설치하고 있으며, 이들이 다루는 사안으로는 정치인의 수뢰, computer 등을 이용한 전문 범죄, 산업 범죄, 소비자 사기, 환경 및 아동 학대 등이 있다. 이들 분야에 대한 수사에서는 정부 내 다른 분야의 전문가 또는 외부의 전문가가 동원되기도 한다. 다음 장에서는 4장과 5장에서 나타난 포괄적인 시검사의 업무에 대한 구체적인 업무 현황을 1996년 현재 LA

시 검찰청에서 실행하고 있는 각종 program을 기초로 하여 알아본다.

5. LA시검찰의 업무

가주에 있는 대부분의 도시에서는 시의회가 해당 도시의 시검사장을 임명하는 방식을 취하고 있으나, LA 등과 같은 대규모 도시에서는(San Francisco, San Diego, Long Beach, etc.) 대체로 매 4년마다 선거에 의해 주민들에 의해 직접 선출되며 그 신분도 정부 내의 다른 대민 행정직과 구별된다. 그 규모로 볼 때 미국에서 가장 큰 검찰청을 운영하고 있는 자치 도시 중의 하나인 LA시는, 현재 선거에 의해 선출된 3선의 시검사장(Head of City Attorney's Office) 이하 358명의 검사와 346명의 지원 인력으로 구성되어 있다. 그 조직으로는 형사상의 경범죄를 담당하는 형사부(Criminal Branch)와 각종 민사사건 및 시정부의 법률 적용을 다루는 민사부(Civil Branch) 그리고 특정 사안에 대한 법률적 적용을 위해 특수 검사제를 운용하는 특수 운영부(Special Operations Branch)가 있다.

가. 형사부

형사부에서는 시에서 발생하는 매년 약 200,000건의 경범죄 및 160,000건의 소송을 담당하고 있으며 이 중 약 70%의 경범죄가 법원에 송치되는 것으로 나타났다. 법원에 송치되지 않는 약 30%의 경범죄나 민사 사건은 시검찰청에서 마련한 청문회를 통해 해결책을 마련함으로써 소송비용 및 불필요한 행정비용을 줄이고 있는 것으로 나타났다.

나. 민사부

민사부에서는 토지 이용 및 관련 계약, 제한구역이나 개발구역 지정, 개인의 상해 등과 같은 전통적인 시정 관련 법률문제들을 다루고 있으며,

시정부 산하의 수익성 부서인 공항 및 항만과 또는 전기 및 수자원 관리
과 그리고 수십억 달러에 달하는 연금 등의 집행에 대한 감사를 담당하고
있다. 다음은 민사과에서 1996년 현재 시행하고 있는 각종 program들을
간략하게 소개한다.

1. 공항과

 LA 공항에서 발생하는 모든 민사 사건을 담당.

2. 고용과

 동등한 고용 기회의 보장에 관련된 모든 문제.

3. 법률자문과

 계약에 관련된 모든 법적 문제.

4. 재정과

 수익 및 세금, 채권 발행 및 보험 등에 관련된 문제.

5. 항만과

 LA 항구의 하역, 적재와 관련하여 발생하는 제반 법률문제.

6. 토지 이용과

 각종 계획 지역(재개발, 경제개발 지역 등) 고시와 관련한 모든 법률
 문제.

7. 주택 및 지역사회과

 지역사회의 상업 지역 또는 주거 지역 고시와 관련한 모든 법률문제.

8. 부동산 및 환경과

 부동산 매매 및 도시에 영향을 미치는 제반 환경문제.

9. 법률과

 시장, 시의회 그리고 각종 위원회의 활동에 관련한 법률문제.

 시의 각종 선거 및 청탁 및 이해 상충에 대한 법률자문.

10. 시민과

 시의 각종 시설이나 설비로 인한 시민의 상해 그리고 시를 상대로

한 시민의 재산권 침해 소송에 대한 모든 법적 문제.

11. 특별 소송 및 공공사업과

시의 공공사업에 대한 법률자문 및 민사부에서 발생하는 모든 상소에 대한 법률자문.

12. 경찰 및 소방과

시 경찰서나 소방서에 대한 법률자문.

13. 노동자 보상과

시공무원 및 모든 근로자의 보상에 대한 법률문제.

14. 전기 및 수도과

지하수 개발이나 수도권 등의 시의 내부에 소재한 제반 수자원 보호 및 이와 관련한 소송 그리고 환경법 및 보존을 위한 법적 문제.

다. 특수 운영부

복잡한 민사 또는 형사상의 경범죄에 대한 사건으로, 그 분야에 대한 전문성이 필요하다고 판단될 경우 시 검찰청에서 그 분야의 전문가를 시 공무원 또는 민간에 위탁하여 따로 운영되는 부서로서 현재 LA시 검찰청에서 운영되는 부분은 다음과 같다.

1. 소비자 보호과
2. 분쟁 해결과
3. 주택 관리과
4. 환경 보호과
5. AIDS 식별과
6. 특수 강력과

05. 앰뷸런스비용청구

가. 감사 소요기간

1993년 7월 1일－1995년 6월 30일

나. 감사범위

앰뷸런스사용 요금청구제도의 입안, 요금청구절차 및 요금회수제도 전 분야

다. L.A.시 소방국 응급의료서비스(Emergency Medical Service)의 현황

1). 1983년도에 채택된 응급의료서비스(EMS) 수혜자에 대한 응급의료 및 병원후송에 대한 요금청구제도
2). 연간 총 예산은 $57 Million이며 회수되는 청구비 총액은 $14 Million으로서 시의 막대한 재정적자의 원인으로 판단됨

라. 감사관의견

1). 소방국은 응급의료서비스 프로그램(EMS Program)에 있어서 청구
방식 및 대금회수 방법에 대한 특별한 대안 및 대책준비가 적극적
으로 이루어지지 않고 있는 실정임

2). 광범위한 연구가 필요 없는 대책의 예는 다음과 같다.

가) 연간 청구 영수증의 독촉으로 서류처리 방법의 개선유도

: 영수증 발송 후 수혜자에 대한 서비스 보고를 확인하면 $2.3 Million
의 증가분이 예상되며 현재의 회수율을 통하여 $1 Million의 증
가를 기대할 수 있음

나) 영수증 처리기간의 단축으로 Cash Flow 증가를 기대함

: 현재 상황은 영수증 발급절차상 지연으로 $2.4 Million의 손실
을 초래하므로 연간 회수금 중 $1 Million의 연체가 예상되는 실
정임

다) 정부 저소득층 의료프로그램인 Medical또는 Medi - Care 혜택
수혜자의 응급의료서비스 제공 관련 청구액인 $5,000,000에 관
하여 주정부와 상호 협조로 서류절차를 간소화하여 청구비 회
수 율을 증진시킨다.

라) 응급의료 서비스 프로그램에 사용되는 서비스 비용을 개선하여
추가경비감소효과를 추진한다.

: 결과적으로 현재 프로그램 경비보다 감소된 격과가 예상됨

마) 영수증 관리방법의 개선 및 안전관리 대책을 마련하여 청구비
회수율 증가에 기여한다.

바) Cost - Benefit Analysis을 통한 경비절약을 유도하고 서비스의
질은 향상시키는 대책마련이 시급

사) 소방국의 적극적인 대책마련이 요구됨

- 응급의료 서비스의 재점검을 통하여 효과적인 응급의료 대책,

영수증 발급체계, 회수금 처리방법의 개선이 절실하게 요구됨
- 사무자동화의 도입으로 자료에 대한 수집, 변환, 분석효과를 최
  대화한다.
- 사설 대금회수기관인 컬렉션 에이전시의 협조로 미수금에 대한
  회수율을 증가시킨다.
아) 관리보고체제의 재조정
- EMS 요원에 의해 작성되는 사고 보고서의 관리철저
- 분실 및 누락된 사고 보고내용 확인작업 및 추가 보고서 작성

마. 감사목적

1) 앰뷸런스 비용청구제도의 관리상태 감사
2) 청구서류절차의 효율성증진 및 비용절감 효과유도
3) 청구비 회수율 증진으로 적자원인 해소
4) 가용한 대응 응급서비스 대책마련

바. 감사기법 및 방안

- 감사임무 수행을 위한 앰뷸런스 비용청구제도의 운영, 계획 및 관리
  통제에 대한 분석과 소방국의 구조, 예산관련 보고내용을 연구함
- 응급의료서비스 프로그램(EMS) 및 앰뷸런스 비용청구 제도의 방안
  및 절차를 점검함
- 관련 공무원의 개별 면담을 통하여 예산, 운영, 응급의료서비스 내용
  을 참고로 조사
- 조사자료의 평가 및 통계화
- 현장실무조사 기간: 1995년 4월 1일-10월 13일까지

사. 감사 지적사항

1) 청구비 발송 및 회수금 방법의 부적절성
2) 앰뷸런스 담당자의 사고 보고서 작성절차의 지연으로 인한 재정적 손실
3) 청구비 작성 및 수금부서의 안일한 업무 수행
4) 저소득층 의료혜택인 Medical 및 Medi-Care 수혜여부에 대한 업무처리 미비로 주정부로부터의 저소득층을 위한 의료보조금 지급연장 초래
5) 비용청구체계의 관리 및 확인과정의 미숙과 비효과적인 통제방법
6) 비용청구체계의 통제 및 안전성에 대한 강화 방안
7) 응급의료 서비스 프로그램 총 경비 중 25%만이 회수된 수금액으로서 적자재정의 가장 큰 이유로 사료됨

06. 부정부패 방지 대책

1. 서 언

미 지방정부들의 공무원에 대한 부정·부패방지대책은 윤리규정에 위반되는 사항을 자체감사나 신고정신이 생활화된 시민고발 등의 과정을 통하여 원인을 규명하고 사실 확인과정을 통하여 징계와 형사처벌 등의 조치가 취해지며 결과는 일반시민에게 공개된다.

세계 어느 사회나 부정·부패관련 공무원들의 개입사례가 있으며 미국의 경우도 예외는 아니다. 다만, 정도의 차이이며 미지자체들의 경우, 강력한 윤리규정을 제대로 이행하도록 행정적인 제도를 확립하는 데 노력하고 있다고 여겨진다. LA시의 부정·부패관련 세부사항을 통하여 공직자의 부정·부패방지관련 프로그램을 소개하고자 한다.

II. LA시의 부정·부패관련 프로그램

☐ LA시의 행정여건

○ 상주인구: 약 350만 명

○ 관할면적: 약 1,206.7㎢

○ 행정조직

- 미국 표준적인 지방 자치단체로서 시의회, 시집행부(시장), 시사법 (시감찰관)의 3권 분립의 기본골격을 유지

- 공무원 수: 일반직 42,765명

　　　　　　　(소방직 3,280명)

　　　　　　　(경찰직 9,218명)

☐ LA시의 행정통제(집행부)

○ 지방 자치의 완성을 추구하는 LA시는 책임시정을 기치로 주요보직을 시장 임명직으로 충원 대시민 동반적 직접책임 분담

○ 내부행정감사 및 통제기능(기능별 감사업무 분담)

- 회계감사기능: City Controller Office담당

- 직무능률 및 제도적 기능:

원래 City Administration Office에서 담당

최근 City Controller가 회계감사와 병행

- 공직자 비리, 선거 등: City Ethics Commission에서 담당

- 인사 관련감사: Personnel Department에서 담당

- 사업체 면허 및 사업체 세금관련: City Clerk에서 담당한다.

1. 부서별 감사기능 및 관련 프로그램

시공무원들의 부정·부패방지대책의 일부로서 로스앤젤레스 시의 내부 행정 감시기능은 주로 회계관련 감사기능에 비중을 두고 있으며 기타 직무, 윤리 등 분야별 통제기능을 분담하여 담당한다.

■ 회계 감사관(Controller)

시장, 시검사장과 같이 시헌장(City Charter)에 규정된 선출직 공무원으로서 회계관련 최고 담당자이며 세무감사에 대한 책임 및 의무를 갖는다. 주요사항은 다음과 같다.

가. 임 무
 - 시의회에서 통과된 세무관련 시스템에 관한 설치 및 방법규정
 - 부서별 지출명세서 및 영수증관리상태 감사
 - 시관련 공사계약자 계약금액 및 시공무원의 봉급에 대한 사전확인 후 허가
 - 시예산의 비공식 목적의 지출항목 점검으로 초과예산지출 사전방지
 - 공무원 봉급을 주관하고 공제항목인 보험비, 의료서비스, 기부금에 관한 봉급기록관리
 - 모든 공채(Bond)의 관리임무(세무감사실에 관한 공채는 제외됨)
 - 내부감사 임무

나. 시장 및 시의원 보고사항
 - 월별 및 회기연도별 재정현황보고(Financial Report)
 - 시장에게 세입예산(재산세 및 기타 세금포함) 예상 평가보고서 제출
 - 시의회에는 시의 회기연도 세금부과 산정비율(Tax rate)을 보고
 - 감사보고서 제출

다. 기타 기관 보고사항
- 주정부에 공식적인 시재정보고서(Official Financial Report)를 제출
- 채권평가기관(Bond Rating Agency)에 시재정보고서 제출
- 공공기관 및 일반인 요청 시 감사보고서 제출

라. 감사대상
- 시공무원 전 부서 및 산하기관(LA 공항국, 수도전력국, 항만국)
- 정부 관련기관
  *Los Angeles Coliseum and Sports Arena(공설운동장)
  *Los Angeles Convention and Exhibition Center Authority(컨벤션센터)
  *Community Redevelopment Agency(재개발국)
  *Parking Authority & LA Mall(주차위반 담당국 및 LA쇼핑센터)
  *El Pueblo de LA Historical Monument(역사유적지)
  *South Central LA Multiservice and Child Development Center
  Agency(빈민촌 봉사 및 아동구호 센터)

■ LA시윤리위원회(City Ethics Commission)

가. 조 직
1990년 설립되었으며 사무차장(Deputy Ditrctor) 외에 17명의 스태프로
구성되었으며 5명의 윤리위원(Commissioner)이 있다.

나. 사무차장의 업무내용
- 위원회의 공공 연계자금 지원사업(Public Maching Fund Program)
- 로비스트 등록업무(Lobbyist Registration Program)
- 행정윤리 프로그램(Governmental Ethics Program)

다. 시헌장(City Charter)규정 기본임무 지침서
 - 사전교육 및 효과적 업무수행으로 시공무원, 선거직 후보자, 회계담
   당자, 로비스트에게 윤리규정, 선거자금 규정, 로비활동에 관련한 법
   적내용 주지의무
 - 공정한 선거풍토 조성
 - 선거운동, 로비활동, 이익집단 간의 의견 상충에 관한 정보교환의 여
   건을 조성하여 시의 정책 결정사항과 재정문제와의 연관성에 대한
   인식성 제고
 - 공직자 부정부패 고발센터(Whistle Blower Hot Line)주관

라. 주요 프로그램
1) 공공자금지원(Public Maching Funds)
선거관련 제한된 공공연계자금을 자격이 있는 후보자들에게 선거자금을
지원하는데 선거자금을 제한하기 위한 제도이다. 이 프로그램의 목적은
다음과 같다.
   ○ 공정한 선거유도
   ○ 선거운동에 영향을 미칠 수 있는 특정 이익집단의 자금을 제한
   ○ 선거자금 절약
   ○ 후보자들이 선거자금마련에 대한 시간적 소비를 지향하고 시민들과
     의 직접적인 관계형성과 정책제시 등 효율적인 선거분위기 조성에
     이바지

2) 선거등록 및 감사(Campaign Disclosure and Compliance Audits)
선거후보자들이 받은 기부금출처와 지출서를 보고받아 공공심사과정을
거친다. 아울러 이러한 선거자금 출처와 지출이 합법적인지를 감사한다.

3) 신고내용 조사(Investigations, Complaints and Enforcement)

공직자의 윤리, 선거자금, 로비활동, 정부자금의 부정·부패관련 시민들의 고발을 접수하여 조사를 한다. 특히, '24시간 위슬블로어 핫라인'이라는 시민고발센터를 통해 공무원을 포함하는 공직자들의 부정·부패행위를 24시간 내내 남녀노소 누구나 고발(무기명 투서는 제외)할 수 있다. 접수된 시민고발 신고내용에 대해 윤리위원회는 사안의 경·중에 따라 직접감사 및 징계권을 행사하거나 시검찰관 및 법률집행기관에 위임하기도 한다. 또한 추정된 위반자에 대하여 민사소송을 제기할 수도 있다.

4) 공직자 재산등록(Financial Disclosure Rules for Elected City Officials and City Employees)

시윤리규정에 따르면 선출직 공직자, 위원회 위원, 시공무원은 의무적으로 재산등록을 하여야 한다. 이 경우 시공무원은 시정부 정책결정자 및 정책결정에 참여하는 공무원만이 해당된다. 시민들은 공직자 재산등록 공개제도를 통하여 공적의무를 벗어난 사적이익관계의 여부를 직접 확인할 수 있다.

5) 공직자 선물, 여행경비, 보수금 제한(Gifts, travel expense and honoraria restrictions for elected City Officials and City Employees)

시윤리규정에 시를 대상으로 사업을 하는 일반인이나 단체로부터 공직자들이 수령할 수 있는 선물, 보수금, 수입에 제한을 두는데 로비스트나 그 회사로부터는 $25 이내이며, 시정부공사 관련은 $100 이내이어야 한다. 한편, $50을 넘는 경우에는 반드시 보고(Statements of Economic Interest)하여야 한다. 참고로 가주규정(Political Reform Act)에는 공직자들은 연 $280의 선물을 받지 못하게 되어 있다. 다만, 친·인척으로부터의 선물은 제외된다.

6) 로비활동 규정 및 제한(Lobbyist Rules and regulations)

시윤리위원회는 자치정부의 로비활동조례에 대한 실행을 전적으로 담당하고 있는데, 시정책결정에 영향을 주고자 사적인 이익집단에 의해 로비스트나 로비단체가 고용된다. 이들은 공식가입절차를 거쳐야 하며 정기적으로 보고서를 윤리위원회에 제출하여야 한다. 물론, 이 보고서는 일반시민에게 공개된다.

7) 조언 및 의견제시(Advice and Opinions)

시윤리위원회는 시공직자, 선거후보자, 선거운동 회계담당, 로비스트 등 시선거재정과 로비활동 및 윤리에 적용되는 시민대표들을 도와준다. 공식적 또는 비공식적으로 문서화된 조언을 통하여 어떤 법조항이 어떤 사례에 어떻게 적용되는지를 명확히 설명한다. 이는 법률제정안에 대한 정확한 해석을 포함한다.

8) 교육 및 훈련(Education and Training)

시윤리규정에 대한 교육과 훈련업무는 가장 중요하며 시윤리위원회에서는 시공직자, 공무원, 지역사회단체를 위한 교육 및 훈련 세미나를 개최한다. 또한 윤리규정관련 법조항과 윤리위원회의 주요 업무에 대한 정보를 제공하며 시민단체와 협력하기도 한다.

■ 재무행정국(City Administration Office)

과거 2년 전까지도 시공무원들의 모든 부서에 대한 능률감사(Management Audits)를 실시하였으나, 현재는 감사기능은 없고 시장 및 시의원들에게 시재정자문 및 예산안을 준비하고 집행하는 부서이다.

■ 인사담당국(Personnel Department)

주로 인사관련 감사로서 시공무원에 대한 징계 및 파면에 관계된 사항을 감사하며, 공무원 복직 시 과거 근무기록 조사 등이 주요 감사내용이다.

■ 시 서기국(City Clerk)

City Clerk의 주요 업무 중의 하나인 사업체 면허(Business Liscence)발급 시 야기되는 사업체 세금(Business Tax)관련 무면허, 사업체 세금 미납 및 연체관련사항에 관한 감사기능을 가진다.

2. 윤리규정 소개

3. 공무원 부정관련 사례조사

○ 연방 도시계획 주택국(HUD)

남가주 볼드윈팍 일대의 저소득층 아파트 운영 및 분양 등을 둘러싼 특혜의혹관련 시관할 공무원들이 친인척들에게 무더기로 운영허가권을 제공하거나 아파트 운영자 및 주거자들로부터 각종 향응을 받은 사실이 드러나 시당국이 내사 후 관련케이스를 연방주택국에 이관하였다.

볼드윈팍시 주택국에 따르면 일명 '섹션 8'로 불리는 저소득층 대상의 연방아파트 렌트비 지원프로그램과 관련 시당국이 지난해 5월 내사를 하여 연방주택국에 보고하게 되었다. 볼드윈팍시는 연방주택국을 대신하여 관할 시지역을 포함, 몬로비아에서 엘몬티, 사우스 엘몬티 그리고 웨스트 코비나에 이르는 LA동부지역 내 800여 아파트 유닛에 대해 연방보조프로그램을 실시해오고 있다. 적발된 비리 사실로는 다음과 같다.

○ 아파트 소유 친인척들에게 '섹션 8' 프로그램 운영 허가권 제공

- ㅇ 저소득층 아파트 거주자들과 함께 카리브해 단체관광
- ㅇ 아파트 소유자들로부터 정기적인 식사권 향응
- ㅇ 아파트에 시가보다 낮은 임대료 지불 후 거주
- ㅇ 대기자 명단에도 없는 친인척들에게 아파트 입주특혜 제공
- ㅇ 시정부의 재개발계획정보를 사전입수 부당이득행위

ㅇ LA카운티 정부

LA카운티 정부는 10월 12일 슈퍼바이저위원회에서 공직자 선물수수관련 강화된 선물규정을 제정하는 법안을 통과시켰다. 최근 LA카운티 아동가정국의 400만 달러 규모 계약을 수주한 시공회사에서 아동가정국에서 근무하는 공무원 친구를 위해 벤츠자동차를 선물한 케이스를 주검찰이 뇌물이나 대가성인가에 대해 수사, 문제가 된 선물수혜 행위가 카운티 특정직공무원은 300달러 이상의 선물을 받을 수 없다는 주법을 위반하지는 않았다고 발표한 뒤 LA카운티 감사관들은 카운티 내 공무원대상 선물수혜범위규정이 LA시공무원대상 선물규정보다 훨씬 관대한점을 지적하고 관급계약관련 부정이나 뇌물성 선물이 제공될 소지가 있으므로 현재보다 강화된 가이드라인을 제정할 것을 강조한 데 기인한다. 앞으로 LA카운티정부는 전담반(Task Force)을 구성하여 공무원 부정·부패방지를 위해 노력할 예정이다.

ㅇ LA시

선출직공무원의 공무부정, 업무상 비리, 뇌물착복 등 형사상 범죄행위 시 시의회에서 재판결과가 미정일 경우 정직결정을 의결할 수 있으며 정직기간 중 대리자를 임명할 수 있다. 한편, 정무직공무원의 범죄행위 시 시장에 의한 해고가 가능하다.

The Los Angeles City Ethics Commission administers and enforces the City's laws that help ensure government decisions are made in the public interest, untainted by consideration of private gain or the influence of special interests. To accomplish this goal, the City Ethics Commission and its full time staff administer mandated ethics, campaign finance, and lobbying programs, introduce new ethics reforms, conduct investigations, monitor campaign activities, analyze and summarize disclosure reports, and advise City officials and the public about the law.

WHISTLEBLOWER HOTLINE Call I −800−824−4825 to Report:
> Violations of
> City Campaign Laws or the
> Municipal Lobbying Ordinance
>
> The Use of City Position or Resources
> for Private Benefit or Personal Financial Gain

In recognition of the important role played by Commission and Board Members in City government, the City Council adopted a motion requiring periodic briefings for Commissioners about the obligations placed on them by state and City ethics laws as well as the Brown Act −the state's open meetings requirement. The City Ethics Commission, in conjunction with the City Attorney's office, will conduct several Commissioner briefings during the next six months to reinforce the importance of these laws and to help you comply with them. Our office has scheduled the first session for:

Friday, December 10 — 10:00 to 11:30 a.m.

A candidate and his or her treasurer are required to attend only ONE briefing session. We recommend that both parties attend the same meeting. The briefing will cover applicable state and City laws regarding campaign contributions, disclosure requirements, auditing documentation, and the Public Matching Funds Program. A representative from the Office of the City Clerk will provide information about qualifying for and appearing on the ballot.

As one of the Commission's responsibilities, City Ethics Commission staff are available to advise City officials and the public about the laws that the Commission administers. Since the Commission was created in 1990, Commission staff have advised hundreds of City officials and others about how to comply with City ethics, campaign finance, and lobbying laws. Copies of the laws the Commission administers can be requested by contacting the City Ethics Commission or by sending us e-mail at cec@ethics.ci.la.ca.us.

How Does the Law Apply to Me?

If you have questions about how these laws apply to you, you currently can request advice from the Ethics Commission in one of two ways: call the Ethics Commission at (213) 847 — 0310 and ask to speak to the analyst on call for the day; or send a written request to the Ethics Commission at the following address: 201 No. Los Angeles Street, L.A. Mall, Suite 2, Los Angeles, CA 90012, or by fax at (213) 485 – 1093.

The City Ethics Commission's Advice Files

Please contact the Commission's staff at (213) 847 – 0310 or visit us at 201 N. Los Angeles Street, Los Angeles Mall, Space 2 (downstairs from the LA Children's Museum), Los Angeles, California, 90012.

07. 뉴욕시립대 운영 현황

1. 뉴욕시립대학교의 일반 현황

가. 설립 취지

뉴욕시립대학교는 뉴욕시교육위원회 회장인 사업가 타운센드 헤리스의 건의에 의해 1847년에 설립되었다. 이미 그 당시부터 세계적 중심시로 자리잡고 있던 뉴욕은 아일랜드와 독일의 이민자들로 홍수를 이루고 있었으나 소수의 특권계층을 제외하고는 10살이나 11살 이후의 교육을 할 수 있는 시스템과 장소가 마련되어 있지 않았다. 시에 있는 대학은 컬럼비아 대학과 뉴욕시 대학교(후일 뉴욕대학교로 명칭을 변경) 두 학교뿐이었으며, 이들 대학교는 수업료를 지불해야 하는 사립대학들로 일반 서민자녀들은 엄두를 내기 힘들었다. 건국 초기부터 토마스 제퍼슨을 중심으로 인식되었던 공공교육의 중요성과 인재양성의 필요성은 뉴욕시립대학교의 설립 정신에도 반영되었다.

나. 무상 교육

뉴욕시립대학교는 서민층 자녀들에게 고등교육의 기회를 부여하기 위하여 무료 수업료제도를 실시하였다. 이는 주민발의안에 의해 결정되었으며 뉴욕시의 지원으로 100년 이상 지속되어 왔다. 또한 얼마 후부터는 열린 입학제도를 실시하여 고등학교를 마친 뉴욕 시의 학생들에게는 입학을 보장하였다. 시립대학교의 첫 50년간은 대학교의 역할뿐만 아니라 고등학교와 직업학교의 역할 또한 병행하였다. 시립대학교는 저소득층 자녀들과 이민자 자녀들에게 계층 이동의 사다리 역할을 하였다. 60년 인권운동 당시는 소수민족 학생들에게 더 많은 기회를 부여하는 선구자적 학교역할도 하였다. 1920년부터 1970년까지 캘리포니아 버클리대학교를 제외한 어느 학교보다 많은 박사 지망생들이 뉴욕시립대학교로 몰려들었다. 열악한 연구자료와 시설에도 불구하고 시립대학교 졸업생 중 8명이 노벨상을 수상하였다.

다. 재정 위기와 수업료 유료화

1976년 뉴욕 시의 재정적 위기는 시 관련 모든 사업을 위기로 몰아넣었고 끝내 시는 뉴욕시립대학교의 무료 수업료제도를 폐지하기에 이르렀다. 그렇지만 아직도 시립대학교는 학부와 대학원 그리고 법대와 의대 등에 이르기까지 다양한 범위에서 높은 질의 교육을 어디서도 찾아볼 수 없는 저렴한 가격으로 공급하고 있다. 뉴욕 시의 주민(거주기간 1년을 기준)은 이 수업료의 3분의 1일 만을 부담하고 있다. 76년 이후부터 뉴욕 시립대학교의 4년제 대학 이상은 주정부에서도 지원하고 있으며, 시는 2년제 대학들의 재정을 주로 부담하고 있다. 시의 시립대 지원 재원은 시 세금과 주정부에서 2년제 대학 학생수에 배당된 기금으로 이루어지며, 시에서 독자적으로 대학의 필요성을 파악하여 각 부분에 지원한다.

2. 뉴욕시립대의 편제

현재 뉴욕시립대학은 뉴욕 시의 5개 보로청에 각 1개의 2년제 대학을 두고 있고, 이와는 별도로 10개의 4년제 대학교와 1개의 대학원(The Graduate School and University Center: 전공에 상관없이 모든 박사과정 은 이곳에서만 운영하고 있으며 학교건물은 42가와 5가 사이의 뉴욕시립 도서관 옆에 자리 잡고 있어 대학원 학생들이 시립도서관을 학교도서관으 로 이용하도록 하고 있음), 1개의 의과대학 그리고 1개의 법과대학으로 구성되어 있다.

표 1. 뉴욕시립대학교 구성

구 분	이 름	비 고
2년제 대학	(5개 교)Bronx Community College KingsboroughCommunity College Borough of Manhattan Community College Eugenio Maria de Hostos Community College Queensborough Community College	
4년제 대학	(10개 교)Hunter College Herbert H. Lehman College Bernard M. Baruch College Medgar Evers College Brooklyn College John Jay college of Criminal Justice York College New York City Technical College The City College Queens College The College of Staten Island	경영, 행정대 전문
대학원	(1개 교)The Graduate School and University Center	범죄관련 전공 전문
전문대학원	(2개 교)City University Medical School City University School of Law	학사 이상이 지원 〃

시립대학은 도심지역의 거주자들의 필요에 부합하는 교육시스템 제공을 목적으로 다양한 민족과 인종 그리고 문화적 배경의 학생들에게 동등한 기회와 배려를 하기 위해 노력하고 있다. SEEK과 College Discovery Programs 등은 이러한 목적에 부합하기 위하여 실시하는 프로그램들이다. 뉴욕시립대학 이사회는 96-97년도 등록 정규학생을 약 215,000명가량으로 추산하였으며, 150,000명의 일반인들이 평생교육 프로그램을 통해 등록할 것으로 예측하였다. 현재로는 풀타임 학생수는 증가할 것으로 내다보고 있으나 목표한 만큼의 성과는 거두지 못할 것으로 시교육 관계자들은 전망하고 있다. 이는 막대한 재정삭감으로 인한 수업료의 증가와 재정지원의 감소로 재정적으로 넉넉지 못한 학생들이 학업에 전념하는 것을 막고 있다.

3. 뉴욕시립대 예산 현황

시립대학은 근래에 재정적 어려움에 대처하기 위하여 직원들과 교수들의 조기퇴임을 권장하고 있으며, 분산되어 있는 대학들의 주요 시설들을 몇몇 지역에 단일화고 대학별 공사를 시립대학 전체 차원에서 계약을 맺어 인건비와 원가를 절감하며 학교차원에서의 에너지 절감운동을 실시하고 있다. 한편 시 보조금의 삭감을 만회하기 위해 대학 등록금을 인상해왔으며 지난 7년간 4년제 시립대학교의 등록금은 156% 인상되었고 2년제 대학은 104% 인상되었다.

뉴욕시립대 이사회는 96-97년 회계연도에 주정부와 의회 그리고 시정부와 의회에 14억 불의 운영예산과 5천7백6십만 불의 건설 및 보수관리 예산을 신청 하였다. 운영자금중 10억 불은 4년제 대학교에 책정되었고, 이 중 4천1백9십만 불은 프로그램 개선을 위해, 4천3백4십만 불은 기본운영을 위해 쓰이게 된다. 3억 5천8백7십만 불의 예산이 2년제 대학을 위해 책정되었다. 이 중 2천3백4십만 불은 프로그램 개선을 위해, 4백만 불은 프로그램과 관계없는 기본운영 자금으로 쓰일 것이다. 이러한 예산들은 시립대학교 교육내용의 질을 높이고 학생들에게 더 좋은 서비스를 공급하고 도서관 시설을 한 단계 높이며 교육시설들의 컴퓨터화 등을 위하여 계획되었다.

(예산에 관한 상세한 내용과 수치는 첨부된 자료를 참고 바람.)

표 2. 뉴욕시립대 예산 출처
(단위: 백만$)

대학예산출처 95-96회계년 96-97회계년		32.3	
2년제 대학주 정부		395.2	
시 정부		941.5	602.4
수업료 및 기타		29.2	
소 계	108.7	395.2	
	73.5	1,026.8	
	149.1	합계 주 정부	
	331.3	118.3	시 정부
	91.3	수업료 및 기타	
	149.1	총 계	622.7
	358.7	105.8	
		544.3	
		1,272.8	720.7
4년제 대학, 대학원주 정부		120.5	
시 정부		544.3	
수업료 및 기타		1,358.5	
소 계	514.0		

시립대학교 학생들의 증가에 따라 교수진의 증가역시 불가피한 사항이 되었다.

그러나 재정적 어려움으로 인해 여러 해 동안 조기은퇴를 하였거나 다른 곳으로 자리를 옮긴 교수진들의 자리를 메우지 못하고 있다. 이에 따라, 학교 측은 뉴욕 시 등에서 전문적 직장을 가지고 있는 프로페셔널들과 강사들에게 많은 강의를 의존하고 있다(이들을 adjunct faculty라고 부름).

4. 뉴욕 시와의 관계

시립대학 이사회는 시에 96-97년도 예산에 2천3백만 불을 2년제 대학을 위해 지원할 것을 요구하였다. 이는 학생수의 17.1%의 증가를 예측하여 전년도에 비해 17.1%의 예산증가를 요구한 것이다. 이 액수는 40명의 교수진과 기타 직원들 및 학생들의 재정지원을 포함하고 있다. 그러나 앞에서도 언급하였듯이 76년 시의 재정파산 이후로 시와 시립대학과의 관계는 긴밀하지 않으며, 시가 큰 영향력을 행사하지도 못하고 있는 실정이다.

특히, 현 쥴리아니 행정부는 범죄감소나 경제개발 등에 우선순위를 두고 공공교육 등의 투자를 소홀히 하며 민간교육 등에 의존하거나 전환을 꾀하고 있어 시립대학의 이사회와 잦은 마찰을 빚고 있다. 오히려, 주정부가 시립대학 재정운영에 큰 몫을 하고 있으며, 시에서 지원하는 2년제 대학 기금의 일부분도 주정부로부터 받는 것이다. 그 나머지는 시 세금에서 충당하고 있다.

그러나 이러한 표면적인 관계와는 별도로 시립대학은 우수하지만 재정적 어려움 등으로 고등교육의 혜택을 받지 못할 뉴욕 시민들에게 성공의 문으로 인식된다. 또한 끊임없이 증가하는 이민자들에게 외국인들을 위한 영어교육을 실시하여 무난히 4년제 대학교나 대학원 등에 진학할 수 있는 발판을 마련해 준다. 이상과 같이 시립대학교는 도심지역에서 흔히 나타나는 기회의 불균형과 빈부의 격차를 줄일 수 있는 기회를 제공하며, 언어와 문화 그리고 피부색이 다른 이민자들이 미국사회에 동화되어 사회발전에 이바지할 수 있도록 교육체계를 마련하고 운영하고 있다. 참고로 미국에서 태어난 한인을 제외하고 한국어를 모국어로 쓰는 한인이민자는 시립대학교 전체의 1.3%를 차지하고 있다(4년제 대학교 - 1.5%, 2년제 대학 - 0.9%).

5. 예산지원범위 및 규제범위.

몇 차례 언급한 바와 같이 시는 2년제 대학에 예산을 지원하고 있고 이 기금은 주정부의 교육지원 기금과 시에서 거두는 세금으로 충당하며, 학생당 금액이 책정된다.

시립대학의 운영과 중요 정책은 12명으로 이루어진 이사진(Board of Trustees)들을 중심으로 논의되고 결정된다. 그러나 각 학교들은 학장들이 있고 상당한 독자성을 행사하며, 시립대학교 전체의 총장과 수석 부총장 그리고 각 역할 별로 7명의 부총장 등이 있다.

※ 이상의 내용들은 뉴욕시립대학교 Public Information Director인 리타 로딘(Ms. Rita Rodin)과의 인터뷰와 책, City On A Hill: Testing the American Dream at City College(저자: 제임스 트랍(James Traub)) 그리고 뉴욕시립대학교에서 뉴욕 주지사와 주의회 그리고 뉴욕시장과 시의회에 요구한 96-97년 예산요청서(The Chancellor's Budget Request 96-97) 등을 토대로 작성하였다.

II. 지역경제

01. 지역경제성장 25가지 조언

1. 서 론

1990년대 들어 로스앤젤레스 지역경제는 지난 80년대의 극심한 경제불황을 극복하고, 회복 및 성장의 경제주기를 맞고 있다. 이러한 추세는 실업률, 소비자 물가지수 등 각종 경제지표들에서 잘 나타나고 있으며, 특히, 지난 10년 동안 최악의 바닥상태에 머물던 주택 및 부동산 시장도 거의 회복수준에 이른 것으로 평가받고 있다. 한편, 이러한 지역경제의 회복과 함께 향후 지속적인 경제성장을 강구할 수 있는 방안들이 커다란 관심사로 떠오르고 있다.

본 사례보고는 로스앤젤레스지역의 경제계 인사, 지방정부 그리고 정책전문가들을 대상으로 행해졌던 로스앤젤레스 비즈니스 저널의 설문조사결과를 중심으로(1997년 1월 6일-12일자) 지속적인 지역경제 활성화를 위한 각종 방안들을 소개 분석한 것으로, 특히 주목되는 것은 기존의 지역

경제성장을 위한 전략들이 경제적 방안에 집중된 데 비해, 보다 지속적이고 항구적인 경제성장을 위해 정치, 행정, 경제, 사회 등 지역전반에 걸친 다양하고 포괄적인 접근방법을 제시하고 있다. 특히 오늘날 지역경제의 부침이 단순한 생산 및 서비스 활동의 성과에 의해 좌우되는 것이 아니라, 정치, 경제, 행정 및 사회활동의 유기적인 결합을 통해 가시화된다는 점에서, 지역경제성장을 위한 지방정부의 역할이 어느 때보다도 중요시되며, 이러한 인식하에 과거 중앙정부주도하에서 이루어졌던 지역경제성장책을 지방 자치제도하에서 새로이 담당하게 된 서울시에게 본 조사보고의 사례인 로스앤젤레스 시의 경우는 많은 정책적 아이디어를 제공할 것이다.

2. 지역경제성장을 위한 주요 전략 및 제언: 로스앤젤레스 시

로스앤젤레스의 지역경제성장을 위한 본 조사연구는 다음 네 가지의 주요전략-**정치 및 행정 장애의 극복, 효율적인 지역경제환경 조성, 지역인프라의 개선, 사회복지의 증진**-아래 지역경제성장을 위한 정치, 경제, 사회전반에 걸친 25가지의 포괄적인 제언들을 제시하고 있다. 이러한 제언들은 지역경제의 성장 및 활성화가 단순한 경제 분야의 단기처방으로는 한계가 있었다는 지난 10여 년 동안의 인식을 바탕으로 하고 있으며, 이를 극복하기 위해선 시정전반에 대한 재검토와 함께 보다 장기적이고 종합적인 대책 및 접근방법이 동원되어야 함을 강조하고 있다. 특히 잇단 자연재해 및 사회적 혼란으로 야기된 로스앤젤레스 시의 이미지 손상은 전반적인 지역경제의 호조 속에서도 지속적인 성장을 위해선 여전히 풀어야 될 과제로 남아 있는 상황에서, 이러한 종합적인 제언들은 지역경제성장을 위한 방안들이 단순한 행정적 지원책에 그치고 있는 여러 미국지자체에 도시경영을 위한 모범사례로 원용될 수 있는 가능성을 제시하고 있으며, 지방 자치제도하의 도시경영경험이 일천한 한국의 경우 선진도시의 선례로써 많은 교훈을 주고 있다.

2.1. 정치, 행정적 장애의 극복(Ending of political gridlock)

1990년대 초반, 연이은 자연재해(1992년 노스릿지지진, 1993년 말리부지역 대화재) 및 사회혼란(1992년 LA폭동)의 여파로 시련을 겪었던 로스앤젤레스 시 정부는 리오단(Riodan) 민선시장의 취임과 함께 그간 지방정부의 정치, 행정적 장애요인들을 없애는 데 주력하고 있다. 시대에 뒤떨어진 각종 행정조례 및 비효율적 지방행정체계의 개혁을 주도하고 있다. 또한 과대한 기구확장으로 인한 지방정부의 비효율화를 극복하기 위해 공공사업의 대폭적인 관민합작을 꾀하고 있으며, 경찰력의 증원을 통한 치안상태의 개선도 도모하고 있다. 다음은 정치 및 행정 장애를 극복하기 위한 주요 제언들을 설명한 것이다.

제언 1. 행정조례의 개혁(Act on charter reform)

지난 1971년에 제정된 로스앤젤레스 시 조례는 700쪽이 넘는 방대한 양으로 시의 성장 및 확장에 따라 그간 약 400회에 걸쳐 개정되었으나, 그 내용에 있어 시대에 뒤떨어지거나 조례적용에 있어 일관성을 상실하는 경우가 많아 그동안 지방경제 및 행정의 장애요인으로 손꼽혀 왔다. 특히, '강력한 시의회-약한 시장'으로 상징되는 지방정부구조는 지방행정을 위한 입법 및 감시기능을 벗어나 효율적인 시정 행정을 저해하는 요인이 되기도 하였다. 이에 따라, 리오단 시장은 시조례의 개정을 통해, '광역화', '전문화'되어 가는 지방행정의 추세에 발맞추는 한편, 비대한 관료화에 따른 비능률, 비효율적 구조를 개선하고자 하고 있다. 특히, 정책의 신속한 결정 및 집행을 필요로 하는 오늘날의 경제경쟁체제하에서 지역경제를 성장시키기 위해선 효율적이고 실효성 있는 시 정부의 조례가 필요하다는 점에서, 또 다른 한편으론, 천만 명을 육박하는 로스앤젤레스 시 주민의 다양한 욕구에 효과적으로 대처해야 한다는 점에서 리오단 시장의 시 행

정조례의 개정을 통한 노력은 상당한 공감대를 형성하고 있으며, 지방행
정뿐만 아니라 경제활성화를 위해서도 향후 이 같은 노력은 더욱더 필요
한 것으로 지적되고 있다.

제언 2. 공공정책의 관민합작(Promote public-private partnerships)

연방 및 지방정부의 만성적 재정적자에 따른 공공기관의 조직 및 사업
축소 노력이 지난 레이건행정부 이래 지속적으로 진행되고 있는 가운데,
로스앤젤레스 시 역시 지방정부의 재정압박을 해소하기 위해 여러 가지
노력을 경주하고 있다. 이 같은 지방정부의 움직임은 공공서비스의 질을
적정수준 유지한 채, 조직의 방만함을 극복하고, 효율성을 제고할 수 있는
최선의 방안이 공공 정책 및 사업의 적극적인 민간부문 참여에 있다는 새
로운 인식에 기초하고 있다. 이러한 인식을 바탕으로 한 공공사업의 관민
합작의 미국 내 성공사례로 손꼽히는 'Greater Philadelphia First'는 1983
년 필라델피아 지역경제계 인사 35명으로 구성, 발기한 단체로 시 및 카
운티정부와의 협력하에 필라델피아 지역의 교통시설계획, 대규모 박람회
장 건설 등에 적극 참여, 심각한 재정위기에 직면해 있던 지방정부를 도
왔을 뿐만 아니라, 지방경제 활성화에도 큰 몫을 담당하였다. 특히, 이 단
체는 'The Greater Philadelphia Film Office'를 설립, 재정 지원함으로써,
아카데미상 수상작 'Philadelphia' 등을 배출했으며, 주요 영화사를 이 지역
으로 유치 지역산업으로 육성하는 데 큰 공헌을 하기도 했다.

이러한 지방정부의 관민 합작을 통한 공공정책 및 사업 추진은 로스앤젤
레스에도 활발히 진행되어 몇 가지 부문에서는 괄목한 성과를 얻고 있다.
저소득 및 빈곤층을 위한 의료혜택사업의 민간부문 참여, 다운타운(시내
중심상업지)지역 활성화를 위해 민관 간에 상호 각종 재원 및 정보, 의견
등을 공유하는 'Downtown Coordinating Council'의 설치, 가주 내 공해방지
교통시설의 개발을 위해 200여 개의 민관단체로 구성된 'Calstart'의 설립

등이 그 대표적 예로서, 향후에도 공공 정책 및 사업에 있어 '재원 및 기술의 민간부문 담당, 실행 및 감시의 공공부문 담당'이라는 원칙하에 이러한 공공정책 및 사업의 관민합작의 필요성이 더욱더 확대되어야 할 것이다.

제언 3. 치안유지를 위한 경찰력증원(Get on more cops on the street)

지난 90년대 초반 잇따라 발생했던 사회적 혼란('92년 LA폭동)으로 인해, 도시규모에 비해 비교적 치안상태가 양호한 것으로 평가받던 로스앤젤레스 시는 치안부재라는 오명뿐만 아니라 더 나아가 국내 및 해외로부터 이 지역을 찾던 관광객의 발길마저 끊기는 어려움을 겪어야 했다. 이에 따라, 일만 명의 경찰을 거리에 배치하겠다는 선거공약을 내세웠던 리오단 시행정부는 1996년 현재 목표인원에 천 명 미달하는 구천여 명의 경찰을 이미 거리에 배치하는 등 나름의 성과를 지키고 있으나, 아직도 경찰력 강화에 필요한 재원 및 장비의 부족과 시경찰을 둘러싼 행정부 내의 갈등을 경험하고 있다. 이러한 문제들 중, 경찰력강화를 위한 재원 마련에 대한 여러 가지 대책들이 모색되고 있는데, 첫째 시법률안(Proposition M: 경찰순찰차 증차에 관한 시법안)을 통한 방법, 둘째, 지방정부공채발행을 통한 방법, 마지막으로 시장 및 시의장에 의해 설치된 특별위원회를 통한 방법 등이 강구되고 있다.

2.2. 효율적인 경제환경의 조성(Boosting marketing efforts)

효율적인 경제환경의 조성은 지역경제성장을 꾀하고자 하는 지방정부의 가장 큰 과제이며, 로스앤젤레스 시 역시 지역경제의 활성화를 위해 이 부문에 지대한 노력을 기울이고 있다. 다음에서 소개되는 제언들은 그간 손상된 시이미지 제고를 위한 다각적인 대책, 지역경제성장을 저해하는 각종 제도 및 현안들에 대한 대책 그리고 미래의 지역성장을 위한 장기적 안목의 제언들로 구성되어 있다.

제언 4. 로스앤젤레스의 시이미지 제고(Work on LA's image)

1990년대 초반 각종 언론매체을 통해 소개된 로스앤젤레스의 부정적 시이미지는 지역경제에도 큰 영향을 미쳐,[1] 타 지역 및 해외로부터 자본 및 투자 감소, 실업률 급등 및 주택시장의 급랭, 외래 관광객의 격감 등 지역경제에 대한 직접적 영향에서부터, 지역 투자심리의 저하, 생산 및 서비스의 타 지역 이동 등에 이르기까지 부정적 시이미지로 인한 피해는 수없이 열거되고 있다. 한편, 이러한 손상된 시이미지의 제고를 위해 논의되는 방안들 중 특히 주목되는 것은 기업경영기법을 이용한 시이미지의 제고방안이다. 즉 지역운영을 비즈니스경영으로 가정했을 경우, 상품의 판매증진을 위해 새로운 고객의 창출 및 기존고객의 확보라는 과제에 지속적인 노력을 기울여야 하는 것처럼, 지방정부도 해당지역의 이미지 제고를 위해 마케팅 및 광고를 통한 적극적인 홍보전략을 도입해야 한다는 점이다. 이를 위해 로스앤젤레스 시 관민합동조직인 The New Los Angeles Marketing Partnership을 조직, 미 전역을 대상으로 잡지광고게제 등 시이미지 제고를 위한 홍보에 나서고 있으나, 재원의 부족 등 많은 문제를 경험하고 있다. 한편, 보다 적극적이고, 다양한 홍보전략으로 광고 및 마케팅 등 커뮤니케이션 분야의 전문가들로 구성된 조직을 구성, 보다 전문적인 접근노력이 필요하며, 지역사회의 각종 시설 및 인적, 물적 자원을 동원 시이미지 제고를 위한 종합적인 노력이 절실히 요구되고 있다. 예를 들어, 타 지역의 경우처럼 지역 내 주요 문화시설을 일정요금의 입장권으로 모두 관람할 수 있는 편의를 제공하거나, 의류, 자동차, 가구, 장난감 등 디자인지향제품들의 제조업체와 관련전공 대학생의 산학협동을 통한 Design

---

1) 1992년 로드니킹 구타사건으로 촉발된 LA폭동, 미 역사상 최대의 자연재난으로 일컬어지는 1993년 노스릿지 대지진, 말리부지역을 중심으로 일어났던 1993년 로스앤젤레스 북서부 지역의 대화재 및 홍수, 1990년 초반 냉전 종식 및 군비축소로 인한 남가주 최대의 경제기반이었던 항공 및 방위산업의 급속한 쇠퇴 등이 이러한 부정적 시이미지의 대표적 경우에 해당된다.

Week(디자인 주간) 등의 개최를 제안되고 있다.

제언 5. 보다 유연한 과세제도의 창조(Create a more flexible tax structure)

전반적인 지방조세행정의 지방상공인들로부터 한결같이 지적받고 있는 사항으로, 특히 과세제도의 비효율적 구조와 세율은 해당 상공인들에 대한 불편 및 영업손실뿐만 아니라, 지나친 영업세(Business Tax) 전기, 수도 등 공공요금의 고율화로 인한 투자심리의 위축, 타 지역 및 타 주 이전 등 지역경제성장을 저해하는 주요 요인으로 인식되고 있다. 한 예로써, 전기세의 경우, 로스앤젤레스 시의 전기세 요율 12.5%는 남가주 일대에선 최고이며, 타 지역에 비해서도 상당히 높은 수준을 유지하고 있다. 이러한 비효율적인 고율의과세제도는 지속적인 지방경제의 활성화라는 대명제를 안고 있는 로스앤젤레스 시 당국에 커다란 부담이 되고 있으며, 이를 해결하기 위해 보다 유연한 과세제도의 개발 및 합리적 과세원칙의 확립이 절실히 요구되고 있다.

제언 6. 지역경제기반의 확충(Promote 'Made in LA' products and services)

제조업 및 서비스업종을 중심으로 한 지역경제기반의 확충은 지역경제성장을 위한 원동력일 뿐만 아니라, 고용의 증대 및 지방정부의 세수원의 확보라는 측면에서 지방정부의 중요한 과제가 되고 있다. 로스앤젤레스 시의 경우, 630,000여 명이 제조관련업종에 종사하고 있으며, 212,000개에 이르는 영업체가 지역경제의 근간을 이루고 있는데, 지역경제의 성장을 위한 제언으로 다음과 같은 방안들이 강구되고 있다. 첫째, 지역상품의 구매확대 캠페인('Buy Local')을 통한 방안으로, 경쟁력에 있어 상대적 우위를 점하고 있는 특정 상품(의류)의 경우, 상품의 원산지를 'Made in LA.'라고 명시함으로써 단순히 'Made in USA' 혹은 'Made in California'라고 표기함에 따른 지역상품의 구매노력 혼란을 극복, 지역상품의 구매확대 및 차별화를 꾀하며, 나아가 지역경제성장에 이바지하는 노력이 필요하다. 또 다른 방안 으로는 기존의 가주소규모제조업자협회(Small Manufacturer Association of California)의 주도하에 지역 내 대규모 판매업체(예를 들어 Walt Disney Co., Atlantic Richfield Co. 등)의 유통망을 통해 지역상품을 판매하는 방안으로, 특히, 이를 위해선 지역경제의 기반을 이루고 있는 소규모 제조업체와 지역 내 대규모업체를 연결, 조정하는 주 및 지방정부의 역할이 중요시된다.

제언 7. 첨단산업도시로서의 기능확보(Harness entertainment and technology)

로스앤젤레스는 영화 등 전통적인 미디어뿐만 아니라, 인터넷, 멀티미디어용 소프트웨어 등 첨단 멀티미디어산업을 지역경제기반의 중추산업으로 육성하고 있으나, 미국 내 경쟁도시인 뉴욕이나 실리콘밸리지역에 비해 상대적으로 열악한 환경에 처해 있는 것으로 평가받고 있다. 주된 원인들 중 가장 많이 지적되는 것은 멀티미디어개발에 필수적인 요소인 통신망의 낙후, 즉 대용량의 광섬유 전화회선의 부족을 손꼽고 있는데, 이러한 낙후된 정보통신망시설은 로스앤젤레스의 첨단 멀티미디어도시로서의 성장을 저해할 뿐만 아니라, 점차 광역화, 정보화되고 있는 현대도시로서의 기능 저하라는 과제를 부담시키고 있다. 이 같은 문제를 극복하기 위해 지적되는 사항으로는 광섬유전화회선의 설치 및 증설을 통한 첨단정보통신망의 구축과 함께, 현행 광섬유회선의 가설을 둘러싼 행정절차의 비효율성의 개선, 첨단 멀티미디어산업을 위한 전문 인력의 육성 등이다. 특히, 광섬유가설에 따른 복잡한 인허가 과정 및 주요전화회사의 소극적인 광섬유가설 투자를 해결하기 위한 방안으로 로스앤젤레스 시 및 카운티 정부의 인허가절차를 대폭 간소화시키며, 불투명한 시장성에 따른 소극적인 투자추세를 상쇄할 수 있는 민간 부문의 콘소시움의 추진 등이 강구되고 있으며,

공공교육프로그램을 통한 전문 인력의 적극육성 등이 제안되고 있다.

제언 8. 관료주의적 비효율성 제거(Cut down on bureaucratic red tape)

타 지역에 비해 비교적 양호한 행정규제체계를 갖고 있는 것으로 평가되고 있는 로스앤젤레스는 이러한 긍정적 평가에 부응하기 위해 많은 노력을 기울이고 있다. 예를 들어 South Coast Air Quality Management District(AQMD: 남가주 대기오염 정화국)은 종전에 비해 훨씬 개방된 자세로 민간 환경보호단체의 의견 및 요구를 수렴하고 있으며, 영화 및 드라마의 야외제작에 따른 행정절차를 간소화시키는 등 적극적인 행정서비스의 향상을 꾀하고 있다. 한편, 경제부문 관련 행정규제에 있어선 여전히 열악한 환경에 놓여 있는 로스앤젤레스는 이에 관련된 지방상공인들의 각종 민원에 직면해 있는데, 그 일례로 통상 대부분의 도시에서 6개월에서 12개월이 소요되는 환경영향보고의 경우, 로스앤젤레스에선 최고 3년까지 소요되는 것으로 나타나고 있다. 이와 같은 비효율적 행정규제 및 절차는 영업체의 신설 및 개정에 필요한 다른 인허가의 지연현상과 함께 맞물려 지역경제 활성화에 필수적인 경제기반확충을 저해하는 주요 요인으로 등장하고 있다. 이를 해결하기 위한 방안으로, San Fernando Valley의 경우처럼 경제관련 부문의 모든 인허가를 전담하는 오피스를 지방정부 내에 설치, 대폭적인 인허가절차 간소화를 추진해야 한다는 제안이 강구되고 있다.

제언 9. 지역경제계 의사전달창구의 통합(Generate more unified business voice)

지역경제의 성장을 위한 경제계의 다양한 의견은 성장에 필요한 요인 및 이를 위해 극복해야 할 문제들을 파악하는 데 필수적인 요소이지만, 때로는 정책의 혼선을 조장 및 한정된 재원에 대한 지나친 경쟁을 유발하는 등 정책집행의 효율성을 저해하는 요소로 작용하기도 한다. 이러한 점에서, 수많은 경제관련 민간단체가 난립하고 있는 로스앤젤레스 시는 지역경제계의 수렴된 의견부재가 가져다주는 부작용을 경험하고 있다. 특히, 복지정책, 지하철 공사, 최저임금 등 산적한 현안들을 둘러싼 제각기 다른 지역경제계의 목소리는 지역경제에 큰 파급효과를 미치는 이들 현안의 해결을 더디게 할 뿐 아니라, 지역경제 활성화를 저해하는 요인으로 등장하고 있다. 그 결과, 지역경제성장에 관련된 주요 현안들에 대한 지역경제계의 의사 및 전달창구의 통합이 절실히 요구되고 있다.

제언 10. 실업구제에 대한 적극적 보상(Create incentives for hiring the underemployed)

사회복지제도에 대한 의존도가 비교적 높은 소수계의 비중이 타 지역보다 큰 로스앤젤레스의 경우, 현재 진행 중인 연방정부의 사회복지프로그램의 축소 및 예산삭감의 영향을 직접적으로 받을 뿐만 아니라, 회복국면을 맞고 있는 지역경제 역시 심각한 타격을 입을 것으로 예상되고 있다. 이러한 부정적 현상을 극복하는 방안으로 실업구제에 대한 적극적인 보상책이나 장려책이 제안되고 있다. 특히 실업자의 다수를 차지하는 소수계 및 비숙련 노동인구는 지역 내 성장산업인 국제무역, 위락, 관광, 컴퓨터 분야에는 부적합한 노동력으로 이들에 대한 보다 적극적인 노력이 필요하며, 이를 위해 소규모 상업 및 제조업체를 중심으로 한 기존의 영업체들의 신규고용에 대한 보상 및 장려책의 강구가 절실히 요구되고 있다.

제언 11. 해외자본 및 투자가의 유치(Attract foreign investment - investors)

환태평양시대와 함께 일본, 대만, 한국 등 환태평양국가들의 해외 투자가 활발한 가운데, 이들 해외자본의 유입 및 투자가 향후 로스앤젤레스지역 경제성장에 필수적이라는 인식이 널리 확산되고 있으며, 이를 강화할 수 있는 여러 가지 방안들이 강구되고 있다. 그 결과, 지방정부 및 상공회의소

등을 주축으로 로스앤젤레스 주재 해외언론기관들을 대상으로 한 지역산업
에 관한 자세한 정보의 제공 및 투자홍보를 강화하는 방안이 제안되고 있
다. 이러한 해외자본유치제안은 로스앤젤레스가 영화오락 및 항공산업의
도시라는 고정된 관념을 깨고, 다양한 지역산업에 해외자본의 투자라는 기
회를 제공함과 동시에, 지역 내 한정된 산업재원을 벗어나 지역경제 활성
화에 필요한 재원을 유치, 조달한다는 점에서 많은 주목을 받고 있다.

제언 12. 상업개선지구의 확대(Encourage more BID's)

중소매업 중심의 상업지구개선을 목적으로 한 상업개선지구는 지난 94
년 주입법을 통해 이루어진 것으로, 이들 지구 내 영업소유주들은 해당지
구의 개선을 위해 연간과세액을 평가, 사정할 수 있으며, 이들 세원을 지
구 내 개선사업(경비, 보수관리, 홍보, 미화)에 필요한 재원으로 일부 전
용할 수 있다. 로스앤젤레스 시의 경우, 법안 통과 후 기존의 개선지구 외
20여 곳이 새로이 상업개선지구 지정을 신청 중에 있으며, 시정부는 지구
지정에 따른 재원마련의 일환으로 일백만 불에 달하는 금액을 지구별로
배정하고 있다. 한편, 상업개선지구의 지정이 지역경제 활성화에 효과적
정책수단이 되고 있으나, 지구형성 및 운영과정에는 아직까지 많은 문제
점을 안고 있다. 예를 들어, 개선지구의 지정을 위해선, 지구 내 영업체
및 토지 혹은 건물소유주들로 구성된 조직의 결성이 우선되어야 하는데,
이러한 조직의 결성과정이 용이하지 않으며, 로스앤젤레스 다운타운지역
의 한 개선지구(the Miracle on Broadway)의 경우처럼, 조직결성 후에 회
원간의 분규로 인해 지구기능의 상실하는 경우도 발생하고 있다. 이러한
문제들을 해결하기 위해 시정부는 개선지구지정에 따른 절차를 간소화시
키고 있으며, 보다 많은 재원조달을 추진하고 있다.

제언 13. 소수계에 대한 금융혜택기회의 확대(Provide minorities more access to capitals)

로스앤젤레스 지역경제에서 소수계가 차지하는 비중은 미국 내 어느 도시보다도 큰 반면, 히스패닉계 및 아시아계를 주축으로 한 소수계에 대한 금융지원 및 혜택은 아직까지 미미한 수준에 이르고 있는데, 이러한 제한된 소수계 금융혜택은 지역경제성장을 저해하는 한 요인으로 손꼽히고 있다. 소수계의 경제활동을 지원하기 위해 설립된 비영리기관 Opration Hope에 최근 조사에 따르면, 로스앤젤레스 지역의 금융대출 중 소수계에 대한 대출은 약 30%에 미달하는 것으로 나타났으며, 이러한 결과는 실제 로스앤젤레스지역에서 일어나는 인구변동추세(히스패닉 및 아시안계의 급증 및 백인 및 흑인의 상대적 감소)를 잘 반영하지 못하는 것으로 평가받고 있다. 특히, 기존 금융기관들은 아직도 1950년대에 작성된 금융지원 지침을 근거로 하는 경우가 빈번해, 상당한 구매력을 가진 것으로 평가되는 이들 소수계들이 지역경제 활성화에 공헌할 기회를 상실하게 만드는 동기가 되기도 한다. 이에 따라, 소수계에 대한 금융혜택을 확대하기 위한 방안으로, 첫째, 소수계에 대한 금융계의 기존인식의 전환이 필요하며, 둘째, Check-cashing 등 제도권 금융화되지 못한 소수계의 금융관행 등을 기존 금융기관을 통해 제도화시키는 노력이 병행되어야 하며, 마지막으로는 소수계 소유의 금융기관에 대한 지방 및 연방정부의 금융지원 확대를 통해 궁극적으로 많은 소수계가 금융혜택을 입을 수 있는 기회를 창출하는 것 등이다.

제언 14. 프로풋볼 팀의 로스앤젤레스 유치(Get an NFL team back to Los Angeles)

전문 스포츠구단의 지역유치 및 경영을 통한 효과는 여러 가지로서, 해당+난의 유치, 운영에 따른 고용 및 서비스의 증대 등 직접적 효과 이외에도 지역 내 주민들에 대한 여가선용의 기회 제공, 관광객의 증대, 더 나아가 지역경제의 활성화 및 시이미지의 고양 등 부수적인 효과를 기대할 수 있다. 지난 95년 이후, 로스앤젤레스를 본거지로 한 프로풋볼 팀의 부재로 인한 부정적 파급효과는 프로스포츠와 해당 지역 및 시의 이미지를 함께 생각하는 미 국민의 행태에 비추어 상당한 것으로 평가되고 있다. 한편, 기존의 구단(LA Raiders, LA Rams)들이 이 지역을 떠나는 동기를 제공했던 현대식 구장의 부재는 지역경제를 활성화를 주력하고 있는 시정부가 이를 위해 해결해야 할 과제 중의 하나로 남아 있으며, 몇몇 경제계 인사들이 새로운 구장건설 및 구단 유치에 관심을 보이고 있다. 특히 시 및 카운티정부는 미 프로풋볼협회(NFL)가 난색을 표했음에도 불구하고, 기존의 콜로세움 올림픽경기장의 개보수를 통한 구단유치를 추진하고 있어 많은 난항이 예상되며, 이 같은 어려움을 극복하기 위한 시정부의 정책적 고려 및 지원이 더욱더 절실한 실정이다.

2.3. 지역 인프라의 개선(Improving the local infrastructures)

미국 최대의 자동차중심도시이면서 환태평양의 중심도시로서 성장하고 있는 로스앤젤레스는 지역경제측면에 있어 도로, 항만 및 공항 등 사회간접자본시설(지역 인프라)을 통한 산업 및 서비스 물동량 이동이 어느 도시보다도 활발한 편이며, 2000년대 초에 가선 기존 간접시설의 수용범위를 훨씬 상회할 것으로 예상되고 있다. 이에 따라, 교통시설을 중심으로 한 지역 인프라의 개선이 여러 측면에서 강구되고 있는데, 다음은 지역경제성장에 직접적 영향을 주는 주요 제언들을 소개한 것이다.

제언 15. 로스앤젤레스 공항 확장계획의 개발(Develop firm plans to expand LAX)

미국서부지역의 관문 및 환태평양 시대의 중심지로서 갖는 로스앤젤레스의 지정학적 중요성은 향후 20년 내에 로스앤젤레스 여객 및 화물증가가 각각 지금의 2배, 1.4배에 이를 것이라는 공항당국의 분석결과에서 잘 나타나고 있다. 폭발적인 공항이용 수요증가에 대한 대책으로 시정부는 향후 20년간 43십억 불에 달하는 재원을 투입, 기존의 공항시설을 대대적으로 확장하는 사업을 추진하고 있다. 한편, LAX공항의 확장사업에 따른 어려움 역시 등장하고 있는데, 이 중 심각한 현안으로는 공항확장에 따른 인근주민 및 환경보호그룹의 반대를 무마하는 등 관련 이해주민의 동의를 구하는 절차와 시의회, 시장 그리고 연방항공운항국 등 세 군데의 승인과정 그리고 막대한 공사재원의 확보 등이다. 특히, 공항확장에 따른 교통량의 증대 및 소음공해의 증가를 우려한 인근주민의 적극적인 반대 및 새로운 개발이 가져다줄 환경파괴를 우려한 보호그룹의 우려는 개발과 보존이라는 Trade-off를 지방행정에서 어떻게 수렴, 해소해야 하는가라는 새로운 과제를 주고 있다. 한편, 재원확보의 경우, 기존 공항시설을 이용하고 있는 많은 항공사들의 주된 관심사로서, 공항임차료 및 이착륙의 과대한 인상을 통한 재원 조달에 난색을 표하고 있다.

　로스앤젤레스공항의 확장은 지역경제의 활성화를 위한 기간시설의 확충이라는 측면뿐만 아니라, 환태평양시대를 겨냥한 타 지역(시애틀, 샌프란시스코, 덴버) 국제공항들과의 경쟁이라는 점에서 신속하고 효율적인 사업진행 및 추진이 필요한 것으로 제안되고 있다.

제언 16. 지하철건설을 둘러싼 논쟁 종식(Resolve the subway issue)

　대부분의 지하철건설에 충당되는 재원을 지역주민의 재산세 등, 지방세원에서 조달하고 있는 현실에서, 지하철건설의 타당성 및 사업을 둘러싼 각가지 현안들에 대한 지역사회의 관심이 지대한 가운데, 엄청난 재원을 필요로 하는 지하철이 자동차중심의 도시구조(Automobile-oriented urban structure)를 가지고 있는 로스앤젤레스 시에서 효율적인 대중교통수단으로서 자리할 수 잇을 것인지에 대한 논의가 주요 현안이 되고 있다. 특히, 광역도시교통국(MTA)의 방만한 운영 및 비효율적 사업추진에 대한 비난의 여론과 함께 지하철건설을 둘러싼 논쟁은 점차 가속화되고 있는데, 이에 대한 대한으로 다음과 같은 방안들이 모색되고 있다. 첫째, 도시구조 및 지역주민의 교통수단 이용행태를 반영한 대중교통수단의 새로운 대안의 개발, 둘째, 버스 및 철도 등 기존 대중교통수단의 분담률 제고, 셋째, 장기적이고 치밀한 지하철 투자계획의 수립 및 집행절차의 개선 등을 꼽고 있다. 이상의 제안들은 교통문제에 대한 현실적 접근방법을 강조하고 있으며, 이러한 인식을 기초로 시설투자를 통한 문제해결보다는 정책적 아이디어(각종 제도적 혜택을 통한 출퇴근 자가운전자들의 대중교통수단 이용 유도) 및 지하철 건설을 담당한 지방기관의 행정쇄신 등을 통한 문제해결을 바탕으로 하고 있다.

제언 17. 교통체증개선을 위한 방안 강구(Do something about traffic)

미국 내 여느 대도시와 마찬가지로 로스앤젤레스 역시 심각한 교통난에 직면하고 있는데, 남가주정부협회(SCAG)의 최근 조사보고에 따르면, 1994년 로스앤젤레스를 포함한 남가주 5개 카운티의 교통혼잡에 따른 손실이 150억 불에 이르며, 시간당 2백만 불에 상당하는 재원이 낭비되는 것으로 밝혀졌으며, 2020년에는 교통혼잡손실이 350억 불에 이를 것으로 전망되고 있다. 이에 따라, 로스앤젤레스 시는 교통혼잡에 따를 지역경제성장의 장애를 제거하기 위해 몇 가지 방안을 강구하고 있는데, 첫째, 첨단교통신호체계의 개발을 통한 도로교통의 원활한 소통을 꾀하고 있다. 4200여 개에 달한 교통신호망에 컴퓨터 제어 방식을 적용, 도로교통지연의 12%, 교차로 지연의 30%를 줄이는 효과를 보고 있으며, 둘째, 가주교통국(CALTRANS)과 함께, 주요고속도로를 'Smart Corridor'로 지정, 첨단정보통신을 이용한 실시간 교통정보(The Real-time Traffic Information)를 제공함으로써, 원활한 교통흐름을 유도하고 있다. 또 다른 한편으로, 기존 대중교통수단인 버스의 노선 및 서비스를 차별화해 교통혼잡의 주요 요인인 출퇴근 자가운전자들을 감소시키려는 노력을 기울이고 있다.

제언 18. Alameda Corridor개발에 따른 분쟁종식(Stop bickering about Almeda Corridor)

환태평양국가 간의 교역확대에 따른 수출입물동량의 증가를 대처하기 위해 제안된 Alameda Corridor개발은 지역경제 활성화전략의 일환으로 지역경제계가 적극 추진하고 있으나, 실행상의 많은 문제점에 때문에 지연, 연기됨에 따라, 지역경제성장을 위해 많은 노력을 기울이고 있는 로스앤젤레스 시 정부 및 경제계가 시급히 해결해야 될 현안으로 떠오르고 있다. 총 예산 180억 불을 소요할 로스앤젤레스 및 롱비치항구와 다운타운의 물류센터 간을 연결하는 20마일의 철도선인 Alameda Corridor는 지역경제 활성화전략으로서의 중대성에도 불구하고, 운영주체 및 수익사업을 둘러싼 해당지역의 지방행정부 및 항만청 간의 의견대립으로 인해 추진조차도 불투명해지고 있는데, 이를 해결할 방안으로, Alameda corridor 인근 지역을 물류 및 제조업 중심의 공단으로 개발, 이들 공단을 해당행정구역의 지방정부의 세원으로 활용할 수 있게 하는 방안이 제기되고 있으나, 다른 한편에선 이들 지역이 공단개발에 부적합함을 들어 예정노선의 변경을 요구하고 있기도 하다. 이에 따라, 이 프로젝트를 총괄하고 있는 시정부의 정책 및 계획조정 노력이 절실히 요구되고 있다.

제언 19. 도로 개선 및 보수(Fix roads)

미국 최대의 자동차 중심도시인 로스앤젤레스는 도로 총 연장이 6500여 마일에 이르고 있으나, 시정부의 재원부족으로 인한 도로 보수 및 개선이 제대로 이루어지지 않아, 지역교통혼잡의 원인이 되고 있을 뿐만 아니라,

지역경제성장에도 부정적 영향을 주고 있다. 이를 시정하기 위한 대책으로 단순한 재원확충을 통한 시설투자가 아닌 새로운 방식의 도로 개선 및 보수대책이 제안되고 있다. 즉 노후화된 도로의 보수 및 재포장이 현장중심의 임시대응적(Reactive mode and fixing on spot basis)으로 이루어지고 있는 기존방식과는 달리, 도로구간별장기적인 관리계획안을 마련, 일정 기준에 따른 계획적 관리, 보수가 이루어져야 하며, 보수사업 시 민간건설업자에 일괄 도급하는 기존방식을 지양, 공사기능별에 따른 도급의 차별화를 꾀함으로써 사업의 효율성을 제고할 수 있는 방안이 마련되어야 할 것이다.

제언 20. 다운타운 체육시설유치(Resolve downtown sports arena issue)

로스앤젤레스 다운타운 남쪽에 위치하고 있는 South Park 지역은 다운타운에 인접한 지리적 특성 때문에 그동안 다운타운 및 지역경제의 성장 거점 및 도시재개발후보지로서 시정부 및 지역경제계의 많은 관심을 받아왔으나, 이를 위해선 대규모 재원투자가 필요하다는 점에서 개발추진이 미미한 상태에 머물고 있다. 한편, 최근 로스앤젤레스를 본거지로 한 프로 하키구단인 LA Kings에 의해 제안된 이 지역을 대상으로 한 200백억 불 규모의 대단위 체육시설 유치 안은 그간 침체를 보이고 있던 개발논의를 활성화시키고 있다. 대규모체육시설의 입지가 가져다주는 개발효과-다운타운지역의 활성화, 관광객 유치, 시이미지의 제고, 지역경제성장-에도 불구하고, 시설유치 및 건설에 대한 지방정부의 재정지원을 둘러싼 논란은 가속화되고 있다. 특히, 대지구입에 충당될 7천만 불에 대한 시정부의 투자가 개인기업(LA Kings)에 대한 특혜의혹으로 비춰지고 있다는 점에서, 대규모체육시설의 유치에 따른 각종 공공승인 절차를 위한 시정부의 건설적인 조정 및 대안제시역할이 절실히 요구되고 있다.

2.4. 사회복지의 개선(Addressing social issues)

제언 21. 교육제도의 개선(Learn from LEARN)

1993년 이래 로스앤젤레스 통합교육구내 650여 개 학교가 참여하고 있는 LEARN 프로그램의 긍정적 결과는 지역주민 및 교육계뿐만 아니라, 지역경제성장을 위해 질 좋은 노동력의 공급이 절실히 요구되고 있는 경제계 및 지방정부에 많은 도움을 주고 있다. 학부모, 교사 그리고 교육행정가가 공동으로 학교운영에 필요한 예산책정 및 각종 현안 결정에 참여하는 LEARN 프로그램으로 인해 참여 학교의 자율성이 보장되고, 지역교육청이 종전과는 달리 일상행정업무의 과다를 벗어나 보다 기본적인 교육정책수립 및 지역 내 개별학교에 대한 보다 더 종합적인 평가를 꾀할 수 있다는 점 등이 그 주요 장점으로 손꼽히고 있다. 한편, 지역경제계로서는 이러한 교육개혁프로그램에 대한 지원확대와 함께 지역경제성장을 위한 인력양성이라는 측면에서 활발한 교육계와의 접촉을 통한 경제계의 의견 개진에도 힘써야 할 것을 제안하고 있다.

제언 22. 직업교육의 강화(Encourage vocational training)

직업교육의 강화는 비단 교육계뿐만 아니라, 경제계에서도 지역경제성장 측면에서 그 중요성을 깊이 인식하고 있다. 또한 우수하고, 전문적인 노동인력의 확보라는 기존의 과제 이외, 정보 및 통신혁명으로 일컬어지는 새로운 산업시대의 등장에 부응하는 노동력의 양성 역시 중요한 과제로 인식되고 있는데, 그간 지역경제의 근간을 이루었던 우주항공산업 및 금융서비스의 쇠퇴와 함께, 첨단 멀티미디어 및 반도체 산업의 등장은 컴퓨터프로그래머, 그래픽디자이너, 관세사 등의 새로운 직종의 전문 인력수요를 급증하고 있으나, 이에 대한 인력공급은 매우 부족한 실정이다. 이에 대한 해결방안으로 1995년부터 실시되고 Los Angeles Community College District가 실시하고 있는 직업교육프로그램은 해당 지역의 인구 및 산업 현황을 바탕으로 실제 필요한 직업의 종류 및 수요를 파악, 보다 실질적인 직업 교육 및 취업알선에 노력하고 있다. 한편, 이와 같은 공공부문의 노력과 함께 직업교육분야에 대한 민간부문의 적극적인 참여가 요구되고 있다. 실제, 한정된 공공재원 내에서 직업교육기회의 확대라는 과제를 극복하기 위해서도 이러한 민간부문의 참여가 더욱 확대되어야 할 것이다.

제언 23. 무보험자에 대한 의료혜택 제공(Provide health care for the uninsured)

무보험자에 대한 의료혜택 제공은 사회복지차원의 행정서비스라는 명분뿐만 아니라, 지역경제성장을 위한 노동력에 대한 안정적 근로환경을 제공한다는 점에서 매우 중요하다. 또한 질병 및 의료서비스의 부족에서 오는 노동력의 생산현장이탈현상은 지역경제의 생산성 및 채산성에도 부정적 영향을 미치게 된다. 이러한 문제들에 보다 근원적인 해결방안으로 손꼽히는 것은 기존의 무보험자에 대한 의료혜택에 대한 정책적 인식이 치료중심에서 예방중심으로 전환되어야 한다는 점이다. 치료에 소요되는 과대한 재원으로 특히 저소득 및 무보험자 계층 아동 및 성인들에 대한 예방접종, 건강진단 및 교육에 힘쓸 경우, 의료혜택정책의 효율성을 크게 제고시킬 수 있으며, 더 나아가, 제조 및 서비스업종에 저임금노동력으로 충당되고 이들 계층의 건강향상 및 안정적 근로환경을 제공, 지역경제 활성화에 이바지할 수 있는 계기가 마련된다는 점이 강조되고 있다.

제언 24. 자원봉사제에 대한 장려책 강구(Create incentives for volunteerism)

급증하는 행정서비스 수요에 비해 절대적으로 부족한 지방정부의 인적, 물적 자원문제를 해결할 수 있는 방안으로, 또한 공공서비스의 사각지대에 놓여 있는 사회병리현상을 치유할 수 있는 방안으로 자원봉사의 적극

적인 활용 및 그에 대한 보상 및 장려책이 지역성장의 한 방안으로 제고
있는데, 특히, 무숙자 및 문제청소년들에 대한 자원봉사자들의 생활교육
및 취업지원은 사회병리현상을 줄이는 데 필요한 공공재원의 절감뿐만 아
니라 생산인력의 증대라는 측면에서 지역경제 활성화를 위한 다각적인 노
력의 좋은 사례가 되고 있다. 이에 따라, 이러한 자원봉사제의 적극적 확
대를 위한 보상 및 장려책이 시급히 요구되고 있으며, 민간기업을 중심으
로 한 자원보상제의 적극 참여 및 조직적 운영 그리고 지방정부의 이를
지원하기 위한 정책적 고려가 제안되고 있다.

제언 25. 무숙자에 대한 대책(Address homeless population)

미국대도시의 대표적인 병리현상으로 손꼽히는 무숙자 문제에 있어 로
스앤젤레스도 예외는 아니다. 상업시설 및 오피스시설이 밀집해 있는 시
내 중심가(다운타운)를 중심으로 집단적으로 거주하고 있는 이들 무숙자
들로 인해 파생되는 문제는 단순한 지방정부의 복지정책에 머물지 않고
나아가 시이미지에도 부정적 영향을 줌으로써, 지역경제 활성화를 저해하
는 한 요소로 지적되고 있다. 특히, 최근 발표된 갤럽조사보고에 따르면,
로스앤젤레스 카운티 거주 주민의 94%가 무숙자 및 걸인들에게 헌금을
강요당한 경험이 있으며, 이러한 수치는 전국 평균 77%를 훨씬 상회하는
것으로 문제의 심각성을 실증적으로 증명해 주고 있다. 따라서 이에 대한
대책으로 지방정부의 사회복지정책 강화 및 확대 이외에도, 무숙자 대책
에 있어 보다 많은 민간부문의 참여와 함께, 구제중심의 기존 정책에서
직업교육 및 생활기반마련 중심의 정책으로의 전환 등이 제안되고 있다.

02. 지속가능한 발전계획

□ 볼티모어 시(메릴랜드 주)

주민수가 약 74만 명인 볼티모어 시에 소재한 페어필드 산업공단(Fairfield Industrial Park)에서는 '지속가능한 발전(Sustainable Development) 산업공단' 혹은 환경산업공단(Eco-Industrial Park)이라고 불리는 자체운영 산업공단 관리시스템이 운영된다. 이 방법은 공단 내의 회사들에서 배출되는 쓰레기를 리사이클화한 뒤 에너지 연료 및 원재료(Raw Material)로 사용고자 하는 데 주안점을 두고 있다.

1,300여 에이커(5.4평방키로)의 폐공장지대였던 이 지역은 연방경제특구(Federal Empowerment Zone)로 지정되어 볼티모어 시는 이 지역의 경제를 활성화하고자 기간산업(Infrastructure)의 확충기반으로 약 1천만 불의 기금을 투자하였다. 볼티모어개발단(Baltimore Development Corporation), 볼티모어 공단 재개발위원회(Baltimore Industrial Redevelopment Council), 볼티모어 시 도시계획국(City Planning Department)이 상호 협력하여 시

작된 선두적인 산업공단 환경화(Eco-Industrial Park) 프로그램은 연방환
경청(U.S. Environmental Protection Agency)의 지원금으로 과거 폐공장
지대는 말끔히 정돈되고 산업공단을 조성함으로써 4,000여 신규 직업을
창출하고 이 지역의 경제활성화에 도움이 되고 있다.

□ 찰스턴 시(사우스캐롤라이나 주)

인구수 약 8만 명의 찰스턴 시가 1995년에 시작한 쿠퍼강 연변계획
(Cooper River Corridor Project)은 지방정부, 사업체(Business), 비영리 단
체와 시민들이 함께 협력하여 쿠퍼강을 따라 지속가능한 발전(Sustainable
Development)을 위하여 만든 계획이다. 근 14개월 동안 시민위주(com-
muntity-based) 계획으로 진행된 과정에서, 강 주변에 인접된 주민단체
(communities)와 찰스턴 시(Charleston City) 그리고 버클리카운티정부
(Berkeley County) 등 총 200명 이상이 참여하여 그 지역의 미래의 발전
상을 위한 면밀하게 검토된 청사진을 마련하였다.

토지이용계획(Land Use Planning), 역사 및 환경보존(Natural and
Historical Conservation), 지역개발(Community Development) 등의 3개
분야에서는 상업적(commercial), 산업적(industrial), 주거지역 개발(residen-
tial development), 역사보전(historic preservation), 휴양지 접근성(access to
recreation areas) 등을 중점적으로 계획을 준비하였다. 완성된 청사진에는
110가지가 넘는 추천이 제출되었으며, 시와 카운티정부의 시의원들은 추
천된 사항들이 실행하도록 협조하였다.

□ 디트로이트 시(미시건 주)

인구수가 약 103만인 디트로이트 시는 웨인 카운티정부와 협조하여 환

경과 경제개발을 통합적으로 지속가능한 발전(Sustatinable Development) 을 위한 방안으로 디트로이트 시 및 웨인카운티협의회(Detroit/Wayne County Roundtable)를 구성하였다. 총 40명의 대표들로 구성된 협의회는 주민단체, 환경보호단체, 금융계, 사업자, 공무원, 자선단체, 종교계 등에서 인선되었으며, 10명의 운영위원회 위원들은 시장과 카운티정부에 의해 지명된다. 이 협의회의 6가지 주요 운영원칙은 다음과 같다.

1) 다양한 구성원
2) 지속가능성(sustainability) 개념의 인식
3) 일치감 조성(build concencus)
4) 지속적인 지원(support existing efforts)
5) 개개인의 전문성을 통한 합리적인 결과산출
   (combine the resources of the groups diverse stakeholders)
6) 지역적인 협력과 대화 분위기 마련

협의회의 노력 중의 많은 부분은 폐공장지대(brownfield)에 대한 시장 분석과 재개발방안 및 시정부 및 카운티정부의 토지수용에 중점을 두고 있으며, 주정부의 환경규제 방침에 부합하는 오염된 공장부지의 환경영향 평가를 통한 해결방안에 대해서도 검토하고 있다. 이와 관련된 계획으로 공항, 경기장, 카지노 등의 재개발계획이 수립 중에 있다.

□ 오렌지카운티정부(플로리다 주)

오렌지카운티의 차량국(Fleet Management)은 폐기된 물품재료 처리관련 예산절감을 위한 프로그램을 운영 중이다. 이 프로그램의 주된 목표는 땅에 매립되는 쓰레기량을 줄이는 것과 차량국의 쓰레기 처리관련 경비절

약이다. 노후된 자동차 타이어, 폐금속(scrap metal, iron), 납성분이 포함된 차륜 지지대(used lead wheel weights) 등과 재생산된 에어컨 콤퓨레셔(air conditioning compressors), 냉각기(water pumps) 등 시차량국에서 나온 헌 물건들을 외부에서 구입하는 것을 허락하여 비과세(non-tax) 세입을 허용하는 방법이다. 그 결과 오렌지카운티정부는 7,500개의 헌 타이어, 10톤의 폐금속물 그리고 천 달러의 재생산물을 매년 처리하여 예산 절감과 환경보호에 동참하고 있다. 쓰레기 매립장의 매립공간의 절약과 부가적인 세수확보는 차량국이 쓰레기 처리 취급업무에 있어서 타 부서의 선두주자가 되었다. 이 프로그램은 1996년 Public Technology, Inc.가 주관하는 '지속적인 발전(Sustainble Development)' 부문의 기술혁신(Technology Achievement Award)상을 수상했다.

한편, 시월드펌프장(Sea World Pump Station)에 바이오 필터 냄새 제거 시스템을 도입하였는데 이는 혼합물을 사용하여 개발지역 및 펌프장으로 유입되는 폐수의 황화수소 및 계란 썩은 것 같은 냄새를 유발하는 하수도 부패농축물의 미세한 부분까지 식별하여 제거하는 방법이다. 오렌지카운티정부는 환경을 보호하고 비용이 적게 드는 이와 같은 테크놀로지의 설계와 도입으로 향후 5년 안에 20만 달러의 자본과 운영비를 절감할 수 있으리라고 예상하고 있다. 이 프로그램 역시 1995년 Public Technology, Inc.가 주관하는 '지속적인 발전(Sustainble Development)' 부문의 기술혁신(Technology Achievement Award)상을 수상했다.

□ 노스햄턴카운티(버지니아 주)

인구수 약 1만 3천 명의 노스햄턴카운티는 이 지역의 자연적이고 문화적인 자원을 보호한다는 취지에서 지속적 개발 전담반(Sustainable Development Task Force)을 구성하였다. 주요 목표로는 천연자원 보호와 경제발전과의 통합적인 방안을 마련하는 기본방침을 수립하고, 다음의 6가지 사업분야, 즉 농업, 해산물, 관광, 토산품(local crafts), 교육, 벤처사업을 대상으로 하고 있다. 이들은 환경자원의 기초에 부합(예: 농업과 토지보호)되는 것과 연관성이 있으며, 여론(public comment)의 검정과정을 거친다. 대표적인 사례로는 케이프 찰스 산업공단(Cape Charles Sustainable Technologies Industrial Park) 조성이다. 이와 같이 효율적인 환경자원의 활용과 공해예방 및 방지방안은 진보적인 특징이 되며, 지속적 개발관련 행동방침(Sustainable Development Action Strategy)으로는 노동력과 기간산업이 잠재적 갈등요인으로 지적되었다. 연방정부와 주정부는 보조금을 제공하였으며, 케이프 찰스 산업공단 조성계획으로 노스햄카운티정부는 미 카운티정부협회(National Association of Counties)의 최고상(Presidential Leadership Award)을 수상했으며, 지속가능 개발위원회(President's Council on Sustainable Development)가 뽑는 환경산업공단(ecological industrial park)의 사례지역인 4개 지역 중의 하나로 선정되었다.

□ 캘러머주 시(미시건 주)

인구수 약 8만 명의 캘러머주 시(City of Kalamazoo)는 단기적인 재개발 노력의 일환으로 폐공장지대 재개발안(Brownfield Redevelopment Initiative: BRI)으로 10개 지역을 선정하였다. 기술 위원회(technical committee)는 시정부 소유토지의 현황(inventory)을 포괄적이고 객관성 있게 평가하여, 이 10개 지역에 대한 우선순위를 발표하였다. 주요 평가기준의 요소로는 접근성(site accessibility), 환경오염과 공장건물의 현재 상황(the nature and degree of environment contamination and structural conditions), 주변 토지 이용현황(nearby land use), 시세입 잠재력(potential for tax base enhancement), 경제성(marketability), 기간(timing) 등이다. 위원회의 위원

들은 환경전문가, 경제전문가, 개발업자(private developer), 금융인(banker), 도시계획 및 재개발 전문가, 경제개발 전문가들로 구성되었으며, 10개 지역 중 3-5지역을 우선 지명하였다. 캘러매조시는 가용한 자원들과 작업시간을 선정된 폐공장지대(brownfield)의 면밀한 재활용계획을 수립하는 주요 항목으로 정하였다. 그 후에 계획팀은 경제성(economic standpoint), 주변 토지이용의 부합성(compatible with surroudning land uses), 주민요구의 민감성(sensitive to neighborhood needs), 지속적인 발전(Sustainable Development) 계획마련 등의 실행성 있는 재개발방안을 분석하게 된다.

□ 톨레도 시(오하이오 주)

인구수 약 33만 명의 톨레도 시(City of Toledo)의 톨레도만 하수처리장(Toledo's Bay View Wastewater Treatment Plant)은 하수처리장에서 발생되는 천연가스를 사용하여 예산경비를 절감케 하는 방안을 마련하였다. 하수처리장의 전기모터 사용으로 인한 엄청난 전기료를 절감하기 위해 기술자들은 전기모터는 필요시에만 사용하고 대체연료엔진(dual-fuel engine)은 하수처리장의 초기과정(initial service)에 적용될 수 있는 실용성에 대해 연구했다. 이와 관련 엔진 제조업자로 일한 경험이 있는 전문가를 고용하여 엔진을 관리하는 직원들을 감독하게 한 결과 10%의 디젤연료와 90%의 천연가스 혼합물만으로도 엔진이 작동할 수 있음을 발견했다. 관리직 공무원들의 교육훈련과 관리의 혁신으로 하수처리장의 연간 전기사용료가 180만 달러에서 80만 달러로 절감되었다. 엔진의 재제작과 교육훈련 경비에 쓰인 90만 달러의 경비는 과거 전기비와 비교할 때 1년 반 안에 상환될 수 있는 금액에 불과하다. 이 프로그램은 1995년 Public Technology, Inc가 주관하는 기술혁신상(Techanology Achievement Awards)에서 에너지, 환경, 지속가능발전부문에서 우수상(Honorable Mention)에 선정되었다.

□ 샌디에이고 시(캘리포니아 주)

인구수 약 111만 명의 샌디에이고 시(City of San Diego)의 그린빌딩계획안(Green Building Demonstration Project)은 6,503평방미터(7만 square-foot)에 달하는 시청건물의 실용성, 효율적인 에너지활용, 환경친화를 통한 개선방안이다. 이 계획에는 샌디에이고 가스·전기회사(San Diego Gas & Electric)와 전력연구소(Electric Power Research Institute)가 공동으로 참여하고 있다. 이들 회사들이 고용한 컨설턴트들은 제출된 건물의 디자인을 검토하고 효율적인 에너지 향상방안에 대한 건의사항을 제공하였다. 한편, 자재업자들이 물품을 기부하거나 할인된 가격으로 자재를 공급하면 시는 납품회사의 인지도, 명성, 기타의 부과급부 효과를 얻었다. 참여업체의 구분은 기부금에 따라 $3000에서 $30,000까지 3단계로 구별하였다. 시건물의 환경친화 및 에너지절약관련 세부사항은 다음과 같다. 열효율이 높은 워터펌프(water source heat pumps), 디지털 방식의 HVAC(direct digital control for the HVAC), 내부 잠김 센서 및 외부 공기조절장치(occupancy sensor interlock and outdoor air control), 워터펌프 속도조절장치(variable speed condenser water pumps), 기존의 조명방식을 고효율(high efficiency units) 조명장치로 교체, 희미한 바닥처리와 조명조절장치(dimmable ballasts and occupancy sensors for lighting control), 태양열차단의 유리창필름(addition of high-performance window film to reduce solar gain), 고효율의 냉각기 교체(replacement of cooling towers with high-efficiency units), 재활용 또는 재생산 가능한 물품사용, 인조섬유(fiber), 포름알데히드(formaldehyde), VOC 등 해로운 물질이 최소로 첨가된 물품사용이 해당된다. 이 프로그램은 Public Technolygy, Inc가 주관하는 지속가능개발(Sustainable Development)부문 기술혁신상(Technology Achievement Award)을 획득했다.

□ 샌호세 시(캘리포니아 주)

인구수 약 78만 명인 샌호세 시(City of San Jose)의 Sustainable City Project는 에너지에 관한 환경 및 경제 이슈를 연계하는 종합적인 에너지 정책을 수립하였다. 첫 단계로는 환경관련분야 시 전체의 에너지 소비량과 관련경비 등의 통계자료를 수집하는 것이었다. 이러한 자료와 계획을 바탕으로 샌호세 시는 지속가능한 발전을 기본목표로 한 장기 에너지계획을 추진하고 2000년까지는 시의 에너지 소비를 10% 감소시키는 중간목표를 공고하였다.

시의 에너지관리과(Energy Management Office)는 이 목표를 지원하는 여러 가지 프로그램 선택이 있음을 확인한 뒤, 여러 번의 평가 및 연구를 통하여, 시의회는 첫 단계 이행을 위한 4개의 프로그램을 승인하였는데, 교육적인 프로그램, 시정부운영, 기술지원 프로그램, 행정방침, 규제조항 등이 해당된다. 디자인, 조명, 난방, 통풍, 냉방에 관한 효율적 에너지사용에 대한 전반적인 정보를 건설업자 및 개발업자들에게 제공하고자 도시에너지연합 전문위원회(Urban Consortium Energy Task Force)로부터 $75,000을 지원받아 기술혁신적인 디자인과 에너지 분석 서비스를 도입한 결과, 상업용 및 공장용 건물에 대한 효율적인 에너지 활용방안이 되었다.

03. LA 2019년 전망

현재로부터 20년 후인 2019년이 되면 '로스앤젤레스 시민은 날아다니는 자동차를 소유하고, 대기정화된 청정공기로 주택단지 전체가 포장된 돔식의 주택단지 속에서 생활하고 야외외출 시엔 법적으로 규정화된 선탠로션을 의무적으로 발라야 하는 세상이 될 것이다.'라고 미래학자들은 농담 삼아 지적한다. 물론, 미래학자들의 이와 같은 예언들은 현재 상황으로는 해학적으로 여겨질 수도 있으나, 2000년 밀레니움을 맞이하는 이 시대에로부터 향후 20년 뒤인 2019년의 서울은 과연 어떻게 변모되고 변화된 대도시로 남아 있을까? 로스앤젤레스 비즈니스저널(Los Angeles Business Journal)에 소개된 기사를 통하여 향후 20년의 서울을 설계하는 데 도움이 되고자 이 글을 소개한다.

□ 향후 20년 후(2019년)의 LA의 주요 변화요소

○ 역설적인 미래(A Paradoxical Future)
○ 주택군단(Housing the Masses)

○ 극도의 교통혼잡(Too Much Traffic)
○ 경제적 중심(Mainstays)
○ 교육의 위기(Crisis in Education)
○ 행정부의 개혁(Government Reforms)

□ 요소별 변화개요

○ 역설적인 미래(A Paradoxical Future)

비관론자들을 제외하고, 2019년의 LA시는 역설을 구체화하게 될 것이다. 한때 지리적, 직업적, 인구 통계적으로 본질적으로 달랐던 도시에서 점차 통합되어 가는 진보적인 도시(Evolving City)가 될 것이다. 남가주 주정부협회(SCAG)의 연구에 따르면 20년 뒤에는 인구수가 시카고의 두 배인 670만의 인구로 증가하게 될 것이라고 예상된다. 이 결과 로스앤젤레스 카운티 전역에 남미계가 백인보다 인구수가 많은 다수인종으로 등장할 예정이며, 아시안계도 꾸준한 이민과 미국 내 출생을 통하여 인구수가 증가하리라 전망된다. 흑인계 또한 인종분포에서 꾸준한 위치를 차지할 예정이다. 향후 로스앤젤레스에 거주하는 백인계들은 명확히 소수계로 전락될 것이며 아르메니아인과 러시아인 같이 백인들도 다양하게 구분되고 백인계의 이민도 계속 유입되리라 본다.

20년 후의 로스앤젤레스는 과거 인종문제에 대한 불안감이 팽배한 인종 갈등의 도시가 더 이상은 아닐 것으로 여겨진다. 이는 결혼관의 변화에 대한 결과인데 보편화된 타 인종과의 결혼풍속은 직장에서, 이웃에서, 문화적인 교류가 가속화하게 될 것이며, 타 인종과의 결혼이 증가하면 할수록 타 인종에 대한 불신과 잘못된 인식이 해소되기 때문이다. '타 인종과의 결혼이 증가하면 할수록 로스앤젤레스는 인종화합의 새로운 장을 열게 될 것'이라고 로욜라 메리마운트대학(Loyola Marymount University)의 로스앤젤레스연구센터의 실장인 페르난도 구에라(Fernando Guerra)는 강조하고, '특히 공휴일에 다양한 인종이 결합된 혼혈가족들이 함께 모여 휴가를 지낼 때 서로 다른 문화에 대한 이해를 자연스럽게 해결함으로써, 20년 뒤에는 과거 인종갈등으로 인한 흑인폭동과 같은 사건재발의 가능성은 희박해질 것으로 판단된다.'

  ○ 주택수요(Housing the Masses)
  로스앤젤레스의 인구팽창에 대한 주택제공은 맨허턴의 주택부족현상과 와이오밍주와 같은 요구(Wyoming-meets-Manhattan phenomenon)에 직면하게 될 것이다. 시 교외지역(Suburban)의 도시팽창은 계속되어 오픈스페이스는 개발이라는 명칭하에 점차 줄어들게 될 것이다. 현재는 목장 및 농업지역으로 유명한 뉴홀랜치(Newhall Ranch)와 발렌시아 지역(Valencia Area)은 주요 상업 및 주거중심지로의 변모가 예상되며 오재이(Ojai) 및 샌 가브리엘 밸리(san Gabriel Valley)지역은 지속적인 인구집중의 증가가 전망된다.
  인구증가는 로스앤젤레스 다운타운지역도 주거중심지로서 변모하여 시민들이 음악회와 주변의 수많은 식당을 이용하는 번화한 지역이 될 것으로 예상되어, 저소득자 및 노인층이 된 베이비부머들을 위한 주택개발의 가속이 예상된다. 남가주대학(USC) 경영대학원의 부동산학과정 책임자인 데이비드 데일-존슨(David Dale-Johnson)은 '로스앤젤레스는 향후 20년 다운타운의 새로운 주택단지의 탄생을 지켜볼 예정이며, 맨해튼과는 달리 다운타운 내에서 극장가, 스포츠 센터, 비즈니스 활동이 활발하게 될 것이다.'라고 전망한다.

○ 극도의 교통혼잡(Too Much Traffic)

부도심의 확산, 도심 과밀현상, 상권의 분산, 인구증가 등의 요인으로 로스앤젤레스의 교통체증은 현재보다 더 악화되리라고 예상된다. 대중교통시설인 지하철은 제한된 노선과 투자에 비하여 소득이 없는 대상인 White Elephant로 인식되는데, 그 이유는 시민들의 이용률 저조에 따른 지하철운영경비의 부족, 지하철관련 시재정의 고갈현상 등으로 고속도로 및 다른 대중교통체계에 대한 개선방향을 방해하게 되는 주요 요인이 되기 때문이다.

남가주 주정부협회(SCAG)의 연구에 따르면 20년 후에도 로스앤젤레스 시민의 약 80%가 나 홀로 운전을 할 것으로 예상되며, 고속도로에는 현재보다 두 배 증가된 약 4만 대 이상의 트럭들로 인하여 일부 고속도로의 교통체증은 사상최악을 기록하리라고 본다. 최상조건의 시나리오상에서 자동차 통근자 수는 현재의 두 배가 예상되며, 주요 고속도로 상에서의 주행속도는 평균 30마일 이하를 유지할 것으로 파악된다.

미 전국에서 교통체증이 가장 심한 고속도로인 Ⅰ-5의 교통체증 완화방안으로 가주도로공사(Caltrans)는 유료 노선을 건설할 예정이며 유료 노선 이용차량의 수가 제한되도록 사용료를 지속적으로 인상할 예정이다. 반면에 일부 미래예측학자들은 고속도로상의 평균 주행속도가 시간당 15마일 이하가 될 것이라고 예견하지만 그 정도로 심각하리라고 생각되지는 않는다. 로스앤젤레스 시민들은 출·퇴근 시 차량이 옴짝달싹하지 못하는 상황보다는 궁극적인 해결방안을 모색할 것이기 때문이다. 남가주대학(USC)의 도시계획 교수인 줄리아노(Genevieve Giuliano)는 "시민들은 교통체증을 해소하기 위하여 직장주변으로 이사를 가든지 아니면 교통체증이 심한 지역을 떠날 것이 분명하기 때문이다. 회사들도 마찬가지로 시민들과 같은 결정을 내릴 것이기에 로스앤젤레스 시민들은 해결방안을 마련할 수가 있다고 생각된다."고 말한다.

역설적으로, 자동차에 의한 교통체증은 더욱 악화될 수가 있겠으나 로스앤젤레스의 대기오염수준은 지속적으로 개선될 예정인데 이는 남가주대기정화국(AQMD)의 트럭들에 대한 강력한 대기오염방지 덕택에 기인된다. 하지만 불행하게도 로스앤젤레스 시는 전 미국의 대기정화기준으로 볼 때 70년간의 노력에도 불구하고 여전히 하위권에 머물게 될 것이다. 로스앤젤레스의 하늘은 도로상의 교통혼잡과 같은 체증현상이 아울러 나타날 것이다. 이는 향후 20년 후에는 항공기를 통한 여행객과 항공화물에 대한 수요가 2배 이상 증가되리라고 예상되기 때문이다. 항공화물량은 890만 톤이 예상되고 약 1억 5천7백만 명의 여행객이 남가주 내 공항을 이용하리라고 판단된다. 로스앤젤레스 국제공항 및 버뱅크 공항 확장공사는 2019년까지 법정에서 결말을 보지 못할 가능성이 많으며, 끊임없는 세계경제의 경쟁상황하에서 생존하기 위하여 로스앤젤레스 시는 제2의 국제공항 건설에 박차를 가할 여지가 충분히 있다.

○ 경제적 중심(Mainstays)

로스앤젤레스의 라틴계 및 아시안계를 기반으로 하는 사업신장세는 국제무역과 금융시장의 성장을 보게 될 것이다. 명실상부한 세계 속의 국제적인 사업의 중심(Business Center)으로서의 명성에 걸맞게 일부 대기업의 본사가 로스앤젤레스 시 다운타운으로 돌아올 것이 예상되지만 역시 중소기업이 지역경제의 주역으로 자리잡아 소수계 및 이민자들의 삶의 기반으로 자리잡게 될 것이 분명하다.

남가주 주정부협회(SCAG)의 예측에 의하면 로스앤젤레스에 소재한 중소기업은 향후 20년이 지나도 여전히 직업창출의 주요 요소로 작용하고 현재 직업종류보다 약 61%가 증가된 직업창출로 향후 로스앤젤레스 1천만의 인구의 생업에 직접적인 영향을 미칠 것이라고 전망한다.

오락산업(Entertainment Industry) 역시 현재와 마찬가지로 로스앤젤레스의 지역경제 활성화에 주요 산업으로 유지될 것이 확실하고 할리우드 또한 영화산업을 비롯하여 지역방송사들의 사업확장으로 결과적으로는 인터넷회사들과의 연계를 통한 오락산업의 성수기를 맞이하게 됨으로써 타운에서 최고 임금이 지급되는 산업으로 인기가 있을 것이다. 더욱 중요한 사실은 과거 할리우드의 명성이 사라지고 장차 캐나다와 호주에 오락산업의 왕관을 넘겨줄 가능성에 대한 위기감이 20년 후에는 사라질 것이라는 점이다.

팔로알토(Palo Alto)에 소재한 시민교양과정(Continuing Study of California Economy)의 가주 경제회복관련과목 담당자인 스테펜 레비(Stephen Levy)는 '현재는 로스앤젤레스가 일부 분야에서 일시적으로 경쟁력이 영향을 받고 있지만 장기적인 전망에서 보면 이 지역의 오락산업은 꾸준히 성장할 것이며 주요 기간산업으로 영향을 발휘할 것'이라고 전망한다. 한편, '관광사업은 지역경제의 주요한 요소로 남을 것이지만 제조업 분야는 로스앤젤레스에서는 고임금 및 고가의 렌트비 상승 등으로 인한 제조비단가의 상승으로 점차 쇠퇴할 가능성이 크다'고 스테펜 레비는 강조한다.

○ 교육의 위기(Crisis in Education)

21세기 노동력에 대한 기대 및 요구조건에 부합하기 위하여 로스앤젤레스 통합교육구(Los Angeles Unified School District)의 교육시스템은 절대적으로 개선되어야 할 분야로 여겨진다. 학생수의 증가로 20년 후에는 미 전국에서 가장 규모가 큰 교육구가 될 것이며, 이중언어교육은 비영어권의 가정출신의 학생들이 증가함에 따라 어쩔 수 없이 존속시켜야 할(현재는 주민발의안에 의거 이중언어교육을 폐지하자는 안이 통과되어 논쟁이 많음) 교육시스템의 하나가 될 전망이다. 교육개혁을 위하여 로스앤젤레스 통합교육구는 향후 20년간 개선노력을 경주할 계획이지만 기존의 교육방침(이중언어교육)이 효율적임을 경험할 것이고 급격한 교육개혁방침은 오히려 낙후된 교육결과를 초래한다는 점을 교육위원회에서는 인식하게 될 것이다. 로스앤젤레스 통합교육구는 교육구의 분리방식 외에 교사들과 학생처 담당자들이 중심이 되어 선택권을 부여할 예정이다. 로스앤젤레스 경제활성화에 기업가적인 정신을 반영하듯이 교육프로그램도 교사들의 주인의식에 비례하여 학생들이 교육에 열성을 다할 수 있도록 노력을 경주하게 될 것이다.

산타모니카에 소재한 인력개발 및 교육상담회사인 Public Performance Information Systems의 사장인 배리 스턴(Barry Stern)은 '시애틀에서는 교사들과 교육행정 관계자들이 협력하여 학생들의 학구열을 향상시킬 수 있는 교육개혁을 성공적으로 달성하였다.' '성공적인 교육의 질적 향상의 결과가 없으면 학생들을 가르칠 수 없으며 교사봉급도 보장되지 않는다.'고 지적한다. 일반기업에서 교육적 수준이 부족한 사원으로 인한 문제점이 발생되듯이 교육개혁이 미비한데서 발생되는 공립·사립 간의 질적 차이는 교육의 질적 향상에 있어 큰 문제가 된다. '제록스(Xerox) 및 모토롤라(Motorola) 같은 회사에서 지적하듯이 학교에서는 일반회사에서 필요로 하는 기술을 교육하지 않기에 회사에서 교육기관을 신설하여 회사업무수행에 필요한 교육과정을 이수하도록 지원할 것이다.'라고 관망한다.

○ 행정부의 개혁(Government Reforms)

교육구는 유일한 행정기관이 아니기에 교육개혁자체는 주변의 행정기관에 영향을 주는 시너지효과를 발생한다. 시정부 차원에서의 경우도 동일하다. 로스앤젤레스 시를 밸리지역과 하버지역으로 독립적으로 분리하고자 하는 로스앤젤레스 시 분리자운동(Secessionist Movement)은 수년간의 법정소송 후에 잠잠해질 것이며, 대부분의 로스앤젤레스 시 분리 옹호론자들은 개정된 시헌장(City Charter)에 명시된 주민위원회(Neighborhood Councils)의 신설 안에 위안을 얻을 수 있을 것이다.

한편, 향후 20년 후의 로스앤젤레스의 시의회 시의원들과 시장은 로스앤젤레스 시의 변화된 인구통계학(Demographics)에 의거 새롭고, 열성적인 흑인, 남미계, 동양인 지도자들이 선거에서 승리하여 소수계의 입장을 대변하는 차원을 넘어 로스앤젤레스를 위한 대승적인 역할을 담당하리라고 예상된다.

로스앤젤레스 여성유권자연맹(League of Women Voters in LA)의 대표인 잰드라 케이든(Xandra Kayden)은 '20년 후의 선거에서는 현재보다는 보다 더 많은 관심이 소수계 유권자에게 의존될 것이다.' '향후 우리는 구시대적인 정치지도자는 사라지고 지지기반을 위하여 장벽을 타파할 수 있는 진정한 미래지도자를 만날 수 있을 것'이라고 장담한다.

04. 조세 시스템

다음은 로스앤젤레스 시의 조세 시스템에 관해 질문한 내용들에 대하여, 조세 및 허가증 발급실(Tax and Permit Division)에서 보내온 답변과 기타 내용 등을 정리한 것입니다. 질문과 답변 내용은 다음과 같습니다.

1. 전체 판매세 중 시에 배당되는 몫은 몇 퍼센트 입니까?
: 전체 판매세인 8.25%에서 1%가 시에게로 배당됩니다.
2. 전체 소득세 중 시에 배당되는 몫은 몇 퍼센트 입니까?
: 시는 소득세를 가지지 않습니다. 소득세에 관해 자세히 아시려면 주 소득세에 관해서는 the State Franchise Tax Board에 연방 소득세에 관해서는 the Internal Revenue Service에 연락하시기 바랍니다.
3. 전체 재산세 중 몇 퍼센트가 시에 돌아갑니까?
: 재산세는 카운티가 관리하며 전체의 28%를 시로 보냅니다.
4. 사업세의 몇 퍼센트를 시가 갖게 됩니까?

: 시는 시가 책정한 사업세의 전부를 갖게 됩니다.

5. 사업세에 있어 시와 주 그리고 연방정부와의 관계는 어떻게 됩니까?

: 4번의 답과 같이 사업세는 전액 시가 관리합니다.

6. 사업세의 비율은 얼마입니까?

: 사업세의 비율은 사업의 종류와 규모 그리고 매출액에 따라 다양하며, 더 자세한 사항은 동봉한 'The Business Tax Ordinance Book'과 'Business and Other Taxes'를 참고하시기 바랍니다.

(몇 가지 대표적인 예를 들자면, 일반적으로 소매업의 세금은 처음의 7만 5천 불 미만에 대하여 110불86전을 부과하며 그 이상일 경우 1000불당 1불48전을 부과합니다. 도매업은 처음의 10만 불 미만에 118불25전을 부과하며 그 이상일 경우 1000불당 1불18전을 부과합니다. 총기 및 화약류 판매업의 세금은 처음 1만 8천 불 미만에 대하여 106불43전을 부과하며 그 이상일 경우 1000불당 5불91전을 부과합니다. 어린이 놀이방과 탁아소 등의 세금은 처음 2만 불 이하에 23불65전을 부과하며 그 이상일 경우 1000불당 1불18전씩을 부과합니다. 전문직들의 경우는 처음 1만 8천 불당 106불43전의 세금을 부과하며 그 이후는 1000불당 5불91전을 부과합니다. 이러한 업종의 정의는 사업세조례에서 하고 있습니다.)

7. 재산세의 비율은 얼마입니까?

: 재산세와 관련한 질문은 카운티의 Assessor's Office에 연락하시기 바랍니다(Assessor's Office에 연락결과 자세한 재산세는 일반도서관에 비치된 Revenue & Taxation Code 책을 참조할 것을 권하였습니다. 재산세의 평균은 1.25%이지만, 지역과 규모에 따라 비율을 달리합니다.)

8. 이러한 세금들은 누가 관리합니까?

: 판매세 - 주정부, 재산세 - 카운티 정부, 사업세 - 시정부, 소득세 - 주정

부와 연방정부

9. 각종 세들의 비율의 결정은 누가 합니까?

: 사업세의 책임을 지닌 시는, 시의회가 사업세의 비율 결정의 권한을 갖습니다. 소득세에 관해서는 2번 답변에 나온 담당부서에 연락을 하시기 바라며, 판매세는 the State Board of Equalization에서 행정을 책임지며 재산세는 the County Assessor's Office에서 관리합니다(일반적으로 판매세는 주의회가 소득세는 국회에서 결정합니다).

10. 공공요금의 사용자세 10% 중 얼마만큼의 비율이 시정부에 돌아갑니까?

: 사용자세의 100%가 시정부에 돌아갑니다.

11. 만일 모든 가스비가 남가주가스회사에 의해 관리된다면 가스의 사용자세는 어떻게 됩니까?

: 공공요금의 사용자세는 사용자의 거주지에 따라 다양한 회사들에 의해 징수됩니다. 그러나 어느 회사가 징수하는가에 상관없이 사용자의 거주

05. 종교단체 과세

세수 증대는 지방 자치단체나 주 정부 및 연방 정부 모두에게 매우 중요한 과제 중의 하나이다. 특히, 재정 자립도가 높은 미국 도시들의 경우 재원 조달의 주요 수단으로서의 세금의 중요성이 절대적이라 할 수 있다.

여기에 소개하는 내용은 세수 증대를 위해 그동안 면세 대상이던 비영리단체에게도 재산세를 부과하고자 하는 법안을 상정한 콜로라도주에 대한 찬반양론의 신문기사를 요약-정리한 것으로, 세수 증대와 조세 형평의 측면에서 우리시의 세정에도 참고가 되리라 사료된다.

1. USA TODAY(Oct., 11 1996) 보도 내용

미국의 지방정부는 교회를 포함한 비영리단체의 재산세 징수를 위한 방법을 모색하고 있다. 콜로라도주는 11월 5일에 열리는 투표에 의해 비영리단체의 재산세 납부사항이 결정되는데, 만약 이 의안이 통과되면, 콜로라도는 미국 최초로 교회에 재산세를 부과하는 주가 된다. 이 안에 대한 반대자들은 이 안이 교회와 주정부의 분리기능을 약화시킬 뿐만 아니라 법정시비로 번질 것이라고 주장했다.

그러나 메인주의 포트랜드시의 시의원인 올란도 델로그는 비영리단체의 면세 혜택의 중지를 요구했으며, 이 의안의 동의자들은 병원이나 박물관 같은 면세기관도 시의 서비스에 대해 과세를 지불해야 한다고 주장하고 있고, 자신들이 믿지 않는 종교기관을 면세혜택으로 후원할 필요가 없다고 말했다.

이미 많은 지방정부들은 비영리기관의 혜택을 좁혀가고 있으며 많은 시들은 부분적인 세금을 과세하거나 시 서비스에 대해 요금을 부과하고 있다.

예를 들어 필라델피아의 경우, 대부분 병원과 대학교로 구성되어 있는 비영리단체는 그들이 만약 면세가 되지 않았을 경우 납부해야 하는 재산세의 40%를 납부하기로 동의하였다. 두 번째 메인주의 경우 주의회에서 시정부가 비영리기관에 요금을 부과하는 안을 제의했다. 그러나 대부분의 돈이 빈민구제를 위해 쓰이는 자선사업단체는 이 안에서 제외된다. 세 번째 경우, 47%의 재산세가 면세혜택인 버펄로에서는 10월 1일 날짜로 쓰레기수거세가 교회를 포함한 모든 단체에 적용됐다.

이러한 과세 확대의 경향에 대해 자선사업가들은 보다 더 많은 자선사업 및 활동이 요구되는 이 사회에, 위와 같은 과세는 자선사업의 길을 막게 할 것이라고 말했다. 또한 콜로라도의 한 담당자에 의하면 위의 안이 통과되면 콜로라도의 700여 개 교회와 많은 수의 자선사업단체가 문을 닫게 될 것이라고 예측했다.

2. 비영리단체의 재산세 납부에 대한 지상 토론
(USA TODAY October 17, 1996)

가. USA TODAY의 의견

콜로라도시의 비영리단체에 대한 재산세 징수제안은 지나친 방침이라고

여겨지지만, 비영리단체의 시 서비스에 대한 기본적인 요금 지불은 필요하다고 본다.

콜로라도시는 오는 11월의 투표에 의해, 현재 적용되고 있는 교회를 비롯한 비영리단체의 재산세 면세 여부가 결정된다. 또한 콜로라도시뿐만 아닌 Rye, N.Y.에서도 과세 사정인들의 비영리 은퇴단체에 대한 과세가 요구되고 있으며, Main주의 주세금 위원회는 각 시별로 비영리단체에 요금을 부과하고 있다.

위와 같은 사실은 미국사회의 점점 냉정해지는 단면을 보여주는 것인가? 비영리단체를 일반기업으로 취급하여 그들이 제공하는 특별한 서비스의 중요성을 잊게 될 수도 있는 콜로라도시의 제안은 지나칠 정도이다. 하지만 비영리단체의 급격한 성장에 의한 다른 사회단체의 압축은 이들의 면세혜택에 대한 의문을 제기할 수 있는 타당한 근거가 될 수 있다고 본다.

1975년 이래 비영리단체의 총소득이 전국 수입의 5.9%에서 10%로 증가하였다. 구체적으로 1975년도에는 교회와 사기관을 제외한 지역사회 병원, 서비스그룹, 교육기관, 적십자, 양로원 등을 포함한 비영리단체의 총수입은 세무 공무원이 지역서비스로 걷는 세금과 같은, 천억 달러를 못 미치는 금액에 불과했지만 현재의 비영리단체의 총수입은 지방정부세금보다 천억 달러가 더 많은 오천억 달러를 넘고 있다.

이와 같은 비영리단체의 총수입은 세금을 내야 하는 영리기업의 경쟁종목인 보육원, 캠핑, 여행, 들짐승과 들새비디오 등의 판매를 통해 이루어지고 있다. 이 경쟁에서의 비영리단체의 판매승리는 지역사회의 세원을 고갈시키고 있다. 지난 10년 동안에 플로리다와 로드랜드의 비영리단체 소유의 땅의 가치가 300%나 증가되었다. 필라델피아와 다른 많은 시 전체 사유지의 25%에서 50%가 비영리단체의 소유로 되어 있다.

결과적으로 일반 주민과 사업가들은 자기 자신들은 물론 증가되는 비영

리단체를 위한 서비스 유지를 위해 1년에 40불에서 100불까지 추가로 세
금을 내고 있는 셈이 된다.

이 시점에서 가장 필요한 것은 가장 소규모 단체를 제외한 비영리단체
들이 그들이 받고 있는 서비스에 대한 요금을 내게 하는 계획이다. 버펄
로, 뉴욕 등은 현재 쓰레기 제거요금을 부과하고 있으며, 경찰서와 소방서
의 서비스 요금도 부과될 것으로 여겨진다. 큰 규모의 비영리단체일수록
더 많은 요금이 부과돼야 한다. 콜로라도의 제의안과는 달리 교회와 다른
자선단체에는 더 많은 요금이 부과되지 말아야 한다. 왜냐하면 그들은 알
맞은 부지에 적절히 위치하고 있기 때문이다.

또 다른 답은 필라델피아의 계획이다. 필라델피아는 비영리단체에 선택
의 기회를 준다. 그들은 감소된 재산세를 물거나 아니면 그들이 다음과
같은 다섯 가지의 일을 하는지를 증명하는 것이다. 앞서가는 자선 목적
설정, 다량의 서비스공급, 도움을 필요로 하는 사람들에 대한 적절한 혜택,
지방정부 서비스의 의무감소, 이익을 남기지 않는 운영방침이 이 다섯 가
지 종목이다. 대부분이 감소된 재산세납부를 선택한다.

이 두 가지 경우 비영리단체는 단지 공정한 요금만을 내게 되는 것이며
다른 일반세금납세자들도 불공평하게 과세를 강요당하지 않게 될 것이다.

나. 반대의견

**이 사회는 계속해서 비영리단체들의 더 많은 활동을 요구하고 있으니 우
리들의 이렇게 요구되는 지역사회활동을 중단시키지 않기를 바란다.**

오늘밤도 이만 팔천 명이 국제구호재단에서 취침을 할 것이다. 이 예는
어떻게 비영리단체가 세금납부자의 수만 불을 절약해주는 중요한 서비스
를 제공하고 있는지를 전적으로 보여주고 있다. 미국의 강점은 교회와 자
원봉사자단체의 역할에 있어 왔다. 영국의 식민지시대의 메사추세츠주에

서는 교회의 목사관이 여행객과 잠자리가 필요한 사람들을 위한 지역사회 여관같이 이용되었다. 이러한 서비스가 제공되었기 때문에 교회와 자선사업단체는 재산세 면세 및 다른 혜택을 받게 되었다. 오늘날, 영적 도움 이외에도 교회는 보육원, 식량저장소, 학과 후 교육프로그램, 마약퇴치프로그램 등의 많은 서비스를 제공하는데, 이러한 서비스는 정부에서 운영되는 프로그램에 비해 훨씬 더 좋은 결과를 낳고 있다.

180여 년 전에 대법원장 죤 마샬이 '과세의 힘은 곧 멸망의 힘이다'라고 말했다. 이러한 이유 때문에 콜로라도의 법률수정조항11은 비영리단체에 커다란 이슈가 되는 것이다. 수많은 사람들이 기대왔던, 사회적, 물질적, 종교적인 프로그램을 제공하는 단체들이 위험에 처해질 것이다. 콜로라도의 덴버 구제기관과 푸에블로의 웨이사이드 크로스 가스펠 구제기관은 집이 없는 사람들을 위해 매일 문을 열어놓고 있다. 이 기관들은 음식과 잠자리를 제공할 뿐 아니라 이들이 생산적인 사람들이 되도록 돕고 있다. 기관 직원들의 희생적인 삶으로 정부가 수많은 지역사회프로그램에 들이는 많은 비용을 절약하게 해줌을 고려해 볼 때, '과연 이러한 테레사여인들에게 과세가 좋은 결과를 가져오는가?'라고 물어보고 싶다.

나는 1974년부터 1989년까지 시애틀의 유니온 가스펠 기관에서 총책임자로서 일했다. 이기간 동안 시애틀 시에서는 시 재정안정을 위해서 많은 방법을 모색했다. 결론적으로 우리는 인도에 걸려진 모든 구조물에 대해서 요금을 부과해야 했고, 특히 빈민자들에게 도움을 주기 위한 사인에 대해서도 요금을 물어야만 했다. 정부기관이 직면하고 있는 재정적인 고충을 이해하며 시의 서비스에 대한 적절한 조치 또한 필요하다고 생각한다. 하지만 콜로라도의 제안은 비생산적이라고 여겨진다. 정부기관의 활동이 줄어지면서 구제기관과 같은 성공적인 비영리단체의 할 일이 더 많이 요구되는 이 시점에서 비영리단체에 재산세를 부과하는 것은 큰 실수임에 틀림없다.

 * 이 글의 저자 Stephen E. Burger목사는 켄사스시에 본부를 두고 있
는 국제 연합가스펠 기구의 총책임자이다.

다. 찬성 의견

 **일반세금납부자들은 자신들이 모든 과세를 물어야 하는 것에 대해 몹시
지쳐 있다. 이 무거운 과세의 짊을 나누어지도록 하자.**

 이것은 간단히 공평성의 문제이다. 콜로라도 법률수정안은 비영리단체
가 그들의 전기비, 수도비, 가스비, 전화비 등과 같이 많이 쓸수록 많은
비용을 내는 재산세를 내야 한다는 것이다. 콜로라도의 일반 세금납부자
들은 비영리단체의 경찰과 소방서비스 요금을 지불하고 있는 동시에 이들
은 또한 비영리단체의 재산세 면세에 의해 학교, 도서관 및 다른 지역사
회서비스 자금공급에 있어서 높은 과세를 내야 하는 상황에 처해 있다.
 많은 주에서 비영리단체가 수억 달러 가치의 면세부동산을 소유하고 있
다. 예를 들면 콜로라도의 교회와 종교집단이 주의 전체 개인재산인 50억
달러 중의 80%를 소유하고 있다. 위와 같은 실정이 일반 세금납부자들에
게는 비영리단체의 제산세 면세 혜택 여부에 대해서는 선택권을 없게 만
들었으며 결과적으로 막중한 과세의 짐을 지게 했다. 우리가 제안한 이
수정안이 이 모순을 고칠 것이다. 모든 사람이 공평하게 부과된 세금을
내게 될 것이며 일반세금납부자들은 그들의 선택에 의해서 자선 사업을
후원하게 될 것이다.
 빈민자를 위한 비영리단체는 여전히 면세 혜택의 자격이 주어지며 이러
한 인간적 서비스를 제공하지 않는 단체는 면세 혜택의 자격에서 제외될
것이다. 많은 자선사업체는 이미 주인을 통해 재산세를 지불하기 때문에
더 이상의 세금을 내지 않아도 된다.
 반대자들은 이러한 조치가 비영리단체의 문을 닫게 할 것이라고 보지만,

우리는 여기에 동의하지 않는다. 우리는 비영리단체의 절약경제가 이뤄진다면 보다 나은 경영 업무의 결과를 기대할 수 있을 것이라고 본다. 몇몇 교회는 통합할 수도 있을 것이며, 대부분의 국가차원의 조직은 수만 달러의 순수이익을 공개하여 이들의 지역 재산세 징수로 이어질 수 있다.

우리들의 법률수정안은 단지 부동산과 세일뿐이다. 비영리단체는 여전히 정부로부터 다른 혜택을 받을 것이다. 예를 들면 세금공제 기부금, 우편요금의 할인, 주와 연방정부의 소득세 면세, 자본 취득세 면세, 가스, 자동차 유지와 상속세 면세 등이다.

학교와 시는 비영리단체의 부동산에 대한 면세혜택으로 인해 빠듯한 재정난으로 어려움을 겪는다. 이러한 상황에서, 우리는 공평한 세금제도가 그 답이라고 생각한다.

* 이 글의 저자 John Patrick Michael Murphy는 **콜로라도시민의 공평한 제산세 납부 단체**의 회장으로 일하고 있다.

06. California 조달시장

1. 정부조달시장 개관

General Agreement On Tariffs and Trade(GATT) 종식 이후 출범한
World Trade Organization(WTO)은 UR의 기초하에 GATT에서 제외되
었던 정부조달협정(Government Procurement Agreement)을 체결함으로
써 가입국들의 연방 및 주정부 조달시장에 관한 국제무역을 자율화하였다.
정부조달시장의 부분적 개방은 1979년 동경라운드에게 협정되긴 하였지만
중앙정부의 조달금액 중 일부(13만 SDR[1])만 포함하며 통신, 전력, 상. 하
수도, 운송 분야 등 주요공공부문과 서비스, 건설부문은 포함되지 않았었
다. WTO에 의한 GPA에는 '79년 구협정의 23개 참가국 중 홍콩과 싱가
포르가 제외되고 한국이 가입함으로써 22개 국이 참가하고 있으며 1996년
1월 1일부터 발효되었다.

---

1) SDR: Special Drawing Rights, 국제통화기금의 화폐단위

가. 분야별 조달 실적

캘리포니아 주정부의 조달시장규모는 1995회계연도[2])에 약 40억 불에 달했으며 이는 기업의 지출규모와 비교해 볼 때에 'Fortune이 선정한 50 대기업' 중 GM과 Ford에 이어 3위를 차지할 정도이며, 뉴욕주와 함께 50개 주 중 가장 큰 규모의 조달시장을 보유하고 있다.

1995년 캘리포니아 주정부는 40억 불에 달하는 전체 정부조달물자 중 약 17%에 해당하는 U$670백만을 중앙조달청을 통해서 구매하고 나머지는 각 지방 사무소(Local Agencies)에서 개별적으로 구매한 것으로 파악되었다.

캘리포니아 조달청은 각 지방사무소 조달품목들에 대해 정확한 통계를 집계하고 있지 않고, 입찰 또는 거래별 기록만을 보관하고 있다. 따라서 캘리포니아 주정부의 지방소재 사무소의 조달에 관한 자세한 내역은 추적이 불가능하고 중앙조달청의 조달시장규모에 대한 자료 조사만 가능하였으며, 동 내역은 아래와 같다.

캘리포니아 중앙 조달청의 품목별 조달시장규모

(1994년 7월 1일 - 1995년 6월 30일)

품 목 별 구 분	입찰 또는 거래 횟수	조달규모 (단위: 백만 불)
FOOD	3740	106.5
ELECTRONIC DATA PROCESSING	359	203.4
MEDICAL DENTAL VET EQUIP SPLY	310	49.8
FUEL LUBRICANT OIL & WAX	11	25.3
ROAD CONSTRUCTION MATERIAL	371	26.0
TIRE & TUBE	3	7.2
AGRICULTURE	24	9.1
OFFICE SUPPLY & DEVICE	147	10.7

---

2). '94.7.1부터'95.6.30까지의 기간

품 목 별 구 분	입찰 또는 거래 횟수	조달규모 (단위: 백만 불)
TEXTILE	35	9.0
COMMUNICATION EQUIPMENT	95	18.1
CONTAINER PACKAGE PACK SUPPLY	21	5.7
SIGN MARKER BARRICADE	30	8.7
FURNISHING HOUSEHOLD/COMMERCIAL	42	8.4
FOOD PREPARATION/SERVING EQUIP	87	5.6
PRINTED MATTER & PUBLICATION	281	7.4
CONTROL ALARM & SIGNAL SYSTEM	37	6.5
PHOTOGRAPHIC EQUIP & SUPPLY	31	3.3
INSTRUMENT LABORATORY EQUIP	173	9.8
LAW ENFORCEMENT	39	3.0
OFFICE MACHINE	58	4.0
CLEANING EQUIPMENT & SUPPLY	34	2.7
VEHICLE TRAILER & CYCLE	180	26.9
HEAVY CONSTRUCTION & ROAD EUIP	51	4.7
SPECIAL INDUSTRY MACHINERY	42	2.3
MATERIAL HANDLING EQUIP	35	1.1
LIVE ANIMAL	46	6.7
HAND TOOL	16	1.7
BLDG 7 CONSTRUCTION MATERIAL	27	1.6
PAINT BRUSH SEALER ADHESIVE	12	3.6
VOICE COMMUNICATION	45	2.9
LIGHTING FIXTURE	18	1.7
FURNITURE	57	3.6
RECREATIONAL ATHLETIC EQUIP	17	6.9
SERVICE & TRADE EQUIP	37	1.1
EMERGENCY FIRE & RESCUE EQUIP	14	0.5
PREFAB STRUCTURE SCAFFOLDING	20	1.4
REFRIGERATION A/C AIR CIR EQP	23	1.0
ELECTRICAL COMPONENT	8	0.8
CLOTHING INDIVIDUAL & SPECIAL	15	2.5

품 목 별 구 분	입찰 또는 거래 횟수	조달규모 (단위: 백만 불)
AUDIO & VIDEO EQUIP & SUPPLY	43	1.4
PUMP	5	0.5
ELECTRICAL POWER/DISTR EQUIP	22	3.1
LAMP	4	2.5
AIRCRAFT & AIRFRAME COMPONENT	3	1.3
METAL WORKING MACHINERY	11	0.4
PAPER & PAPER BOARD	26	19.7
PERSONAL CARE PRODUCT & DEVICE	5	0.3
MAINTENANCE REPAIR SHOP EQUIP	19	0.6
VEHICULAR EQUIPMENT COMPONENT	52	3.6
PLUMBING HEAT SANITATION EQUIP	9	0.3
CHEMICAL	27	4.6
BATTERY	5	0.8
HARDWARE	8	0.7
PIPE TUBING HOSE FITTING	4	0.2
SHIP MARINE	14	2.8
METAL	4	0.6
VALVE	7	0.4
COMPRESSOR	9	0.2
LANDSCAPING EQUIP & TOOL	23	1.0
PHOTOCOPIER & SUPPLY	159	7.1
SAFETY EQUIPMENT	1	0.05
IND MECH POWER TRANSMISSION	1	0.06
WEAPON	7	0.1
MISCELLANEOUS	9	0.3
WATER PURIF SEWAGE TREAT EQUIP	2	0.06
NON-METALLIC CRUDE MATERIAL	2	0.4
ROPE CABLE CHAIN FITTING	1	0.03
AMMUNITION EXPLOSIVE	7	1.1
FURNACE STEAM & DRYING EQUIP	1	0.02
ELECTRONIC PART & ACCESSORY	1	0.01

품 목 별 구 분	입찰 또는 거래 횟수	조달규모 (단위: 백만 불)
MUSICAL INSTRUMENT ACCESSORIES	1	0.04
NON-METALLIC FABRICATED MATL	3	13.8
WOODWORKING EQUIPMENT	2	0.3
TRAINING AND DEVICE	3	0.2
SERVICE	1	0.06
PRINTING PUBLISHING ALLIED IND	1	0.2
FOOD PREP SERVING EQUIP	1	0.01
AIR PURIFICATION EQUIPMENT	3	0.05
합 계	7,097건	$670,173,632.49

자 료: 캘리포니아 주정부 조달청, Purchase Report(1996년 9월 20일 발표)

상기 통계는 캘리포니아에 소재하는 각 시와 카운티에서 조달된 품목은 포함되어 있지 않으며, 캘리포니아 주에는 5,000개의 Special District, 470개의 도시, 58개 County가 있으므로 이들 지방 자치단체의 조달시장을 감안하면 캘리포니아 전체 지방 자치단체의 조달시장규모는 주정부의 조달시장규모의 두 배가 넘는 것으로 추정되고 있다. 한 예로 1994회계연도 각 시와 카운티(San Fransisco 시와 S.F County 제외)의 지출합계는 약 100억 불[3]에 달했으며 임금 및 비조달시장 품목을 제외하더라도 주정부의 조달시장과 거의 비슷한 규모가 되는 것으로 추산되고 있다.

나. 개 방

World Trade Organization(WTO)의 Government Procurement Agreement (GPA)는 1996년 1월 1일부터 효력을 발생하기 시작하였으며 이에 캘리포니아 주지사 Peter Wilson은 미국의 무역대표부와 연방정부 조달청의 WTO규범준수에 호응하도록 캘리포니아 주 내 각 지방 자치단체에 지침을

---

3) 자료: Annual Report of Financial Transaction, California Controller's Office 집계

시달하였다.

　캘리포니아의 주정부는 GPA가 효력을 발생하기 이전부터 주정부의 조
달시장은 개방되었으므로 GPA효력 발생 이후 별다른 준비를 하지 않고
Internet에 'California Contract Register'[4]를 게재하여 입찰 및 낙찰에 관
한 모든 정보를 공고하는 등 폭넓은 광고만을 하고 있다고 전하고 있다
캘리포니아 주정부는 1996년 8월 23일, GPA에 관한 캘리포니아의 입장을
밝히며 입찰에 있어서 GPA 회원국들에 대한 차별대우가 없을 것이라는
다음과 같은 내용을 발표하였다.

Non-Discrimination Toward WTO GPA Signatories-This
solicitation is subject to the requirements of the World Trade
Organization(WTO) Government Procurement Agreement(GPA). All
bidders offering products or services of countries that are signatories
to the WTO GPA and that have agreed to cover reciprocal
subcentral coverage under the WTO GPA will be accorded non-
discriminatory treatment in the award of contracts under this
solicitation. These countries include the member states of the
European Union(Austria, Belgium, Denmark, Finland, Germany,
Greece, Ireland, Italy, Luxembourg, Netherlands, Portugal, Spain,
Sweden, and the United Kingdom), Israel, Japan, Korea, Norway, and
Switzerland.

　주정부의 조달을 담당하고 있는 Department of General Services의
Procurement Division은 US$500,000 이상 규모의 일반상품 및 서비스와

---

4) Office of Small and Minority Business에서 발행하는 잡지이며 관계기관을 통
　해 구독할 수 있으며 Internet에 게재되어 있으므로 전 세계 어느 곳에서나 열
　람할 수 있다.
　Internet Address: dgs.ca.gov

US $7,300,000규모 이상 건설공사에 외국 업체들의 조달참가와 관련한 법규[5]를 입법화할 예정인데 그 내용은 현재까지 검토 중이므로 현재까지 구체적인 내용을 외부에 유출하지 않고 있다. 또한 관계자에 의하면 한때 유행하던 'BUY AMERICAN'정책(슬로건)은 더 이상 존재하지 않으며 기존에 존재하는 규정 중 WTO의 GPA와 상반되는 내용은 더 이상 적용되지 않고 있다고 전하고 있다.

2. 기관별 조달현황 및 주요품목과 계약형태

캘리포니아 주정부의 모든 지출내역은 California Controller's Office에 보고되며 이곳에서 부서별 자료를 집계하여 캘리포니아 주의 총계를 작성한다. California Controller's Office[6]에 의하면 이들의 통계에는 정부조달에 관한 내역은 제외되고 전체 지출만 집계되고 있으므로 기관별 조달현황 조사는 현실적으로 불가능하다는 입장을 표명하고 있다.

주정부에서 구매하는 품목은 Standard Industry Classification(SIC)의 처음 두 자리 숫자[7]를 이용하고 있다(자세한 분류 내용은 Pre-Qualification 설문지를 참고하기 바람). 기관 및 부처에 관계없이 주정부에서 주로 구매하는 제품의 품목은 다음과 같다.

건설: 건물 신축 및 건물유지를 위한 청소도구, 장비, 하수도, 에어컨,
　　　 카펫, 전등 등.
사무용품: 가구, 컴퓨터, 사무용기계 및 필기도구 등.

---

5) 담당자는 Tim Taylor이며 Procurement Division에서 외국 업체의 주정부 조달관련 특혜제도를 고안 중임 연락처는 본인의 요청에 따라 공개하지 않았음.
6) 각 기관의 지출내역은 Annual Report of Financial Transaction에 보고되어 있지만 임금 등을 포함하고 있으며 조달시장규모만을 추려내기가 불가하였음.
7) 1부터 21까지이며 분류를 폭넓게 하고 있다

병원 및 의과대학: 교육용시설, 실험실, 의료기구, 침대, 음식 등.

공원, 삼림 및 농장: 씨앗, 농약, 연장, 산에서 사용되는 장비 등

운송기구: 자동차, 가솔린, 엔진오일, 교환용 부품, 타이어, 건전지 등.

고속도로: 고속도로 신설 및 유지, 표지판 등

3. 주정부의 정부조달제도

가. 개 관

캘리포니아 주 조달청(General Services, Procurement Division)은 입찰을 통해 대부분의 소요물품을 조달한다. 절차와 방법은 품목에 따라 약간의 차이는 있으나 항상 여타 입찰에 비해 경쟁률이 높은 것으로 파악되고 있다. 조달청은 자세한 입찰사례별 조달시장 정보에 대해서는 공시는 하고 있지 않으나, 주정부 조달청(Sacramento 소재)에서 개인적인 열람은 가능하며 캘리포니아 주 내에 정부조달시장에 대한 정보를 유료로 조사해 주는 곳이 있어 관심업체들에게 동업체의 이용을 권장하고 있다.

나. 입찰종류 및 방법

캘리포니아 주는 모든 부처의 US $100 이상의 거래에 대한 내용을 중앙조달청에 보고하도록 지출행위를 규제하고 있으며, 구매를 필요로 하는 기관 또는 부처에서 필요에 의해 상표 또는 업체를 지명하는 경우를 제외하고는 예상구매가가 US $10,000 이상일 경우 최소한의 입찰을 통해 구매하도록 정하고 있다. 또한 예상 구매가가 US $15,000 이상이면서 입찰을 거치지 않고 수의 또는 지명에 의해 조달되는 경우 State Board of Control에 의무적으로 보고를 하게 함으로써 정부조달에 있어 비리 등 탈·불법행위를 철저히 근절시키고 있다.

예상구매가별 기본적 입찰방법을 살펴보면 다음과 같다.

1. 제품 또는 용역의 예상구매가가 US$15,000 미만일 때: 전화, 인편
   또는 우편을 이용하여 가격을 제출하는 등 간편한 절차를 통해 입찰
   을 행함.
2. 제품 또는 용역의 예상구매가가 US$15,000 이상일 때: 모든 일반인
   이 참가할 자격이 주어지며 일정 시간 및 장소에서 비밀입찰(Sealed
   Bid)이 시행된다. 특별한 양식이 사용되며 응찰을 원하는 업체는 제
   공하려는 제품 및 서비스의 자세한 내용, 제공시간 및 방법 등을 필
   수적으로 사전 통보 및 제출해야 하며 필요한 양식은 조달청에서 우
   편으로 또는 직접 방문을 통해 제공받을 수 있음.
3. Electronic Data Processing관련 $250,000 미만의 구매: 입찰공고기
   간이 짧으며 절차가 대체로 간단함.
4. Electronic Data Processing관련 $250,000 이상의 구매: Sealed Bid
   가 시행되며 복잡한 절차를 거치게 됨.

다. 입찰참가요건 및 자격

입찰에 응찰을 원하는 업체는 입찰 신청 전에 다음의 자격을 갖추었는
지 확인을 해야 한다.

1) 입찰업체는 1년 이상 해당업종에서의 종사기록이 있어야 함
2) 업체의 모든 재무기록은 정확하고 진실해야 하며 추후 입찰시행기관
   으로부터 제출한 재무관련 서류에 대해 조사를 받을 수도 있음.
3) 캘리포니아에서 영업활동을 하고 있는 모든 업체는 주정부의 Secretary
   of State[8]에 등록을 필해야 함.
4)[9] 타 주에 위치하는 업체는 캘리포니아에서의 판매실적, 영업소 위

치, 대표자 등을 정확히 기입해야 하며 캘리포니아의 주법(California Code of Regulation) Section 1890(b)(2)에서 다음과 같이 규정하고 있음.

"Vendors/suppliers may be prequalified to receive bid invitations for purchases for delivery within those market areas of the State in which the vendors/suppliers regularly conducts his business. If a vendor/supplier applies for prequalification outside the normal market area in which his offices, warehouses or other facilities are located, he shall show evidence of satisfactory service to accounts located within each of the market areas for which he is requesting prequalification.

캘리포니아 주는 상기 자격을 갖춘 업체일지라 하여도 주정부에 납품한 제품이나 용역의 품질이 요구되는 수준에 미달되는 경우 승인을 일시적 또는 영구히 취소할 수 있다. 주정부에 의해 승인 미달판결을 받은 업체는 처음에는 90일간 승인업체의 목록에서 제외되어 정부조달 참가가 금지되며 두 번째부터는 영구히 승인이 취소되어 승인취소 후 입찰대상업체목록에서 제외된 업체는 새로 승인신청을 할 수 없다.

라. 입찰절차

캘리포니아 주 정부조달 입찰에 참가하기 위해서는 먼저 캘리포니아 주정부에서 요구하는 설문지[10]를 작성해야 한다. Department of General

---

8) 연락처: 916-657-5448. 자세한 내용은 캘리포니아 투자환경 조사보고서를 참조하시기 바람.

9) 본 조항은 WTO의 GPA가 승인되기 이전에 발표되었으므로 캘리포니아 주정부는 이 조항을 무시해도 좋으며 조만간 새로운 규정을 제정할 것이라 전하고 있다.

10) 설문지는 유첨자료에 첨부되어 있으므로 참고하시기 바람.

Services(DGS)는 설문지를 검토한 후 승인절차를 시행하게 되며 승인받은 업체에게만 입찰참가 자격이 주어지며 참가자격을 부여받은 업체는 일정기간 동안 자동으로 관련산업 입찰공고 내용을 우편을 통해 받게 된다.

프린팅, Electronic Data Processing(EDS), 텔레커뮤니케이션을 제외한 여타 서비스에 관련한 납품업체의 리스트는 주정부에서 장기간 동안 보관하지 않고 있으므로 일반적으로 일 년에 한 번씩[11] 설문지를 작성·제출해야 한다. 자세한 내용은 US $1,000불 이상 규모의 입찰을 게재하는 'California Contract Register'을 참고하거나 이를 발행하는 Office of Small and Minority Business를 접촉해야 한다.

> Office of Small and Minority Business
> 1531 I Street, 2nd Floor
> Sacramento, CA 95814
> Tel: 916-324-6221

입찰적격자로 승인을 받은 업체는 경우에 따라 공채(Bond)를 구입하여야 하며 보통 Bond의 구입을 요구하는 경우는 입찰 후 낙찰자의 제품 및 서비스제공이 의심스럽거나 시간엄수가 필수적인 경우 요구되고 있으나, 건설부문을 제외하고 BOND제공을 요구하는 경우는 많지 않다. 정부조달을 하기 위해 구매해야 하는 Bond는 Bidding Bond, Payment Bond, Performance Bond 등 세 가지가 있다. Bidding Bond는 낙찰된 업체가 용역이나 상품을 제공해야 하는 의무를 이행하도록 하는 목적을 갖고 있으며, 통상 예상되는 용역이나 상품 구매가의 30% 정도이나 입찰을 시행하는 기관에 따라 약간의 차이가 있다.

---

11) 입찰을 주관하는 기관별로 차이가 있지만 일반적 정부납품자격은 평균적으로 일년 동안 효력이 있다.

Payment Bond는 낙찰업체가 노동자 및 Sub-Contractor들에게 서비스에 대한 대가를 지불해야 하는 의무이행을 보장하기 위한 것으로 이는 노동자 등이 낙찰업체에게 노동의 대가를 지불 받지 못하는 경우 정부를 상대로 소송을 제기하는 경우가 많기 때문인 것으로 조사되었다.

Performance Bond는 상품이나 용역의 질을 보장받기 위한 공채이며 정부와의 거래가 많고 신용을 인정받는 업체의 경우 Bond의 구매가 필수적인 것은 아닌데, 이는 정부에서 BOND 구입을 면제해 주는 것이 아니라 동사의 신용을 믿는 Bond업체들이 약간의 수수료를 받고 입찰참여에 필요한 Bond를 대여해 주는 방법을 이용할 수도 있기 때문이다. 상기와 같은 세 가지 공채는 정부에서 요구하는 낙찰자의 의무이행을 보장받기 위한 것이며 이를 이행치 못할 경우 공채구입에 사용된 금액은 정부의 국고로 귀속되게 된다.

마. 입찰정보의 수집

Office of Small and Minority Business에서는 두 달에 한 번씩 'California Contracts Register'을 발행하고 있으며 이 잡지에 $1,000 이상 규모의 모든 입찰을 공고한다. 구독 신청은 Office of Small and Minority Business에 문의할 수 있으며 인터넷에 게재하여 외국인 소유기업도 전 세계 어느 곳에서나 열람할 수 있다. 캘리포니아 주정부의 조달시장에 참가를 원하는 업체는 주정부의 자격심사(Pre-Qualification)를 받아야 하며 통과(승인)된 업체는 일정기간 동안 관련 입찰의 정보(Bid Invitation)를 주정부로부터 직접 우송받을 수 있다.

바. 선정방법

선정방법은 일반경쟁입찰과 커다란 차이가 없으며 낙찰자가 선정될 때까지는 비밀이 보장되며 낙찰자 결정 후에는 낙찰자의 응찰가격 및 상세한 제품사양 또는 용역의 내용이 공개된다. 낙찰자는 일반적으로 주정부의 예산구매단가와 비슷한 수준에서 결정되며, 제품이나 용역의 품질을 보장할 수 있는 업체를 선택하게 된다. 그 밖의 특별한 사항으로는 Minority 조항인데 Minority의 경우 15%, 여성소유 기업의 경우 10%, 상이군인의 경우 5%의 가격초과혜택을 받게 되는 점이다.

사. 이의신청절차

주정부의 조달관련 낙찰자의 응찰가격이 여타 응찰가격과 비교하여 가장 낮지 않은 경우 관련부처 또는 기관은 24시간[12] 이내에 동 사실을 기관건물에 공고해야 한다. 이때 관련부처 또는 기관이 요구하는 사항을 충족시키는 조건을 제시하고 낙찰자보다 낮은 가격으로 응찰한 참가자는 이의신청을 할 수 있으며, 이의신청이 있고, 관련부처에서 낙찰자로서 최종발표를 하기 전일 때는 낙찰자의 최종선정 발표는 자동 연기되며 낙찰자 취소여부는 State Board of Control의 최종결정에 따라야 한다.

아. 특혜제도

캘리포니아 주는 자원재활용업체, 정부가 인정하는 중소기업체 등에게 특혜를 주고 있으며 예상구매가가 $10,000 이상인 경우 재개발구역에 위치하는 업체 또는 고용상태를 유지하기 힘든 업체들에게 특혜를 주고 있다. 상기업체들이 받는 특혜는 특혜를 받지 않는 경쟁업체보다 높은 가격으로 입찰에 성공할 수 있다는 점이며 이들의 가격상한선은 특혜를 받지 않는 업체의 가격을 5% 미만으로 초과하여야 하는 것으로 파악되고 있다. 5%의 혜택을 받는 업체는 혜택을 못 받는 업체의 응찰가격이 100불인 경

---

12) 토요일, 일요일, 공휴일은 제외

우 105불로 응찰할 수 있다. 중소기업 또는 미국에 영주하는 외국인, 여자가 소유한 기업체는 이러한 정부의 특혜를 받을 수 있으며 이를 위해서는 Office of Small and Minority Business에서 발행하는 자격증을 발부받아야 한다.

> Office of Small and Minority Business
> 1531 I Street, 2nd Floor
> Sacramento, CA 95814
> Tel: 916-324-6221
> Fax: 442-7855

캘리포니아 주 조달청은 Minority, Women, 상이군인(M/W/DVBE)에게 15%, 5%, 3%의 가격초과혜택을 제공하고 있으며 M/W/DVBE에 관한 절차와 정책에 관한 교육을 제공하고 있다. 관련 워크숍은 DGS(Department of General Services) 내 Education and Compliance Unit에 문의할 수 있다.

4. 수의 및 지명 또는 예외적인 방법에 의한 조달현황

캘리포니아 주정부는 일반적으로 수의계약 및 지명경쟁입찰과 함께 예외적인 방법을 인정하고 있지 않지만 기존의 제품이나 서비스의 교환 및 수리 시 또는 기존의 제품이나 서비스를 대체할 수 없는 경우 업체를 지명하여 조달을 할 수 있다. 또한 입찰을 통해 제품 또는 서비스를 구매할 시간적 여유가 없을 경우 캘리포니아 주정부는 예외의 경우로 인정, 공개입찰을 통하지 않고 제품 및 서비스를 구매할 수 있다. 예를 들어 건물의 일부가 파손되어 급한 보수가 필요한 경우 주정부는 정식 입찰을 통하지 않고 수의 또는 지명을 통해 조달할 수 있다.

수의 및 지명에 의한 조달의 또 다른 예로서는 California Multiple Award Schedule(CMAS) Program이 있으며 캘리포니아 주정부와 연방정부, 두 곳에 조달수행 경험업체와 두 개 정부로부터 승인[13]을 얻은 업체들은 입찰을 거치지 않고 정부에 납품할 수 있는 기회가 주어진다. 주정부는 CMAS를 이용해 제품이나 용역을 제공하는 업체에게 Contract/Delegation Purchase Order를 발행하여 지명에 의해 업체를 선정하게 되는데 이 같은 수의 및 지명은 컴퓨터 및 관련 소프트웨어, 시스템 등을 구매할 경우 흔하게 발생하는데, 주정부는 CMAS에 기록(승인)된 업체들과 면담을 통해 가장 적합한 업체를 선정하는 것으로 조사되었다. 따라서 입찰의 형식을 거치지는 않지만 제한적인 경쟁은 존재하는 것으로 알려지고 있다.

5. 캘리포니아 주정부의 주요 조달품목: Information Technology

Information Technology는 정보의 유통 및 구매, 필요한 기기를 포함하고 있으며 주정부의 Electronic Data Processing(EDS)관련 구매도 여기에 속한다. 캘리포니아 주를 포함한 미국의 50개 주정부 및 지방정부는 1994년 Information Technology 관련 기기[14]에만 320억 불 상당의 조달을 한 것으로 나타나고 있어 연방정부보다도 큰 규모의 조달 실적을 기록하였으며 여타 제품 또는 서비스보다 큰 비중을 차지하고 있는 것으로 파악되었다. 더욱이 Information Technology 관련 기기를 설치한 후에는 지속적인 정보의 구매가 필요하므로 향후 연방, 주 및 지방정부의 조달품목 중 가장 중요한 품목이 될 것으로 전망되고 있다.

---

13) 연방정부의 승인: Federal General Services Administration(GSA) Multiple Award Schedules.

14) Information Technology 관련 기기는 컴퓨터, 소프트웨어, 시스템 등이 포함되며 정보의 구매는 제외되었음.

6. 우리나라 중소기업의 진출방안과 유의사항

1990년대 이후 미국은 불황의 늪에서 빠져나오지 못하고 있다. 많은 업체들은 이러한 불황에서 탈출하기 위한 돌파구로서 수익성이 보장되는 정부조달시장에 뛰어들고 있으며, WTO에 의해 GPA가 협의되기 이전부터 미국기업 및 외국기업들로부터 미국 주정부 조달시장은 주요시장으로 관심을 받아왔다. 이러한 이유로 정부의 조달시장에 관련한 많은 비리와 로비활동이 현실적으로 존재하는 것으로 알려져 있어 한국의 중소기업체가 미국의 조달시장에 진출하는 데 장애가 되고 있는 것으로 조사되었다.

먼저 미국의 경우 노동조합(Labor Union)의 로비활동이 너무 강해 외국인 노동자를 고용하는 외국기업의 주정부조달 참여가 힘든 것으로 조사되었으며, 특히 노동집약산업관련 조달시장에서 거부반응이 강한 것으로 나타났다. 건설부문 정부조달의 경우 미국의 노동조합은 외국기업의 조달시장 참여를 적극 반대하는 로비를 펼치고 있는 것으로 조사되었다.

두 번째로는 주정부의 특혜를 받는 Minority, Women, 상이군인 등을 내세워 계약을 체결하고 제품이나 용역은 다른 업체에서 제공하는 경우가 비일비재한 것으로 조사되고 있다. 현재 캘리포니아에 소재하는 대규모 건설업체의 대부분은 캘리포니아에 영주하는 외국인, 여자 등의 명의를 이용하거나 회사의 합병형식을 이용해 입찰에 응하여 부당한 이득을 취하고 있다. 특히 Minority의 경우 15%의 가격초과혜택을 받으므로 이들을 이용한 응찰이 불법으로 성행하고 있다고 관계자는 말한다.[15]

또한 Bond의 구매가 필요한 입찰이 빈번하여 정부조달시장에 참가한 경험부족으로 대외적인 신용도를 쌓지 못한 업체는 Bond의 구매가 큰 부담이 되고 있다. 한 예로 건설입찰에 처음 응찰하는 업체는 거의 전체 공사금액에 달하는 현금을 공채에 묻어 두어야 하는 모순이 발생할 수도 있기 때문이다.

15) 흑인들이 경영하는 입찰대행업체도 버젓이 운영되고 있음.

한국 중소기업의 캘리포니아 주정부 조달시장 진출에는 상기와 같은 문제점이 예상되고 있으며 이를 해결하기 위한 최선책으로는 캘리포니아 주에 영주하고 있는 한국인소유 업체를 통해 입찰에 응하거나 종사업종 관련협회가입을 통해 그들의 보호를 받는 방법이 현명한 것으로 조사되고 있다. Minority를 이용하는 이 같은 편법은 Reverse Discrimination을 유발시킬 수 있다고 언론에서 발표하고는 있지만 현재까지는 법적인 제재가 없으며 현지실정에 밝고 정부조달경험이 있는 한인업체를 통하는 경우 가격초과혜택도 받을 수 있는 등 여러 가지 장점을 지니고 있기 때문이다.

또한 한국의 업체가 캘리포니아 주정부 조달시장에 진출하는 경우 한국업체는 Minority로써의 혜택은 없으며 일반 미국인 기업과 동등한 입장에서 입찰에 응하게 된다. 또한 캘리포니아의 주정부는 일반 미국기업 및 혜택을 받지 못하는 외국기업들이 낙찰된 경우 일정한 부분의 하청(Subcontract)을 캘리포니아에 영주하는 Minority에게 할애하도록 하는 강제규정을 두고 있어 한국 업체가 입찰에 낙찰된다 하더라도 계약금액 100%의 매출을 올릴 수는 없게 되어 있다.

7. 현지 에이전트(수입상 등)를 이용한 조달시장 진출방안

캘리포니아 주정부에 조달참가 경험이 없는 한국 업체는 현지 에이전트의 도움 없이는 현실적으로 진출이 어려운 것으로 파악되고 있다. 미국의 시장에 진출하여 해당업종 협회의 도움을 받으면서 현지 노동자를 이용한 노동조합의 보호를 받는 방법이 성공적인 조달시장 참가방안으로 판단되나 이를 위해서는 많은 시간이 소요될 것으로 예상된다. 따라서 현지 에이전트를 이용한 조달시장 진출이 현명한 방법의 하나라고 전문가들은 조언하고 있다. 이는 캘리포니아에는 많은 한인기업들이 정부조달 관련부문에 종사하거나 관심을 갖고 있어 이들을 이용하는 경우 Minority 혜택을 받아 15%의 가격경쟁력을 제

고할 수 있으며 낙찰에 실패하더라도 Minority에 할당되어 있는 Subcontract
의 부분만큼은 재차 참가할 수 있는 기회가 있을 수 있기 때문이다.

조달시장 중 규모가 가장 큰 부분 중 하나인 건설부문에서는 Minority
의 혜택이 더욱 중요시되고 있으며 한국건설업체들이 중동에서 쌓은 명성
을 이용해 미국의 건설관련 조달시장을 공략할 경우 굉장히 유리한 위치
에 설 수 있다는 점에 건설업계 관계자들의 의견이 일치하고 있다.

8. 주정부 조달관련 기관 및 문의처

EDUCATION AND COMPLIANCE UNIT:
관련 민간업체의 조달시장 참여를 장려하는 기관임
    주소: 1823 14th Street Sacramento, CA 95814
    담당자: Judy Whyte
    전화: 916-445-5093   팩스: 916-327-2224

CMAS UNIT, PROCUREMENT DIVISION
    주소: 1823 14th St. Sacramento, CA 95814
    전화: 916-324-8045

CUSTOMER SERVICES UNIT,
REGISTRATION & PREQUALIFICATION SUPPORT
    주소: 1823 14th St. Sacramento, CA 95814
    전화: 916-323-3750   팩스: 916-322-7378
    Procurement Division의 담당자
    Deputy Director   Charles Grady
                    916-445-6943

Standard and Quality Assurance

중앙 조달청 및 각 사무소에서 조달되는 제품 및 용역의 질을 보장받기 위한 부서이며 각 지방사무소의 조달에 대한 조언도 병행하는 기관임.

담당자: Lee Cooper

전화: 916-445-0957

Technology Acquisitions/CMAS

조달관련 구매방법, 입찰방법, 법규 등을 연구하며 외국 업체의 조달시장 참여를 도아주고 있음

담당자: Dennis Ericson

전화: 916-324-2249

Material Service

청소도구, 사무용품 등을 지방사무소에 판매 또는 배분하기도 하며 조달 관련 직원교육 등을 담당하기도 함.

담당자: Dale Garrett

전화: 916-574-2208

Purchasing

Education and Compliance Unit을 포함하며 모든 입찰을 주관함.

담당자: Robert E. Hoover

전화: 916-322-4669

California Acquisition Reform Act

캘리포니아 주정부의 조달관련 현 법규 및 개정을 한눈에 볼 수

있도록 전시하고 있음

담당자: Patricia A. Jones

전화: 916-324-2249

Financial Marketplace

리스를 통한 주정부의 조달참여를 위한 대출을 담당하고 있음.

담당자: Tom Lee

전화: 916-445-5600

CAL-Card/Warehouse Transition

조달을 위한 주정부용 크레팃카드 발부 및 재고관리를 담당하고 있음.

담당자: Gaylord Moulds

전화: 916-323-5766

Procurement 2000

주정부의 조달절차에 관한 법규를 검토하고 신규법규에 대한 연구.

담당자: JoAnne Payan

전화: 916-445-2829

07. 컨벤션센터

1. 조사 내용

사법 및 행정 그리고 재정 분야의 철저한 자치제도를 구현하고 있는 미국
의 주요 자치 도시들은, 도시 내 그리고 도시 간의 경제 및 무역 활성화를
위해 정부 조직 내에 무역 회관(이하 컨벤션센터)을 교통부나 주택부 등과
같이 하나의 부서로서 조직하고 있으며, 각 도시 특성에 맞게 특성화한 운
영 시스템을 구축하고 있는 것으로 나타났다. 본 보고서는 컨벤션센터의 운
영에 있어서 특정 분야에 대한 민간 위탁 경영 방식 등 다양한 경영관리를
통해 지역경제의 활성화 및 시정부의 컨벤션센터 운영에 따른 재정 결손에
대처하고 있는 LA 컨벤션센터의 조직 및 운영 실태에 관한 것이다.

무역협회가 컨벤션센터를 운영하는 서울시의 경우와는 달리, LA에 소
재한 컨벤션센터는 시정부 운영 부서의 한 분과로서 공항부(Department of
Airport)와 항만부(Department of Harbor) 등과 함께 시의 수익성 사업부
서 중의 하나로 시정부의 관할하에 있다. LA 컨벤션센터는 주택부나 교

통부 등과 마찬가지로 시 법령에 그 부서의 설치가 명시되어 있으나, 그 운영의 감독에 있어서 시 자체 운영위원회를 두는 여타 부서와는 달리 시 외부 관련 단체가 참여한 시민 위원회가 그 업무를 담당하도록 하고 있다.

LA 컨벤션센터는 명백히 시 조례가 규정한 시정부의 한 부서로 규정되어 있으나, 지속적인 재정 결손 및 시설 확장에 따른 새로운 경영 혁신의 필요에 따른 시정부의 자구책으로 그 운영에 대한 관리를 1993년 이래 The Los Angeles Convention and Visitor's Bureau(이하 LACVB)라는 민간이 주체가 되는 기구에 마케팅 분야의 경영을 위임하고 있으며, 매 2년마다 이 기구의 행사 유치 및 경영 실적에 따라 그 위탁을 연장할 수 있도록 하고 있다. 본 보고서에서 다룰 3가지 주요한 의제 및 조사 내용은 다음과 같다.

- 설치 목적 및 기대 효과
- 시설 현황 및 사용 실태
- 인력 현황 및 재정 실태

2. 설치 목적 및 기대 효과

- 지역 외부 방문객의 지역 내 소비를 통한 지역 경제 활성화
- 지역 내 생산품의 수출 촉진
- 시정부 세수 증대

LA시 및 군(County) 외부의 관광객 및 사업체의 각종 전시 행사의 유치로 LA 지역사회의 경제적 이익을 담보하는 것은 물론, 지역 내의 사업체나 지역 내 각종 사회단체가 주도하는 각종 경제 및 문화 행사 또는 제반 국가적, 국제적 행사를 유치하여 LA 지역 경제 활동을 활성화하는 데 그 주된 목적이 있다. 다른 한편으로 지역 내에 위치한 각종 사업체에 대

한 상품 전시 및 홍보를 통하여 지역 생산품의 수출을 촉진시켜 지역 산업의 활성화를 꾀하는 동시에, 당 센터를 방문하는 지역 외 방문객들의 지역 내 호텔 이용 시 이 부문의 수익에 대해 해당 호텔에 세금 부과를 함으로써 직접적인 시정부의 세수 증대 효과 또한 얻고 있다.

3. 시설 현황 및 사용 실태

LA 컨벤션센터는 1996년 현재 약 680,000 스퀘어 피트에 달하는 11개의 전시관과 약 125,000 스퀘어 피트의 면적을 가진 64개의 대-소회의실 그리고 14,000명을 일시에 수용 가능한 식당 및 6,000여 대의 차량을 주차시킬 수 있는 주차 시설, 프레스 센터, 각종 장비 지원 시설 등과 같은 각종 행사 진행에 필요한 설비들이 구비되어 있다. 장기 확장 계획이 완료되는 1997년 말에 가면 시설이나 기능면에서 세계 최대의 박람회 장소가 구비될 것이라고 시당국은 예측하고 있다.

1992/93년 회계연도비 1993/94년 회계연도 방문객의 수는 약 15% (121,402명) 정도 증가한 것으로 나타났는데, 이것은 동 기간 중 당 센터가 확장 공사가 진행 중이었음을 감안하면 상당한 증가를 나타낸 것으로 보인다. 이것은 총 시설 사용일수로 살펴본 당 센터의 활성화 정도를 볼 때 더욱 두드러지게 나타난다.

롱 기산 숭 주요 전시 및 집회 시설 및 회의실을 이용한 연중 사용일수는 전년비 약 170% 상승한 것으로 나타났는데, 이러한 급격한 상승 요인으로는 무역 박람회 등과 같은 전형적인 컨벤션센터 행사보다는, 소비자 박람회 (Greater Los Angeles Auto Show, Southern California Boat Show, etc.)나 각종 단체의 집회(International Association of Amusement Parks and Attractions, American Institute of Architect, American Booksellers Association, etc.) 등의 유치에 따른 시설물 사용 증대 덕분인 것으로 나타났다.

소비자 박람회의 경우 전년비 행사 유치수가 100% 이상 증가한 것으로 나타났으며(22회에서 47회), 기타 집회(각종 단체의 모임 및 행사, 시민권 시험 등)의 경우에는 전년비 거의 200% 이상 증가한 것으로 나타났다(11회에서 30회). 이러한 각종 행사의 유치에 따른 제반 부대시설(식당, 프레스 센터, 등과 같은 행사 지원 시설)에 대한 이용률도 급격히 증가한 것으로 나타났는데, 당 센터에 부설된 식당의 경우 각종 단체가 주최한 식음료 행사의 경우 그 개최 횟수로 볼 때 전년비 약 400% 이상 증가한 것으로 보고되었다.

이상과 같은 급속한 영업 실적의 호전은 당 센터가 확장 계획의 진행에 따른 다양한 공사로 인해 아직 그 기능을 충분히 발휘하지 못하고 있는 점과, LA 지역의 지속적인 경제 침체를 감안하면 이례적으로 보일 수도 있지만 이는 당 센터의 경영 관리 부문에 대한 과감한 민간 이양에 따른 영업 실적 향상과, 미래를 내다보는 LA시당국의 적극적인 투자 전략 때문인 것으로 여겨진다. 다음 장에서는 이러한 시설물 이용 증대에 따라 최근 호전되고 있는 당 센터의 재정 실태를, 간단한 인력 구성과 함께 알아보기로 한다.

4. 인력 현황 및 재정 실태

부서 설립 이래 컨벤션센터의 인력 운용은 법정 공무원 수의 약 20% 정도를 밑도는 것으로 나타났으며, 1996년 현재 211명의 공무원과 LACVB에서 마케팅을 담당하는 별도의 인원으로 구성되어 있다. 하지만 시정부에서 추진하고 있는 장기 확장 계획이 끝나는 1997년에는 시설 확장 및 행사 증대에 따른 추가 인력의 필요가 예측됨에 따라, 시조례가 제정한 법정 인원 250명을 충원할 예정으로 있다.

컨벤션센터의 주요 수입원은 다음과 같은 3가지 주요 항목으로 구별될 수 있다.

- 전시 시설 임대 및 회의실 대여 그리고 이에 따른 영업 허가 그리고 주
  차장이나 프레스 센터, 식당 등과 같은 부대시설의 직영에 따른 수입.
- 컨벤션센터 운영에 따른 시의 세수 중 시설 임대에 따른 임시 점유세
  (Transient Occupancy Tax)에 대한 일정 비율(1996년 현재 2%)의
  컨벤션센터 지원금.
- 컨벤션센터 장기 확장 계획에 따른 시정부의 특별 회계에 잡혀 있는
  예비 자금(Reserve Fund).

LACVB는 2000년까지 당 센터의 수입으로 운영비용을 충당한다는 계
획을 세워 놓고 있으나, 1996-1997년 회계연도의 경우 상기와 같은 3가
지 기본적인 재원으로는 컨벤션센터의 운영비용 및 당 센터의 확장사업을
위해 발행한 채권에 대한 이자를 충당하지 못할 것으로 예측되고 있다.
당 센터 확장 공사 기간 중에는, 총운영비용(인건비, 설비 등의 경상비)의
3/4 정도만이 운영수익으로 충당될 것으로 보이며, 이러한 단기적인 재원
결손에 따라 내년도 시 일반 회계에서 컨벤션센터로 보조될 추가 지출도
약 천구백만 달러 정도가 될 것으로 예측되고 있다.
  컨벤션센터는 1992년 확장 계획의 시작 이래 시 일반 회계에서의 자금
계상이 예측되어 왔다. 시 일반 회계에서의 추가 경정 예산의 매년 일정
부문 지원 및 컨벤션센터 운영에 따른 초과 수익으로 구성된 특별 회계상
의 예비 자금이 당 센터 확장에 따른 제반 비용을 충당하리라 예측하였으
나, 예비 자금의 고갈과 센터 운영 수익이 당초 예상에 미치지 못하고, 일
반 회계에서의 자금 유입도 사업 시행 초기인 1992년에 작성된 자금 지원
계획 기간의 만료에 따라 끊긴 상태에 놓여 있다. 1996년 현재 당 센터의
영업 실적이 급반전하지 않는 한, 시 일반 회계에서의 단기적인 자금 전
용이 불가피한 상황에 놓여 있다.

표 1. LA 컨벤션센터의 94/95, 95/96년 회계연도 예산 내역

항 목	94/95	95/96	% 증감
인건비	$ 9,414,356	$ 9,274,978	-1
운영비	$7, 205,649	$ 8,473,795	18
설비비	$ 75, 788	$ 44,288	-42
특별설비	$29,409,867	$42,486,928	44
직접비 총계	$46,105,867	$60,279,989	31
간접비	$ 3,135,459	$ 2,892,620	8
비용총계	$49,241,119	$63,172,609	28
법정 공무원	211	211	0

표 2. LA 컨벤션센터의 92/93, 93/94년 회계연도 수입 및 지출 내역

(단위: $)

항 목	92/93	93/94	% 증감
운영 수입			
소비자 박람회	1,150,871	2,006,181	74
무역 박람회	2,013,240	2,898,314	44
집회장소 대여	101,603	931,689	817
회의실 대여	50,011	99,717	99
장비 대여	49,119	137,406	180
주차장 수익	1,436,683	2,398,472	67
전기 및 배관	1,992,743	2,825,590	42
구내식당	704,190	1,331,213	89
통신	377, 896	653,443	73
행사 지원 센터	-	64,032	-
기타	165,655	199,636	21
총 운영수입(R)	8,442,011	13,540,693	60
운영비용			
임금(Full Time)	5,296,175	5,878,930	11
임금(Part Time)	1,134,258	2,122,240	87
용구, 문방구	476,078	574,148	21
전기, 수도	1,512,947	3,278,853	117
감가상각	562,098	1,167,700	108
기타	1,629,031	2,514,428	54
총 운영비용(C)	10,610,587	15,536,299	48
R-C	-2,168,576	-1,995,606	-8

〈표 1〉에서 보이듯이, 시 일반 회계에서 컨벤션센터의 확장을 위한 자금 지원(특별 설비비)이 지속적인 증가 추이를 보이고 있으며(1992/93년 회계연도비 1993/94년 회계연도 증액분 44%), 이에 따른 당 센터의 총 비용도 전년비 약 30% 정도 증가한 상태다. 시설 확장에 따른 신규 고용의 동결로, 동 기간 중 인건비의 증가 추이는 기존 인원의 재직 기간의 증대에 따른 임금의 자연 증가분만 반영되어 있다.

1993년 컨벤션센터의 확장 계획에 따른 공사 및 이 지역의 지난 수년래 경제 침체로 인해 본 센터의 1994-1995년 연중 시설 이용률이 50% 정도로 떨어졌으나, 기존 시설의 약 2배에 달하는 야심 찬 확장 계획이 완료되는 1997년 이후 확장 공사 이전의 시설 이용률인 약 70%를 회복하리라고 LACVB는 예측하고 있으며, 실제로 LACVB가 마케팅 분야의 경영관리를 맡은 이후 당 센터의 영업 실적은 급속히 호전되고 있는 것으로 나타났다.

〈표 2〉는 LACVB가 영업 분야의 경영 관리를 맡기 이전인 1992/93년 회계연도와 관리를 담당한 다음 회계연도의 경영 실적을 수익 항목별로 나열한 것이다. 신규 전시 시설물의 일부 신축 및 증축에 따른 소비자 박람회 및 무역 박람회의 증가된 빈도에 따라 이 부문의 수익률도 각각 74% 및 44% 증가한 것으로 조사되었는데, 이러한 증가 비율은 특히 각종 부대시설의 수익 부문에서 더욱 두드러지게 나타났다. 일반 단체의 시설 사용에 따른 수익은 전년 대비 817% 증가하였으며, 전시회 및 집회 개최에 따른 장비 대여에 따른 수익도 180% 증가하였다. 이 외에 주차장 및 식당 그리고 프레스 센터와 같은 부대시설의 수익도 전년비 2배 가까이 증가한 것으로 나타났다.

앞서 언급하였듯이 마케팅 분야의 경영 관리는 LACVB라는 민간단체가 컨벤션센터의 업무를 전담하고 있으나, 경영 위탁 이후 전반적인 매출 증가에도 불구하고 공사 및 설비 증설로 인한 100% 시설 임대가 이루어지지 않음에 따라, 단기적으로 경영 상태가 호전되지 않고 있는 상태에 놓여 있다. 현재 LA 시정부는 시장의 지시하에 확장 공사가 만료되는 1997년 이후의 당 센터의 경영 실적 향상과 시 일반 회계에 대한 자금 의존도를 0%로 줄이기 위해 당 센터와 LACVB의 마케팅과 판매 부서에 대한 전반적인 경영 계획을 수립하고 있으며, 시당국에서는 이러한 경영 감사 보고서에 따라 새로운 컨벤션센터 운영 방안을 강구할 것으로 보인다.

08. LAX 공항

1. 조사 배경

20세기에 들어서면서, 항공 산업의 중요성에 대한 인식은 날로 높아져 가고 있는 실정이다. 수많은 여객의 입출국 통로로서의 역할뿐만이 아니라, 최근에는 수출입 상품에 대한 주요 통로로서의 역할에 대한 중요성도 더욱 제고되고 있는 상황이다. 이렇게 전도가 유망한 항공 산업에 있어서, 해당 공항이 입지한 지자체의 경우 공항 시설의 입지로 인한 각종 지역 경제의 파급 효과를 고려하면 그 중요성에 대한 인식은 더욱 배가된다고 하겠다.

공항 시설의 입지는 해당 지역에 엄청난 경제적 파급 효과를 가져오는데, 예를 들면 미국의 California주에 위치한 LA 국제공항의 경우 연평균 약 40만 명에 달하는 고용 효과, 3백70억 달러에 달하는 경제적 효과 및 약 17억 달러에 달하는 California주정부 및 LA 시정부의 세수 효과가 있는 것으로 나타나고 있다. 이러한 중요성 때문에, 뉴욕이나 시카고 그리고 샌프란시스코 등과 같은 미국에 있는 주요 시정부의 경우, 행정부 내에 운영 부서로서 공항부를 두고 그 운영에 직접 참여하는 등 시정부의 직간접적인 중요한 수익성 부서로서 자리매김되고 있는 실정이다. 일본의 각 지방 자치단체들도, 해당 지자체의 공항 수익률 증대는 물론 지역경제의 성장을 위해 수익성 있는 신규 항로 개설 등을 추진하는 등 지역이 위치한 공항의 발전을 위해 노력하고 있는 것으로 나타났다.

본 조사보고서는 우리나라의 경우와는 달리, 그 소속이 공항이 소재한 LA 시정부의 1개 운영 부서이면서도, 독립 채산제라는 독특한 운영 형태를 유지하고 있는 공항부의 조직 및 운영 실태에 관한 것이다. 미국과 유럽 등의 선진국에서 보이듯이, 명실상부한 지방 자치제도의 정착이라는 측면에서 살펴볼 때, 컨벤션센터나 공항 등과 같은 자치 도시 내의 시설물들에 대한 독립적인 운영 및 관리는 완전한 자치 제도의 정착이라는 관점에서 필수 불가결한 것으로 보인다. LA시와는 달리 우리나라의 공항들은 중앙정부의 교통부에 소속되어 각 자치단체의 직접적인 운영하에 있지는 않지만, 서울시의 관문인 김포 공항의 경우 서울시의 관광 및 경제 활동에 직간접적으로 밀접하게 연관되어 있기에 서울시와 공항 관리 공단 간의 긴밀한 협력 체제는 절실하다고 할 수 있다.

본 조사보고서는 다음과 같이 구성되어 있다. 다음 장에서는 LA 공항의 연혁을 주요 사안별로 연대기별로 정리하였고, 3장에서는 LA 공항에 소재한 각종 정부 부처 및 그 역할을 살펴보고, 4장에서는 LA 공항부의 운영 실태를 관련 법규 및 유관 부처와의 관계를 중심으로 조명하고, 5장에서는 현재 LA 시정부가 현안으로 가지고 있는 LA 공항 운영에 따른 2가지 문제점을 서술하고, 마지막으로 최근 LA시에서 발표한 2015년 LA 공항 장기 확장 계획을 요약하여 첨부한다.

2. Los Angeles International Airport(LAX)의 연혁

Los Angeles International Airport(이하 LAX)의 기원은 지금으로부터 약 70년 전인 1926년으로 거슬러 올라간다. 당시 연방 정부는 현재와 마찬가지로 모든 항공 활동에 대한 독점적 지위를 부여받고 있었으며, 현재와 마찬가지로 연방 정부 기금의 사용을 통한 자치 도시 직영의 공항 건설을 금지한 상태에 있었다. 이에 따라 지역 교역의 주요 창구로서 항공 산업의 중요성을 인식한 LA 민간 기업인들이 주축이 된 LA 상공 회의소(LA Chamber of Commerce)가 기금을 출연하여, LA시가 독자적으로 운영하는 공항의 설립을 추진하였다.[1]

다음은 이러한 LA 공항의 연원을 연대기별로 연방 정부의 공항 지원 사례 및 관련 법규의 제정을 통해 살펴본다. LA 공항 발전에 있어서 중요한 전기가 마련된 사건 또는 다음 장에서 논의할 연방 정부와의 관계에 있어서 중요한 사항에 대해서는 밑줄을 그어서 강조하였다.

- 1926: LA 상공 회의소가 주축이 된 공항 기획단 구성.

    연방 정부의 민간 항공 통제법(The Air Commerce Act) 발효.
- 1928: 공항 부지 선정(Mines Field로 명명: 현 LAX 부지).

    유권사늘의 공항 건설을 위한 채권 발행 반대로 인한 자금 부족으로 계약 만료 후 매입을 조건으로 공항 부지를 10년 계약으로 임차.

    LA 시정부 운영권 인수: LA Municipal Airport로 그 명칭을 변경. 시정부 내에 공항부(Department of Airport) 신설.

    Van Nuys Airport 전신인 민간 운영 Metropolitan Airport 설립.

---

1) Dept. of Airport. 1995. Los Angeles Department of Airports: Historical Review(City of Los Angeles, LA).

- 1930: LA Municipal Airport 공식 개소식 및 임차 기간을 50년으로 연장.
- 1931 – 1934: 공황(Depression)에 따른 침체로 공항 시설 투자 저조. 연방 정부에 의한 공항 시설 지원 계획(WPA) 착수.
- 1935: WPA의 지원 계획에 따라 연방 정부 지원금 LAX에 할당.
- 1937: WPA의 지원금을 얻기 위해 <u>LA 시정부 공항 부지 구매 및 소유권 획득</u>.
- 1938: 연방정부 민간 항공국(Civil Aeronautics Administration) 창설.
- 1937 – 1939: <u>WPA의 지원금을 통한 대규모 공항 기반 시설 구축</u>.
- 1940: 시 조례에 따라 시장이 임명한 현재 체제의 <u>공항 위원회 발족</u>.
- 1941: 명칭을 Los Angeles Airport로 변경.
- 1945 – 1945: 제2차세계대전 발발 – 연방 정부가 전쟁 기간 중 운영권 독점.
- 1946: TWA 등 5개의 <u>민간 항공사가 최초로 여객 및 화물의 상업항공 시작</u>.
- 1947: 주민 투표에 따른 시헌장의 개정으로 공항부가 수도 및 전력부와 함께 <u>시정부 내의 독립 부서(Independent Department) 지위 획득</u>.
- 1949: LA 공항부에 Van Nuys 공항 편입.
- 1950: 시의회의 조례 개정에 따라 그 명칭을 <u>현재의 이름인 Los Angeles International Airport로 개정</u>.
- 1952: 공항부 개소 이래 <u>최초의 운영 수익 발생</u>.
- 1963: 시헌장 개정에 따라, 주민 투표 없이 공항부 임의로 채권 발행 가능.
- 1967: LA 공항부에 Ontario 공항 편입. 현재 운영되고 있는 Palmdale Airport 건설 계획 발표.

연방정부 내 교통부 신설 및 산하에 민간 항공국을 개칭한
FAA 창설.

- 1970: 연방법(the Federal Airport Act, the Airport and Airway
Development Act)에 따라 FAA가 LAX에 대한 각종 시설
자금 지원.
- 1979: LAX의 시설 현대화를 위한 자체적으로 사상 최대의 채권 발행.
- 1982: 연방 정부의 AIP(Airport Improvement Program) 계획에 따라
FAA로부터 공항 시설 개량 및 시설 증축에 필요한 자금을 지
원받음.
- 1982-1988: Tom Bradley 국제공항 및 Delta 등 민간 항공사 자체
터미널 건설.
- 1993: LAX의 공항 이용객에 대한 $3 공항 이용료 부과 요청에 대
한 연방 항공국(FAA) 승인.

이상과 같은 공항 약사에서 보이듯이 LAX는 그 시초가 민간에 의해
주도되었으며, 이후 LA 시정부가 그 운영권을 행사하고 있는 것으로 나
타났다. LAX는 1935년 최초로 연방 정부로부터 시설 자금을 지원받은 데
이어 주요 시기마다 연방에서 마련한 각종 program을 통해 자금을 지원
받은 것으로 나타났는데, 예를 들면 1982년 FAA에서 마련한 AIP로부터
1992년까지 LAX가 수혜한 금액은 평균 매년 1,800만 달러에 달하는 것으
로 나타났다.

이러한 수혜 사실은 시정부가 추진하고 있는 공항 운영 수익에 대한 시
일반 회계로의 전환에 있어서 많은 제약 조건으로 나타나고 있으며 이러한
사실 관계는 LAX의 운영 전반에 대한 실태와 연방 정부 내 FAA와의 관계
를 중심으로 논의할 4장 및 5장에서 자세히 다루기로 하고, 다음 장에서는
LAX에 소재한 관련 정부 부처 및 그 업무를 개략적으로 살펴보기로 한다.

3. LAX 내 관련 정부 부처 및 업무

LAX에는 1996년 현재 15개 소의 연방 부처 및 LA 시정부 유관 부서 그리고 76개의 민간 항공사 등 총 254개의 각종 관련 기관 및 기업체가 그 사무실을 두고 있다. 각종 민간 기업체가 LAX의 사무실이나 격납고 등을 임대하여 그 비용을 지불하는 반면, 15개의 연방 및 LA시 기관들은 사무실이나 시설물을 임대하지 않고 자체 시설을 마련하여 사용하고 있는 것으로 나타났다. 이번 장에서는 LAX에 소재한 15개의 정부 기관과 그 역할에 대해 알아보기로 한다.[2]

연방 정부

가. 식품 및 위생 검역과

　　농수산부 소속으로 LAX를 통해 유입되는 각종 농수산물에 대한 검사를 담당하며, 관련 법규상의 유입 금지 품목에 대한 조사 및 식품 반입을 통한 전염병 방지 등을 중점 점검.

나. 해안 경비대

　　서부 태평양 인접한 LAX의 해안 경비 담당.

다. 관세청

　　LAX를 통한 입국 화물에 대한 관세 부과.

라. 마약 담당 강력국

　　입출국 시의 화물 및 민간의 마약 소지 여부 단속.

마. 연방 항공국

　　LAX에서 일어나는 모든 항공 활동에 대한 감시 및 민간 항공사 및 LA 시정부의 운영에 대한 연방법 저촉 여부에 대한 의견 소명.

---

2) Dept. of Airport. 1996. Airport Tenant Directory.(City of Los Angeles, LA).

바. 연방 수사국

   LAX에서 발생하는 모든 연방법 위반에 대한 범죄 행위 단속.

사. 이민국

   LAX를 통해 입국하는 모든 이민자들에 대한 입국 적법성 등의 행정 절차 처리 및 불법 이민자의 입출국 단속.

아. 기상청

   LAX의 항공 활동의 안전을 위한 일기 및 기상 예보.

자. 우편국

   AX를 통해 입출국 되는 모든 항공 화물 및 우편물 처리.

차. 공공 위생국

   AX 내 모든 시설물 및 사업체의 위생 검열 및 항공 활동으로 인한 주변 지역의 환경 및 주민의 건강 침해 여부 조사.

LA 시정부

가. 소방국

   LAX의 시설물에 대한 화재 등의 각종 재난 발생에 대비하며, 상주 직원 및 여객의 긴급 구호에 대비.

나. 감사국

   공항부 등 LA 시정부 소속 공무원에 대한 업무 감사.

다. 소음 방지국

   LAX의 항공 활동으로 인한 소음 측정 및 통제.

라. LA 경찰국

   LAX의 모든 시설물 내에서의 치안 담당.

마. 공항 경찰국

   LA 경찰국과 마찬 가지로 LAX의 치안을 담당하기도 하나, 그 주요 임무는 여객의 입출국에 대한 안내 및 통제를 위주로 함.

그 외 시 검찰청(City Attorney)에서 담당 검사를 파견하여 LAX와 관련된 제반 법률문제를 처리하나, 시 검찰은 법률상 시장 직하의 운영 부서가 아니라는 점과 그 업무가 LAX의 특정 업무를 위한 것이 아닌 포괄적인 시 검찰의 업무이기 때문에 시 정부에서 파견된 관련 부서로 처리하지 않고 있다.

4. LAX의 운영 실태

LAX로 인한 지역 내 경제 파급 효과는 그 어느 민간 기업이나 시설보다 큰 것으로 나타났는데 그 영향은 1994/95년 회계연도 현재 50,029개의 직접적인 직업 창출 효과와 352,084개의 간접 고용 유발 효과 등 총 370억 달러에 달하는 경제적 파급 효과를 공항이 위치한 남가주 지역에 끼치는 것으로 조사되었다.[3]

LAX는 특히 1990년대 들어, 항공 산업의 활황과 아시아 태평양 지역의 교역 증대 및 이에 따른 인적-물적 교류의 폭발적인 증대로 그 수익이 지속적으로 증가하고 있는 것으로 나타났다. 공항부가 발간한 1994/95년 회계연도의 보고서에 따르면 약 100여 개의 민간 항공사(여객 및 화물)가 약 5천3백만 명의 승객과 약 1백70만 톤의 화물이 LAX를 이용한 것으로 집계 되었는데 이것은 이용 여객 기준 세계 5위, 운송 화물 기준 세계 3위에 해당하는 것이다. 이것은 전년비 8.6%의 승객 그리고 10.2%의 화물 수송 비율의 증가를 보인 것인데, 동기간 중 비행기의 이착륙 비율이 단지 2.9% 증가한 것에 비추어 보면 LAX에 대한 이용률이 급격히 증가한 것으로 풀이된다. 이에 따라 LA 시당국은 급증하는 항공 수요를 충당하기 위한 LAX 확장 계획을 최근 수립하였으며 이에 대한 자세한 내역은

---

3) Dept. of Airport. 1995. City of Los Angeles Department of Airports 1995 Annual Report.(City of Los Angeles, LA).

본 보고서의 마지막 부분에 별첨하였다.

항공부에 근무하는 모든 인력은 LA시에 소속된 시공무원이며, LA 시 정부 내의 전기 및 수도과(Department of Water and Electricity) 및 항만과(Department of Harbor)와 함께, 그 운영 및 조직에 있어서 시정부 내의 여타 부서와는 다른 독립채산제의 방식을 취하고 있다.[4] 항공부 (Department of Airport)는 1996년 현재 LA International Airport(이하 LAX), Ontario International Airport, Van Nuys Airport 및 Palmdale Regional Airport 등 4개의 공항에 대한 운영을 담당하고 있는데, 우리나라의 경우와는 달리 LAX의 경우 공항의 부지 및 각종 시설물에 대한 점유 및 운영권을 자치 시정부가 독자적으로 행사하고 있으나, 그 사용에 있어서는 여러 상위 자치단체가 규정한 법률에 의해 규제를 받는다.

LA 항공부에서 운영하는 상기 4개 공항의 경우, 시 조례 및 헌장의 규정에 따라 LA 시당국이 그 운영권을 행사하고 있으나[5], 공항 영업 허가권은 LA시가 속해 있는 California State(이하 가주) 정부의 법률에 의거하며, 공항권역의 제반 항공 활동은 연방 정부 교통부 산하의 연방 항공국(Federal Aviation Administration: 이하 FAA)이 규정한 연방 항공 통제법(Federal Air Regulations)을 준수해야 한다. 또한 민간 업체(항공사, 공항 시설 입주 업체 등)들의 공항 시설물 사용은 시정부 내 항공부와의 독자적인 계약에 의해 이루어지지만, 그 계약의 내용은 연방이나 주 또는 시 조례가 규정한 법률 사항을 침해하지 못하도록 하고 있다.

이러한 상위법 또는 연방 정부의 규정과 시 조례상의 마찰은 시당국의 공항 수익에 대한 시 일반 회계로의 전용을 가로막고 있는 것은 물론 공

---

4) City of Los Angeles. 1996. Budget Summary: As proposed by Mayor Richard J. Riordan(Fiscal Year 1996-1997). p.34.
5) Assembly Committee on Transportation. 1990.(Hearing On) The Profitization of the Los Angeles International Airport: An Investigation of the Opinions(Joint Publication, LA).

항부가 추진하고 있는 공항 이착륙세의 증세에 대한 제한 조건으로 나타나고 있으며 다음 장에서는 이러한 2가지 사례를 소개한다.

5. LAX 운영에 따른 LA 시정부의 현안

2장에서 보았듯이 공항 시설의 증개축에 필요한 연방 자금의 지속적인 차용에 따라 공항 운영 수익의 시 일반 회계로의 전환이 어렵다는 점과, 공항부에서 20여 년 만에 새로이 책정한 이착륙비(Landing Fee)의 증액이 최근 FAA의 유권 해석에 따라 불가능해짐에 따라 시 정부는 공항 운영에 따른 수익을 극대화하면서도 그 공항 운영 수익의 집행에 있어서 각종 시의 사업에 전용할 수 있는 합법적인 방안을 강구하고 있다. 이에 따라 시당국은 공항 운영 수익의 직접적인 시 일반 회계로의 전입을 꾀하기보다는 공항의 시설 확장 및 이에 따른 시당국으로의 간접 수익을 기대하고 있다. 이러한 전략은 2000년대 아시아 및 중남미 교역 시장의 확대에 따른 LAX의 유리한 입지 조건과 맞물려 획기적인 LAX 확장 계획을 수립하는 계기가 되었다. 이번 장에서는 공항 운영 수익의 이관 및 이착륙세 비용 증액에 따라 야기된 문제점을 살펴보기로 한다.

가. 공항 운영 수익의 LA시 일반 회계로의 전용

LAX는 1952년 최초로 그 운영 수익을 보고한 이래 수익성의 지속적인 향상을 가져왔다. 1994/95년 회계연도 LAX의 운영 수익은 전년비 10% 상승한 3억 2천7백만 달러에 달했으며, 1995/96년 회계연도의 상반기 영업실적도 전년비 17.3% 상승한 1억 8천5백만 달러였으며 동 기간 중 순수익도 9천5백만 달러에 달했다. 이러한 누적 이익을 기반으로, 공항부는 1995년 채권 발행 등으로 인한 채무를 전액 변제하고 낮은 이자율로 재융자를 얻는 등 그 수익성은 갈수록 증가될 것으로 예측되고 있다. 하지만 공항에서의 이러한 높은 수익은 시정부의 재정에는 아무런 직접적 도움이 되지 못하는 것으로 나타났다.

시헌장 제14절에 공항부가 그 '수익 및 재원의 전권'을 갖는다고 규정하면서 부서 자체의 재정 여건의 향상을 위한 수익 채권의 발행을 시행할 수 있도록 하고 있으나, 그 수익의 일반 회계로의 전환이 허용된 같은 독립 부서인 전기 및 수도과와는 달리 상위법인 연방법의 규제에 의해 그 운영 수익의 시 일반 회계로의 전입을 불가능하게 하고 있다. 그것은 현재 연방 항공국(FAA)의 보조를 받는 공항 및 그 자치단체는 '공항으로부터 야기된 모든 수익은……공항의 자본 또는 운영비용……또는 공항 시설이나 승객과 실질적으로 연관된 공항 사업에 대한 용도만으로 지출 되며'라는 연방법(49 U.S.C. Section 2210) 조항을 준수해야만 하기 때문이다.

LA 시당국은 최근 지속적인 재정 적자에 시달리고 있으며, 다양한 자구책 중의 하나로써 LAX의 누적 이익의 일정분에 대한 시 일반 회계로의 전환을 검토하게 되었다. 1989년 이 문제가 처음 제기된 이래, 최근까지 시당국은 현재 각종 공청회 개최 등을 통해 합법적인 공항 운영 수익의 시 일반 회계로의 전환을 적극 검토해 왔으며, 기존의 연방법하에서 실행할 수 있는 각종 시설의 개량 및 증축을 통한 간접적 세수 확대는 물론, 다른 자치도시의 사례를 조사하여 공항 운영 수익에 대한 일정분의 시 일반 회계로의 전환을 지속적으로 꾀하고 있다. 실제로 뉴욕이나 시카고, 보스턴 등에서는 해당 공항의 운영 수익에 대한 시 일반 회계로의 전환이 이루어진 것으로 보고되고 있다.[6]

---

6) City of Los Angeles. 1996. Budget Summary: As proposed by Mayor Richard J. Riordan(Fiscal Year 1996-1997). p.140.

나. 민간 및 상업 항공에 대한 증대된 공항 이착륙 비용(Landing Fee) 부과

1993년 공항부는 새로운 '상계'비용의 정산 방식에 따른 증가된 공항 이착륙비(1992/93년 회계연도 $0.51에서 1993/94년 회계연도 이후 $1.56로)를 LAX를 이용하는 모든 민간 항공사들에게 적용시켰는데, 이에 반발한 16개 민간 항공사가 1995년 3월 2일 최초로 FAA에 집단 소원을 제기하였으며, 이후 KAL을 비롯한 41개 항공사가 추가로 행정 소송에 참가함으로써 문제가 본격화되기에 이르렀다.

FAA는 공항의 소유권자가 산정하는 각종 공항 비용에 직접적인 간여를 하지는 않지만, LAX와 같이 공항 발전 기금(AIP 등과 같은)을 사용한 공항의 경우 FAA와 맺은 협약에 따라, 각종 공항 이용비용의 산정 시 그 부과 내역이 '합리적'이어야 한다는 연방법의 규정에 따라, <u>법이 정한 기간 내에 부과 내역에 이의를 제기하여 행정소송을 제기하는 소송 당사자가 존재할 때만</u>, 이에 대한 심사를 실시하고 있다.

본 심사에서 FAA는 비합리적인 부분에 대한 LAX의 이착륙 비용 증대부과에 대해 반환 명령을 내렸으며(FAA Order 95-6-36), LAX 및 관련 위원회는 새로운 비용 정산 체계를 요구받는 상태에 이르렀다.

6. LAX 장기 확장 계획

리차드 리오단 LA 시장은 12월 13일 <u>4가지 대안으로 구성된 LAX 장기 확장 계획</u>을 발표 하였는데, 그것은 아시아 및 남미지역 국가들을 주축으로 한 태평양 연안 지역의 경제적 중요성이 강조되면서 한국 등 아시아 국가와 브라질 등의 중남미 국가의 급증하는 항공 수요를 충족하고 LA의 국제 경쟁력 도모를 위해 LAX를 현재보다 2배 규모로 확장하는 것을 골자로 한 계획이다. 그 주요 내용은 오는 2015년까지 총 1백20억

달러를 LAX의 활주로 및 터미널 등의 각종 시설에 투자하여, 폭발적으로 증가하리라 예측되는 이 지역의 장기적인 항공 수요를 감당함은 물론 서부 미국의 항공시장을 LAX를 중심으로 삼는다는 계획이다. 현재까지 동 공사에 필요한 자금은 공항 채권 및 FAA의 연방 공항 지원 자금(AIP) 등을 고려하고 있는 것으로 보이나 구체적인 자금 동원 계획은 아직 마무리되지 않은 단계이다. 다음은 KOTRA가 작성한 'LAX 확장 계획에 대한 정보 분석' 및 LA시가 배포한 'LAX2015: The LAX Master Plan'을 재편집한 것이다.

- 마스터플랜에 따르면 2015년 동 계획이 완료되면 약 40만 명에 달하는 직간접 신규 고용 창출 및 이로 인한 지역 내 경제 파급 효과가 매년 약 6백43억 달러에 달할 것으로 예측되었다.
- LAX 확장 마스터플랜 추진의 배경으로는 남부캘리포니아 지역을 포함한 미국 경제성장에 따른 국내선 이용승객의 급증현상과 함께 아시아 태평양지역 국가들의 경제력 급신장에 따른 비즈니스 출장과 관광 수요 급증으로 인한 LAX의 수용능력 부족이 주요인이라고 LA시 관계자들은 설명하고 있다.
- LAX 확장 마스터플랜은 현재 3단계로 나누어 추진되고 있는데 단계별 구체적 목표들을 살펴보면,
  1 단계
  - 기존 공항 상태의 총체적 점검
  - 여객 및 화물의 미래 시장 수요에 대한 예측
  - 유관 자치단체 결정권자들의 마스터플랜 기획 과정의 참여
  - 각종 민간단체들의 마스터플랜 기획 과정의 참여
  2 단계
  - 필요 시설물(활주로, 격납고, 터미널 등) 확정

- 공항 청사진에 기초한 필요 시설물 적용
- 각종 미팅, 포럼, 워크숍 등을 통한 민가 참여 독려

<u>3 단계</u>

- 연방 및 주법에 맞는 철저한 환경 영향 평가 실시
- 환경 영향 평가를 통해 경제적 환경적 필요성에 부합하는 적절한 대안의 설정
- 시의회, 시장 및 연방 항공국에 의한 선택된 대안 승인
- 선택된 공항 확장 도면에 대한 구체적 계획 수립

　이러한 계획은 아시아－태평양 경제권의 급성장에 따라 미주대류과의 폭증하는 항공 수요를 수용하기 위한 불가피한 결정으로 분석되고 있으나, 현재 미주 경제권과 아주경제권의 가교 역할을 담당하고 있는 LAX의 지속적인 역할제고 및 대규모 기반시설 구축에 따른 부대경제개발 효과를 통한 남서부 지역 경제의 활성화에 초점을 맞추고 있다고 공항부의 관계자는 설명하고 있다. 한편 동 계획은 일련의 공청회 개최를 통해 수정이 예상되고 있고, 지역 주민과 의회 등 이해 당사자 그룹의 소송 제기 등 어려운 난제들이 산재하여 있어 98년 하반기 착공계획이 지연될 가능성도 내재되어 있는 것으로 평가되고 있다.

Ⅲ. 도시개발

01. Genesis LA

잔여 임기를 2년 정도 앞두고 있는 리처드 리오단 L.A.시장이 1999년 3월 17일 발표한 L.A.창세기 계획(Genesis LA)은 리오단 시장의 사실상 마지막 작품으로서 기대되며, 15개 지역의 저소득층 지역 개발사업에 2억 5천만 불의 민간자본을 유치하여 침체된 지역경기 활성화를 주요 목적으로 하고 있다. 리오단 시장은 임기 중에 15개 개별프로젝드를 착수시켜 최소한 5개는 임기가 끝나기 전에 마무리할 계획이다.

□ 'L.A.시 창세기 계획(Genesis LA)'

뱅크 오브 아메리카, 워싱턴 뮤추얼, 웰스파고 은행 등 민간업체들은 이번 프로젝트에 1,000만 불을 투자하는 대신 재개발상가나 상업용 단지에 자신들의 상호명을 사용할 수 있는 권한을 갖게 된다. 대표적인 사례로서는 현재 L.A.시 다운타운에 건설 중인 종합위락장인 '스테이플 센터'가 해당되며 재정적인 지원을 문구류의 대표기업인 스테이플 사에서 제공하고 있다. 이와 같이 공공사업에 민간기업 자본을 유도 참여하게 함으로써 L.A.시는 앞으로 참여업체에 대한 세금혜택과 필요한 인력들을 교육시키는 역할을 맡을 계획이다.

□ 기대효과

L.A.시는 이 프로젝트가 낙후된 지역경기를 활성화시키는 동시에 약 5,000명에 이르는 고용창출과 범죄율 감소에도 크게 기여할 것으로 전망하고 있다. 또한 각종 재개발사업의 하청공사에 소수계 하청업자에게도 입찰우선권을 부여하여 소수계들의 경기진작에도 긍정적인 영향을 기대하고 있다.

□ 비전(Vision)

○ 민·관협력 파트너관계(Partnerships)
리오단 L.A.시장의 성공적인 민·관 협력 파트너 관계 확립
○ 지원회사 권한부여(Sponsorship)
재개발 지원업체의 투자 우선권 부여
○ 중점지역(Focus)
개발이 낙후된 15개 저소득층 지역 재개발사업

□ 목표(Goals)

○ 민간분야 투자: 2억 5천만 불

○ 신규 직업창출: 5,000개

○ 근린지역: 범죄 및 도심황폐화 감소

○ 소수계 커뮤니티: 소수계 경제력 신장

○ 하이테크분야: 선정된 15개 재개발지역에 우선 유치

○ 시 세입증가: 재개발 예정지역의 향후 세입증가 예상

☐ 개발분야 지원방향(Development Tools)

○ 민간분야 지원
  산업개발채권(Industrial Developmnet Bonds)

○ 산업특혜지역 혜택(Empowerment Zone Benefits)
  재정지원 108조(Section 108 Financing)

○ 엔터프라이즈 특혜지역(Enterprise Zone Benefits)
  커뮤니티 개발은행(Community Development Bank)

○ 저소득자 및 무직자 직업교육
  도심개발기금(Block Grant Investment Fund)

○ 수도전력 요금 할인
  폐공장지대 지원계획(LA Brownfields Program Fund)

○ 재개발 촉진(Project Expediting)
  경제활성화 협조(Econmic Alliances)

○ 지방세 면세지역(City Tax Free Zone)
  경제활성화 지구(Business Improvement Districts)

○ 연방지원 기금(Federal EDA Funding)
  사업(Business Watch Program)

○ 연방 재정지원(Federal EDI Financing)
  LA One Stop Capital Shop

15개 재개발안 중 지금까지 확정된 12개 프로젝트의 주요 개요는 다음과 같다.

□ 테일러 야드(Taylor Yard)

글렌데일 인근 약 18만 4천 평(150에이커) 부지에 건설 중인 LA 미디어테크센터를 연예산업관련단지(State Enterprise Zone)로 조성 개발할 예정이며, 총 투자 규모는 1억 5천만 불이다. 약 2,000명의 고용창출이 예상된다.

□ 콘필드(Cornfields)

차이나타운 인근 약 6만 1천 평(50에이커)의 공한지를 상가지역(Federal Empowerment Zone), 연예산업관련단지(State Enterprise Zone) 및 사업자 세금 면세지역(City Tax Free Zone)으로 개발하며, 4천5백만 불이 투자된다. 약 1,000명의 고용창출이 예상된다.

□ 노스 할리우드 스튜디오(North Hollywood Studios)

전철(MTA Red Line) 인근 약 3만 4천 평(28에이커)의 도시재개발지역을 1억 2천만 불을 투자하여 오피스 및 소매상가로 개발할 예정이며 약 700명의 고용창출이 기대된다.

□ 산타 바바라 프라자(Santa Barbara Plaza)

볼드윈스힐스 크랜셔 플라자와 인접한 약 2만 3천 평(19에이커)의 소매

상가 지역을 재개발한다. 총 투자액은 1억 3천4백만 불이며 약 1,500명의
고용창출이 기대된다.

□ 오토클럽(Automobil Club)

남가주대학(USC) 인근의 약 3800평의 사적지 건물인 오토클럽에 총
840만 불을 투자하여 멀티미디어 및 바이오메디컬 시설로 개조하는 프로
젝트이다. 약 250명의 고용창출이 기대된다.

□ 버몬트/슬로슨 지역(Vermont/Slauson)

버몬트와 슬로슨 도로 코너 약 4,530평의 상업지역을 남미계 주민들이
주거하는 지역을 감안하여 남미계 슈퍼마켓으로 개발한다. 투자규모는
1,000만 불이며 150명의 고용창출이 예상된다.

□ 랜서 산업공단(Lancer Industrial Park)

알라메다 재개발지역에 위치한 약 1민 7천 평의 부지에 1천5백만 불을
투자하여 산업단지로 개발한다. 약 200명의 고용창출이 예상된다.

□ 굿이어 트랙 산업공단(Goodyear Tract Industrial Park)

흑인 밀집지역인 사우스센트럴 지역에서 가장 큰 규모의 산업단지(약
25만 5천 평)로서 최근 연방자금과 민간자본을 유치하여 재개발작업이 한
창이다. 총투자규모는 약 1천4백만 불이며 1,000명의 고용창출이 기대된다.

□ 애덤스/라브레아 개발지역(Adams/La Brea Development)

산타모니카 고속도로 남쪽에 위치한 약 3만 2천 평 규모의 재개발지역에 8,000만 불을 들여 소매상가로 조성하여 약 1,100명의 고용을 창출할 예정이다.

□ UPS 부지(UPS Site)

루고와 사우스 소토 지역에 위치한 약 2만 9천 평의 산업용부지로서 타주의 제조업자가 관심을 보이고 있으며 총 공사비 7천5백만 불이 투입될 예정이며 300명의 고용창출이 기대된다.

□ 교도소 부지(Prison Site)

주민들의 반대로 건설계획이 중지된 약 2만 4천여 평의 교도소 부지를 광전지 생산단지(Green Power Park)로 조성할 계획이다. 총 공사비 약 3천만 불이 투입될 예정이고 약 1,000명의 고용창출이 기대된다.

□ 시어즈 백화점 부지(Sears Site)

이스트 로스앤젤레스 지역에 위치한 약 3만 9천여 평의 시어즈 백화점 부지를 재단장하여 더 많은 소매 상가를 유치할 예정이다. 약 1,500명의 고용창출이 예상된다.

02. 한인타운 재개발

1. 서 론

가. 개 요

로스앤젤레스 시의회와 시재개발위원회는 1995년 12월 13일 한인타운을 포함하는 윌셔/한인타운 재개발계획을 만장일치로 통과하였다. 이 재개발계획은 30년간에 걸쳐 로스앤젤레스 시의 역사적 도심지역인 윌셔/한인타운에 $3억 불 이상의 공공투자가 예상되는 재개발계획이다.

약 1,200 에이커(약 490정보)가 포함되는 재개발지역은 윌셔거리와 올림픽거리 그리고 버몬트거리와 웨스턴거리를 주경계로 설정되어 있다(참고 1). 주요 목표는 도시의 황폐화 방지, 경제력 향상유도, 녹지 공간과 여가시설의 제공, 관광요소개발, 역사적 유적지 보존과 직업창출을 통한 장·단기 종합계획이다.

로스앤젤레스 시 재개발국의 주요과제는 60여 회 이상의 지역주민의 공청회에서 제안되고 입안된 사항을 수행하는 것이다. 재개발 자문위원회(Community Advisory Committee)의 구성은 3명의 시의원이 임명한 위원들과 윌셔상공회의소의 회장인 Richard Mcdermott 그리고 고암토건의 Stuart Ahn으로 모두 5명이다.

로스앤젤레스 시 재개발국에서는 우선 한인타운을 포함하는 윌셔센터의 도로 단장계획을 중점적으로 실시하고, 이 중 Social & Public Art Resource Center에서 제공된 재개발기금 $50,000을 아드모어 공원에 30피트(9.1미터)의 기념비 건립기금으로 사용한다. 또한 역사적인 윌셔거리의 네온사인은 시 문화국과 재개발국의 협조로 재탄생되며 윌셔가의 교통량을 개선하고 거주주민의 사회적 요구인 경제적 향상의 노력을 통한 생활안정을 제공하여 새로운 사업을 창출하도록 적극 노력한다.

장기적 재개발을 위한 주요 기금조성은 재개발지역 내 새로운 개발 및 기타 개선사업을 통한 세수입의 증가(Tax Increment)에 의거하여 조성된다.

나. 전 망

1995년 재개발계획이 확정되기 이전의 한인타운을 포함하는 윌셔센터지역은 1992년 이후 미국경제의 불황과 지하철공사 등 도심의 교통체증 요인으로 인한 일부회사들의 도심외곽 이전 및 건물 입주율의 저조로 과거의 역사적·경제적 부흥을 복원하기 위한 노력이 윌셔상공회의소 및 지역사회를 중심으로 강구되었다.

1995년 윌셔가의 100주년 기념을 맞이하여 시작되는 재개발계획으로 1996년에는 3개의 지하철역 완성과 도시미화를 위한 도로개선 사업의 실시 등으로 건물입주율은 향상되고 있으며 주민들의 이주도 대중교통수단의 연계가 용이하여 증가 중에 있다. 재개발지역 내 신규 점포수의 증가는 지역경제가 향상되고 있다는 청신호이며 셔틀버스의 운행으로 주민, 사무근로자, 방문객들이 지하철을 이용하여 한인타운과 윌셔센터를 상호 연계하는 기회를 제공하며 재개발국에서는 도심센터(Urban Village)를 건설하여 도보 거리 내에서 생활하고, 일하고, 쇼핑을 할 수 있게 할 예정이다. 또한 관광자원을 개발하여 타 도시 주민 및 외국인들을 할리우드, 유니버설 스튜디오, 베버리 힐즈, 디즈니랜드와 함께 관광명소로서 개발예정이다.

한편으로, 치안에 중점을 두어 자전거 순찰경관을 통한 범죄예방 및 거리낙서 등의 방지에도 도움이 되고 있다. 이와 같은 재개발 효과는 단기적인 효과, 즉 범죄감소, 도시미화 그리고 주민이주 증가 외에도 장기적 효과인, 경제효과, 세수증대, 도시개발 등의 부가적 혜택이 기대된다.

다. LA시 재개발국(Community Redevelopment Agency)

1948년 시의회의 재개발국 활성화 이후 LA시와 재개발국은 상호 협력하여 생동감 있는 도시건설, 지역주민의 삶에 대한 자신감 부여, 시의 번영에 동참하는 의미부여 등에 노력하였다. LA시 전 지역을 재개발국에서는 공공의 목표에 부합하는 질적 향상을 위한 용매제로서 노력하여 왔다. 다양한 임무들은 도시 폐허화의 방지, 도시재건사업, 저소득 주택건설, 경제향상유도, 직업창출효과, 최적의 도시설계, 건축 그리고 예술의 지원, 재개발국의 노력에 시민의 동참유도 등이다.

재개발국의 새로운 LA시 조성을 위한 노력은 중앙도서관 개선사업, 컨벤션센터 확장공사 그리고 5,000개의 직업과 1,000개의 새로운 보직의 창출을 위한신설 도매상가(Wholesale Produce Market) 건설 등이며, 무숙자들의 최후 피난처인 저렴한 숙소마련 및 사회보장 서비스 제공 등의 선두부서이다.

도심지역의 재개발뿐만이 아니라 도시외곽의 경제향상 및 직업창출을 위한 노력들로서 1992년 LA 폭동으로 회복되지 않고 있는 Crenshaw Corridor, Broadway - Manchester, South Central, Watts, 기타 지역에 대한 재개발계획과 1994년 노스리지 지진으로 파괴가 심한 San Feranando Valley, East Hollywood 지역 경제회복 노력 등이다.

재개발국은 그간 Hollywood의 영광회복을 위하여 10억 불을 소요하였으며, 이로 인하여 대다수가 소수민족인 지역에 미주 최초로 백화점(Baldwin Hills Crenshaw Plaza)을 건설하였고, L.A. Harbor Industrial Center를 개발하여 약 1,000개의 직업창출을 하였다.

재개발을 통하여 리틀 도쿄에는 박물관과 문화관을, 중국타운에는 새로운 저소득층 대상주택을, 노스할리우드에는 상업활성 중심을, 남가주대학(USC) 주변에는 주택보존을 통한 재개발사업을 하였다. 시 전체적으로는 약 25,000여 개의 저소득층을 위한 주택건설 및 개축을 하였으며, 약 100,000여 직업창출의 효과를 이룩하였다. 재개발국의 기술적, 디자인, 재정적 협조를 통한 재개발지역의 민간투자액이 약 $80억 불을 초과하였다.

시 전역의 재개발계획 및 연구대상 지역이 약 30여 군데이며, 가주 재개발법에 의거 재개발지역의 프로그램은 시장, 시의회 그리고 해당지역의 재개발 권고위원회(Citizen Advisory Community)에 의하여 조정된다. 전반적인 재개발국의 업무 및 정책결정은 7인으로 구성된 상임위원회()이며 시장에 의하여 임명되고 시의회에 보고한다. 상임위원회는 재개발국의 277명의 전문가 - 엔지니어, 도시계획, 재정, 감사, 주택, 부동산, 건축, 고용평등 및 인사관리 - 를 책임지는 행정책임자(Administrator)를 임명한다. 재개발 운영기금의 주요 모체는 연방정부 및 지방정부재원으로서 연방사회개발기금(Federal Community Development Block Grants), 경제개발기금(Economic DEvelopment Administration Funds), 도시개발기금(Urban Development Action Grants), 도시재생기금(Title I Urban Renewal Funds), 지방정부세(Local Tax Uncrement Financing), 공채 및 어음판매(Sale of Notes and Bonds), 토지 판매수입(Land Sale Proceeds) 등이다.

2. 본론: 한인타운 재개발 계획

가. 재개발 지정 및 법적배경

가주 재개발법 33352조항(Section 33352(c))에 의거 모든 재개발계획은 실시계획(Implementation Plan)에 구체적인 목표들과 수행업무를 명시하고, 향후 5년간의 소요경비와 재개발 프로그램을 통한 재개발의 실질적이고 경제적 증진방법을 포함하는 세부계획을 준비하여야 한다.

나. 계획목적(Goals) 및 목표(Objectives)

한인타운 재개발계획의 주요 계획목적 및 목표는 다음과 같다.
1) 재개발계획, LA시 윌셔지역계획, 재개발국 연간 업무 프로그램들과 상호 협조하여 재개발 대상지역의 도시황폐화 방지 및 요인제거
2) 재개발 대상지역 내의 건물주, 주민, 사업자, 종교계 및 지역대표의 참여를 통한 다양한 요구의 수렴
3) 대상지역 내의 주거지역, 상업지역, 공장지역의 재생을 통한 경제적, 사회적, 교육적, 문화적, 실질적 향상유도
4) 생활개선사업을 통한 주민의 결속력과 친밀감 향상
5) 다양한 형태-종류, 가격, 인대, 소유조건 등-의 주택개발 프로그램
6) 주거지역, 상업지역, 회사원 및 관광객의 신변안전 제고
7) 재개발지역 내 주민의 고용기회 부여
8) LA시 교육구, 공·사립 취업단체와의 협조로 대상지역 내 주민의 직업교육 기회제공
9) 용도지구, 거주밀도, 교통 등의 원활한 순환체계를 제공하고, 대중교통 개선을 통한 대중서비스 향상에 기여
10) 다양한 문화인식 및 지원 프로그램 개발

11) 오픈 스페이스, 여가활동, 여가시설물의 제공

12) 고속도로와 연계되는 남북방향의 일반도로에 대한 단장계획

13) 재개발 대상지역 내 음악가, 기능인, 미술가의 주거 및 창작 기회부여

14) 문화적 센터로서의 명성을 얻기 위한 문화 공간 조성

15) 역사적 건물 및 기념물의 보존

16) 복잡한 사인간판기준 마련으로 정돈되고 친밀한 분위기 조성

17) 연방, 주 그리고 타 지자체의 재개발관련 프로그램을 통한 재개발 계획에 반영

18) 자전거 이용을 통한 주민의 친밀화와 쾌적성 기여

다. 향후 5년간 주요 재개발계획 프로그램

1) 경제향상 방안(Economic Development Program)

이 방안은 재개발지역 내의 기업유지 및 사업증가 유도 그리고 새로운 기업의 지역 내 유입방안이다. 재개발국에서는 재개발 대상지역의 잠재적 사업자들을 위한 혜택방안 및 세부방침을 마련하여 투자유치를 기한다. 재개발 향후 5년간 약 $1,000,000이 예상된다.

○ 상업융자(Commercial Loan)

저리이자 혹은 무상의 융자금으로서 건물외부단장, 건물안전 위반 사항공사, 혹은 내부장식에 사용된다. 또한 역사적 상업건물의 재단장에도 보조되며 재개발기금 마련은 민자를 이용하기도 하며 타 정부기관 보조기금인 Community Development Block Grant('CDBG') Program, National Park/Secretary of the Interior Grants, Federal Economic Development Administration('EDA') Grants, U.S. Small Business Administration('SBA') 등을 통한 조정을 한다.

○ 재개발국의 사업면허 혹은 요금의 일부 환불방안

○ 재개발지역 내의 통근자를 위한 무료유아원 시설확충
○ 주정부 재개발계획에 일치하는 나대지에 대한 마스터플랜을 유관기
  관과 협조하여 개발유도

03. 다운타운 활성화

Ⅰ. 문제제기

1. 미 다운타운(도심) 활성화의 역사

미국 도시의 특징은 도심의 교통체증 및 공해로 인해 근교의 주택지역으로 부도심이 발전(Decentralization)함에 따라 도심의 사업기능이 퇴화하는 공동화(空棟化) 현상으로 인하여 도심을 재개발하고 경제활성화를 위한 도심개발(Revitalization)을 위하여 연방, 주에서 지원하는 각종 보조금(Block Grant)으로 다운타운의 활성화를 유도하고 있다.

2. 우리 실정에 적합한 접목가능성

우리의 경우는 도심이 아직까지는 비즈니스의 중심기능을 하고 있다.

하지만 우리도 앞으로의 지속발전 가능한 개발(Sustainable Development)
인 지역발전과 경기활성화를 위하여 미 지방 자치단체들이 관심을 갖고
있는 도심개발(Revitalization)에 대한 도시계획원리를 이해하고 도심이 계
속 발전될 수 있도록 방향을 마련하는 데 도움이 되었으면 한다.

　지방 자치제가 실시되면서 우리시도 과거의 종합도시계획에서 구청별
도심지역개발에 대한 방향을 설정하는 데 참고자료로 이용되길 바라며 이
내용은 도시계획관련 전문가(Planner)뿐만이 아니라 구청단위의 기관장
및 실무공무원과 본 청의 실무진들이 모두 숙지하여 현재의 도심 중심적
인 기능의 단점을 보완하여 다운타운의 공동화를 미연에 방지하고 이에
대비하는 데 필요한 관련 자료라고 사료된다.

Ⅱ. 머리말

　다운타운이 지역경제에 미치는 영향이 얼마나 지대한지는 전국의 모든
관련 공무원들은 다 알고 있다. 이러한 인식은 다운타운이 지역사회의 주
춧돌 역할을 한다는 이해에서 비롯하고 있으며, 따라서 다운타운이 지역
경제개발의 도약대임을 나날이 확인하고 있는 것이다.

　지역 차원의 여러 가지 다운타운 활성화 노력 가운데 가장 성공적인 것
은 역시 지자체(시 정부)가 주도한 것이겠지만, 지난 수십 년 동안 시 정
부의 역할 역시 변화하여 왔다.

　연방정부와 각 주정부가 모두 다운타운의 중요성에 대한 인식을 재고하
여 왔으나 다운타운 개선에 필요한 이들 상급 정부의 보조금은 지난 20-
30년 동안 계속 축소되어 온 것도 사실이다.

　이와 같은 연방 및 주정부 예산 배정의 우선권의 전위는 다운타운 활성
화에 필요한 지방정부의(재정적) 역할을 축소시키는 효과를 초래하였다.

따라서 지방정부에게서 기대되는 역할은 지난 수십 년간 무진장한 재원 조달 자로서의 역할에서 탈피하여 이제는 다운타운 활성화 노력의 무한한 리더십이 기대되기에 이르렀다. 여기서 지방정부의 리더십이란 보다 적극적인 다운타운 활성화 전략의 준비에서부터 시작되며, 사업주, 부동산 소유자, 시민운동가 등 다운타운의 상태에 민감한 여러 계층의 공조가 수반되어야 한다. 잊지 말아야 할 사실은 다운타운 활성화 전략은 해당지역 상업중심지역을 활성화하는 데 필요한 실천 강령의 청사진 역할을 한다는 점이다.

이 내용에서는 이러한 청사진을 실적이 검증된 여러 성공전략들을 바탕으로 해당 다운타운에 실전 응용할 수 있는 방법을 제시하고 있다.

Ⅲ. 本 論

□ 다운타운 활성화에 대한 전국 관련 공무원들의 견해

미 도시연합(National League of Cities)은 1998년 샘플 설문 조사를 통해 전국 다운타운 활성화 관련 지방 공무원들의 의견을 수집한 바 있다. 이 조사의 핵심 질문은 '다운타운 활성화를 추진하고 있는 다른 지역의 공무원들에게 귀하가 하고 싶은 충고는?'이었으며 아래의 내용은 이를 요약한 것이다.

1. 관민 협조체계의 구축이 다운타운 활성화의 핵심 요소이다. 또 다른 중요요소는 다운타운 활성화에 대한 구체적인 비전(Vision)을 구축하는 것과 이의 실천을 들 수 있다. 다운타운 활성화 과정은 진척이 매우 더디는 한편 계속적인 관심이 주어져야 하는 과정이다. 성공적인

다운타운 활성화는 많은 '작은 진전'에 의해 이루어지는 것으로서 경우에 따라서는 부분적인 퇴보조차도 불가피하다. 인내, 인내 그리고 또 인내하라. ―Ohio주 Miamisburg 시에서.

2. 다운타운 활성화 과정은 열린 과정, 누구나 참여할 수 있는 과정, 다같이 협력하는 과정이 필요하다. 우리가 성공할 수 있었던 중요한 요소는 단일 추진 기구(A Unified Downtown Development Authority [DDA] Board)를 꼽을 수 있고, 이 기구는 시청의 전문가(A Professional Downtown Director)와 긴밀히 협조하였다. 즉 DDA와 시청이 함께 개발한 종합 방안이 다운타운의 낡은 건물을 재단장하는 데 필요한 개인 투자를 증대시켰다. ―Colorado주 Longmont 시에서.

3. 다운타운 활성화 계획의 초기 단계에서부터 투자가들을 접촉하고 자본가들을 끌어들이며 대중의 의견을 반영하되 여론에 끌려 다녀서는 안 된다. 시의회, 시청, 지역사회의 통합된 의견과 행동이 성공의 열쇠이다. 우리시의 경우 다운타운 활성화에 따른 수입 증대, 즉 판매세, 호텔세의 증가는 시 역사상 최고치를 기록하고 있다. ―California주 Millbrae 시에서.

4. 미래지향적 계획을 수립하되 지역사회의 주인의식 함양을 잊지 않아야 한다. 사업 추진상 이룩한 조그만 성공도 축하하고 격려하면 보다 큰 성공으로 쉽게 연결된다. 우리 시 시민과 공무원들은 우리 시 다운타운의 긴 역사성이 상업 중심가로서의 가치를 충분히 갖고 있음을 확신하였다. ―North Carolina주 Monroe 시에서.

5. 내일 할 수 있으면 오늘 당장 시작하라. 높은 관심과 관민의 유기적 협조가 우리 시 다운타운 활성화의 성공 요인이었다. 다운타운 비즈니스의 종사자와 이용자가 모두 자신감이 고취되었다. ―Michigan주 Flint 시에서.

이 밖에도 지역사회의 지도자들은 다음과 같은 조언을 하고 있다.

1. 시간과 노력이 필요하다.

다운타운 활성화사업이 시작되면 우선 구체적이고도 신속한 실적을 내야 한다. 그래야만 민·관 모두 사업의 동기를 부여받을 수 있기 때문이다. 그러나 다운타운 활성화는 본질상 장기 프로젝트이며, 따라서 노력과 시간이 필요하다는 점을 잊지 말아야 한다.

2. 다운타운 활성화는 경제개발 사업임을 주지해야 한다.

지난 수십 년간 많은 지역 사회들이 다운타운 활성화를 소위 '다운타운병'을 물리적으로 치유하는, 예컨대 도로환경 개선, 노후 빌딩 재단장, 환경 미화 등으로 잘못 인식하기도 하였다. 이들 과업이 중요하지 않은 것은 아니지만 이러한 노력만으로 다운타운의 활성화가 이루어진 경우는 거의 없다. 오늘날 많은 현명한 지역사회들은 다운타운 병이 물리적 환경 개선만으로는 치유될 수 없음을 잘 알고 있다. 때문에 다운타운 활성화를 성공적으로 성취하기 위해서는 다운타운의 경기를 회복하는 방안, 예컨대 떠나간 비즈니스의 재유치, 새로운 비즈니스의 창업 동기 부여 등 다운타운의 물리적 환경개선과 수반하여 시장원리의 정확한 이해가 필요하다.

3. 명확한 행동 강령이 필수적이다.

바람직한 다운타운은 우연히 만들어지는 것이 아니고 계획되고 다듬어서 이루어진다. 귀하의 다운타운이 위대한 다운타운으로 만들어지기 위해서는 다음과 같은 분명하고 구체적인 행동강령이 반드시 필요하다.

- 우리가 추구하는 이상적인 다운타운 비전(Vision for Downtown)을 정의함에 있어 지역사회의 의견을 충분히 반영해야 한다.
- 다운타운의 비즈니스, 주거 및 사무 공간, 부동산 등의 잠재한계를 정량적으로 분석하는 정확한 시장 분석이 필요하다.
- 그 지역사회에 적응 가능한, 집행 가능한 계획이 되어야 한다.
- 다운타운 활성화계획은 민간과 관이 동시에 추진해야 한다.
- 파트너들의 역할과 책임은 구체적으로 부여하여 소위 '뒷짐 지는' 참여자가 생기지 않도록 행한다.

4. 시 정부의 주도적인 역할이 필수적이다.

시청의 다운타운 활성화사업 책임자들은 주도적인 역할과 계몽을 아끼지 말아야 하며, 이러한 시청의 주도적 노력은 그 누구도 대신할 수 없음을 인지해야 할 것이다. 시 정부의 확고한 신념이 없다면 투자가들도 투자확신을 가질 수 없을 것이다.

5. 자원봉사자의 중요성

자원봉사에 동참하는 비즈니스 단체, 시민 조직, 지역사회의 정체성은 다운타운 활성화를 주도하는 전문가 집단에 못지않게 중요한 요소이다.

6. 재원확보

다운타운 활성화사업은 과업 추진에 필요한 조직 운영 경비와 프로젝트 사업비용을 필요로 한다. 가장 성공적인 재원확보의 형태는 관과 민이 부담하는 것이다.

□ 다운타운 활성화사업에 대한 그릇된 속설

근래 들어 다운타운 활성화사업과 관련한 여러 가지 그릇된 속설이 널리 퍼져 있다. 다운타운 활성화사업을 추진해온 관계자들은 경험을 통해 이러한 속설을 타파할 수 있어야만 사업을 성공적으로 이룩할 수 있다. 다음은 가장 흔한 10가지 속설을 나열한 것이다. 다운타운 활성화사업을 성공적으로 추진하기 위해서는 이들 오류를 정확히 인지하고 극복하여야 할 것이다.

속설 1: 다운타운 활성화사업의 혜택은 다운타운에만 한정된다.

이러한 잘못된 생각은 다운타운 활성화가 단지 경영상태가 악화되는 몇몇 사업체만을 대상으로 경기를 회복시키는 데 국한되며, 따라서 다운타운 내에 소재한 일부 사업자들에게만 혜택이 돌아간다고 일반적으로 믿고 있는 것이다. 그러나 다운타운 활성화사업의 본질은 지역사회 전체의 탄탄한 경제 능력을 제고하기 위한 투자라는 점을 인식해야 한다. 다운타운의 경제적 침체는 지역사회 전반의 경제 여건을 악화시켜 왔다는 사실은 미국 전역에서 목격되고 있다. 이들 다운타운의 경제적 상태가 투자가들이 중요시하는 두 가지 요소를 가늠하는 척도로 인식되기 때문이다.

첫째, 지역사회의 전반적인 경제적 건실성.
둘째, 지역사회 지도자(민간 및 관)의 능력.

최근 수년간 많은 지자체들이 여러 분야에서 침체를 거듭하고 있고 각 계각층의 전문 인력을 다른 도시로 빼앗기고 있는바 이는 다운타운의 침체에 크게 기인하고 있다. 투자가들이나 잠재적 거주자들은 다운타운을 그 지역사회 전체의 삶의 질을 가늠하는 척도로 여기는 경향이 있다. 그들은 쓰러져가는 다운타운을 한 번 보고는 전체를 판단하는 것이다.

속설 2: 건설만 해놓으면 사람/기업이 몰려온다.

이러한 믿음의 저변에는 지역사회가 물리적 환경만 잘 조성하면 투자가나 소비자들이 그곳을 몰려온다고 믿는 것과 그 궤를 같이하고 있다. 지나 2-30년 동안의 경험이 이러한 생각의 허구를 잘 반증하고 있다. 많은 지역사회가 대규모 도시환경 개선사업, 예컨대 새로운 보도 조성, 가로수 식재, 녹지 및 보행 편의 시설에 많은 투자를 한 후 할 일이 끝났다고 믿고 투자가나 소비자가 오기만을 앉아서 기다렸다. 불행히도 환경개선 사업만으로는 도시의 활기를 되찾을 수 없음을 이들 도시들은 깨닫게 된 것이다. 즉 물리적 여건개선은 경제 활성화 방안과 함께 할 때만 지역사회의 재건이 가능하다는 것을 인식하게 되었다. 다시 말해 다운타운 활성화사업은 '시장원리'에 기초하여야 하며 단지 물리적 개선만으로는 불가능하다.

속설 3: 우리가 슬럼지역을 철거해 놓으면 투자가들이 건설할 것이다.

이는 속설 2와 상반되는 생각으로, 다운타운 활성화사업을 도심 재개발사업으로 동일시하고 있다. 낡은 빌딩을 철거하여 나대지를 공급하면 개발업자들이 앞 다투어 새로운 빌딩을 건설한다고 믿는 것이다. 불행히도 이러한 생각으로 낡은 건물을 철거했던 전국의 많은 도시들이 빈 땅을 그대로 놀리면서 투자가들이 몰려오기를 오늘도 막연히 기다리고 있다. 이러한 쓴 경험을 토대로, 취약한 시장 여건은 그대로 두고 투자가들을 기다릴 수는 없다는 것을 많은 지역사회가 깨달은 것이다. 오히려 낡았지만 아직 구조적으로 튼튼하고 고색창연한 빌딩들이, 깨끗이 단장만 하면, 매우 매력적인 유인 요소가 될 수 있다는 것도 깨닫고 있다. 실제로 잘 재단장한 고풍스런 건물들이 가장 가치 있는 상업 부동산임이 많은 도시에서 증명되고 있다.

  속설 4: 도시 활성화사업 중 가장 큰 프로젝트 하나만 완수해 놓으면 투자가들이 몰려오기 시작한다.

  이 생각은 중요한 사업 또는 시책 한 가지만 성공적으로 수행하면 '나머지' 모든 일이 저절로 잘 이루어진다고 믿는 것이다. 한 예로, 다른 도시여건은 그대로 둔 채 다운타운의 컨벤션센터(혹은 경우에 따라 대규모 위락 단지나 주차 빌딩, 보행자 전용 거리)를 건설하는 일이다. 불행히도 이 방법은 대부분의 도시에서 실패로 끝이 났다. 다운타운 활성화사업은 다방면에서 추구되어야 한다.

  속설 5. 다운타운 비즈니스가 성공적이 되기 위해서는 지역 내 영업시간을 통일시켜야 한다.

  최근 수년 동안 많은 다운타운들이 다운타운 활성화사업 방안의 하나로 그 지역 내 소매업소의 영업시간을 통일시켰다. 즉 다운타운을 하나의 '거대한 쇼핑몰'화하고자 한 것이다. 대부분의 이러한 노력은 실패로 끝이 났다. 수많은 업체가 영업시간을 통일한다는 것 자체가 실현가능성이 희박할 뿐 아니라 영업 자체에도 유리할 것이 없다고 판단한 다른 도시들, 즉 개별점포의 '시장기능'에 따라 영업시간을 자유롭게 실시한 도시들보다 실패율이 현저히 높았다.

속설 6: 다운타운 내 경쟁은 영업에 유리하지 않다.

사실은 이와 정반대이다. 가장 성공적인 상업지역(오래된 곳이든 신흥지역이든)은 동종의 업소들이 한곳에 모여 있는 경우가 많다.

속설 7, 8: 다운타운 활성화사업 추진 공무원들은 개발업자에게 고분고분해야 하며, 만일 그렇지 않으면 개발업자들이 그 지역을 기피한다. 또는 반대로, 관련 공무원들은 개발업자에게 엄격해야 하며, 만일 그렇지 않으면 공무원을 이용하려 든다.

이와 같은 속설이 잘못된 것이라는 것은 지난 15년간의 전국 지자체들의 경험이 잘 보여준다. 개발업자들은 그들의 사업을 필요로 하는 지역에서 필요로 하는 사업을 시행한다. 그래야만 그들의 사업이 지역사회로부터 보호받을 수 있기 때문이다.

관련 공무원들이 개발업자들을 필요 이상으로 까다롭게 대하는 지역들은 이들 업자들이 기피한다는 사실은 과거의 사례들이 잘 보여준다. 지역사회가 개발업자들을 일방적으로 이용만 한다는 인식을 불식시킬 필요가 있다.

양질의 개발 프로젝트를 성공적으로 달성한 다운타운들은 한결같이 공조 체계, 즉 지역사회-자치단체-개발업자 간의 파트너십을 이룩하였다. 즉 흔히들 말하는 민·관 협조체계가 바로 그것이다. 관민 협조체계를 성공적으로 도출하기 위해서는 서로가 상호 협조하여 그 혜택이 양쪽 모두에게 돌아가게 함이 중요하다.

속설 9: 주차시설만 확충하면 다운타운 활성화는 잘된다.

이러한 생각의 기저에는 '모든 다운타운 병은 주차난에서 기인된다'라는 잘못된 인식이 자리하고 있다. 이 같은 생각을 가지고 있는 공무원들은 다운타운의 소비자들이 넓고 편리한 주차장이 있는 교외의 쇼핑몰로 가버렸다고 믿으며, 때문에 주차장 증설만을 역설한다. 그러나 다운타운의 여러 다른 문제들을 그대로 둔 채 주차 시설만을 확충한 바 있는 많은 도시들이 이러한 생각이 잘못된 것임을 이제는 알게 되었다. 많은 다운타운 주차장이 아직 텅 빈 채로 있기 때문이다.

주차난을 겪고 있는 많은 다운타운의 문제점은 주차공간의 부족이 아니라 주차관리 체계에 기인한다. 예를 들어 비즈니스 종사자들이 편리한 곳에 먼저 주차함으로써 정작 손님들의 주차를 어렵게 하는 것이다. 이러한 문제점은 주차공간의 확충에 앞서 보다 합리적인 주차관리를 통해 해결할 수 있다.

과거의 손님들을 되찾는 데 성공한 다운타운들은 소비자들로 하여금 다운타운의 이점을 인식하게 하고 나아가 소비자 스스로가 그러한 비즈니스를 보호하고자 하는 생각을 갖게 하는 경우가 많다. 실제로 다운타운 비즈니스가 소비지의 욕구(소비지가 원하는 물건, 서비스, 친절, 독특한 아이템 또는 영업 방식 등)를 충족할 경우 주차는 큰 문제가 아님을 인식하게 되었다.

속설 10: 우리는 할 수 있으며, 마음만 먹으면 언제든지 다운타운 활성화를 이룰 수 있다.

다운타운 활성화는 경제적인 활성화를 의미한다. 경제적인 활성화는 다음과 같은 구체적인 도구가 없이는 이룩되기 어렵다.

- 비전(Vision)

사업자, 관, 주민들이 동참하여 분명하면서도 지역사회가 공감하는 바람직한 '다운타운 비전'을 정립하여야 한다. 이러한 비전은 다운타운의 미래 상을 구현하는 데 필요한 모든 결정이나 행동을 가늠하는 기본 원리로 활용돼야 한다.

- 시장분석

다운타운의 경쟁력을 제고하기 위해서는 시장의 현실을 정확히 인지하는 것이 필수 불가피하다. 다운타운 활성화 노력은 다운타운의 비즈니스, 업무 공간, 주거 공간 등의 잠재성에 대한 철저한 시장 정보에 근거하여야 한다.

- 성장 전략

충분한 계획 없이 성공적인 비즈니스가 어렵듯이 다운타운 활성화를 위해서는 충분한 계획이 선행되어야 한다. 다운타운 경기회복과 지역사회 비전을 달성하기 위해서는 시장분석에 근거한 분명하고, 실현 가능하며, 실천적인 성장 전략이 필요하다. 이러한 정장 전략은 무엇을, 누가, 언제까지 마무리하는가 하는 구체적인 추진 스케줄을 통해 달성된다.

- 관·민 파트너십

사업자, 자치단체, 주민 그리고 기타 유관기관 간의 파트너십은 성공을 위한 필수 불가결의 요소이다. 이러한 공조 체계는 민간 부문이 주도하여야 한다.

- 재원 조달

다운타운 활성화 계획을 적기에 완수하기 위해서는 관민 파트너가 일정 규모 이상의 재원을 확보해야 한다. 재원은 다운타운과 이해관계가 있는 특수 집단보다는 커뮤니티 전체의 다양한 분야에서 고루 조달되는 것이 바람직하다. 그간 많은 지역사회 지도자들이 너무 오랜 기간 동안 다운타운 활성화사업을 '즉흥적'으로 시행해 왔다. 시장 동태를 짐작에 의존하고, 분명한 비전도 정립하지 않았으며, 과업은 대충 대충 추진하고, 업계와 관은 손발을 맞추지 못하였고, 부족한 재원조달로 최소한의 비용만을 지출하여 왔다.

반면 업계의 거물인 쇼핑몰이나 대규모 할인 매장들은 그와 같은 주먹구구식 대신 강력한 비즈니스 도구를 활용함으로써 영업에 성공할 수 있었다. 그들이 활용한 똑같은 도구 없이는 다운타운 활성화를 성공적으로 추진할 수 없다. 이러한 도구들과 이의 활용방안은 다음 장에서 다룬다. 지금까지 살펴본 다운타운 활성화와 관련된 잘못된 속설을 잘 이해하는 한편, 다운타운 활성화를 미루지 말고 오늘 당장 시작해야 할 것이다.

□ 시작: 귀하의 다운타운의 올바른 미래상을 정립하라

공감대가 형성된 다운타운 미래 관과 탄탄한 시장 정보를 바탕으로 한 다운타운 활성화 노력의 시작 단계가 종종 그 성패를 좌우한다. 성공의지가 담긴 비전과 정확한 시장정보는 다운타운 활성화사업의 기초임을 잊지 말아야 할 것이다. 왜냐하면 이들 요소들이야말로 지역사회가 다운타운으로부터 기대하는 바는 물론, 당면한 문제점과 잠재성을 확인하는 요소가 되기 때문이다. 이러한 건실한 기초 위에서 비로소 다운타운 문제를 해결하고 잠재능력을 구현하는 데 필요한 행동을 도출할 수 있기 때문이다.

이러한 기초가 허약하다면 귀하의 다운타운 활성화사업은 위기에 빠질 수 있다.

다운타운 미래에 대한 공감대적 비전을 정의하고 다운타운의 현실을 파악하기 위해서는 다음의 2단계 과정이 필요하다.

- 지역사회가 공감하는 다운타운 미래에 대한 바람직한 비전을 정의하라.
- 시장분석을 사실적으로, 철저하게 수행하라

성공에 대한 지역사회의 비전:

귀하의 다운타운이 이대로 변화해 갈 경우 다운타운의 미래에 대해 귀하는 확신을 가질 수 있는가? 만일 미래를 정확히 예측할 수 없다면 다운타운 미래에 대한 귀하의 계획은 무엇인가? 다운타운은 끊임없이 변화해 가는 속성이 있다. 즉

- 비즈니스의 부침,
- 재산소유의 계속적인 전이,
- 소비 인구와 연령층의 변화,
- 경쟁관계에 있는 쇼핑지역의 확대 또는 축소,
- 다운타운 최고 정책 설성사의 잦은 교체,
- 다운타운 관련 공무원의 교체 등.

다운타운을 둘러싼 환경의 다양한 변화는 다운타운의 미래 예측을 어렵게 하며, 다운타운의 관리를 더욱 어렵게 한다. 다운타운 활성화 과업의 많은 지도층은 민간 부문에서 활용되는 비전 정립 기법을 적용하고 있다. 이들은 다운타운에 유익한 변화를 앞장서서 주도해 가는 지도자적 역할이 피동적 수혜 대상, 즉 다른데서 연유한 혜택을 다운타운이 받도록 하는

것보다 경우에 따라 쉽다는 것을 경험하기도 한다.

시민 대다수를 기쁘게 하고, 희소한 자원을 가장 효과적으로 활용하는 방향으로 지역사회를 이끌고 나아가기 위해서는 민간 경영 기법이 필요하다는 인식이 많은 지자체 공무원들 사이에 자리잡아가고 있다. 다만, 이와 함께 지역사회가 공감하는 '비전'이 필요하다는 점도 이들은 잊지 않고 있다.

우리 자신들에게 다음과 같은 질문을 해 볼 필요가 있다. '우리 지역사회의 미래를 우연에 맡길 것인가 아니면 우리의 희망과 포부대로 이루어지도록 노력할 것인가?' 이 질문을 통해 우리는 지역사회의 비전을 정립하지 않을 수 없음을 깨달을 수 있다. 성취적인 지역사회 지도자들(관이든 민간이든)은 다음과 같은 신조를 견지하고 있다:

'위대한 시는 저절로 이루어지지 않으며 계획되는 것이다.'

우리의 다운타운이 경제적으로 보다 밝은 미래를 맞이하기 위해서는 '비전 정립'과 '계획'이 필요하다.

비전과 비전정립

비전이란 무엇인가? '지역사회 비전'이란 지역사회의 가치, 꿈, 이상을 집약한 것이며, 지역 주민의 이상향이다. 즉 지역사회의 바람직하고도 실현 가능한 미래를 함축한 정신적 지도이다.

지역사회의 비전은 그 구성원들을 격려하고 고무시키며, 열성적이게 만든다. 비전은 전체 지역사회가 보다 큰 선(Good)에 도달하고자 하는 노력을 집결시켜 준다. 그것은 어두운 터널 저 끝에 보이는 밝은 출구인 것이다. 공감대가 형성된 지역사회비전은 '너는 너, 나는 나'식의 방관자적 의식을 불식시키고 하나로서의 '우리'를 만들어 준다.

그렇다면 '비전정립'이란 무엇인가? 비전정립이란 미래창조의 한 방법이

다. 즉

> '비전정립은 **지역사회**가 **자신**에게 적합한 **미래**를 정의할 수 있도록 하
> 는 **과정**이다.'

위에서 강조된 4단어들은 비전정립이 성공하기 위한 열쇠이며 이를 상
세히 설명하면 다음과 같다:

- 지역사회(Community): 비전정립 과정은 다운타운 구성 인구와 다운
  타운 미래에 영향을 받는 계층으로서 이루어지는 공동체를 전제로 하
  며 이러한 공동체가 바로(다운타운) 지역사회이다. 따라서 비전정립
  이 성공적이고 정당하기 위해서는 공개적이고 공동 참여적이며, 민주
  적이어야 한다.
- 자신(Self): 비전정립은 자결에 관한 것이다. 따라서 지역사회 구성원
  들은 열린 비전정립과정을 통해 스스로 다운타운의 비전을 결정해야
  하는 주체이다.
- 미래(Future): 비전은 다운타운의 미래형성에 관련된 모든 변화를 인
  도(guide)하는 등대이다. 비전이 '계획'은 아니지만 계획과정의 한 부
  분이다. 귀차이 비젼은 기히가 이디를 시항하는가, 어떤 미래를 창조
  하고자 하는가를 말해준다. 또한 그곳에 어떻게 도달할 수 있는가를
  알려주는 계획의 일부이어야 한다.
- 과정(Process): 일련의(개별이 아닌) 과정, 회의 연구 기법, 기타. 종
  합적인 비전정립에 충분한 시간을 할애하는 것은 매우 중요한 것으로
  서 꼭 필요한 데이터를 수집하고 다운타운 구성원 간의 깊은 내화를
  가능하게 한다.

비전의 예

다운타운 비전은 자의적으로 제한된 하나의 짧은 문장이나 문단은 결코 아니다. 다운타운의 미래에 대한 지역사회의 이상과 의지를 자세히 기술하기 위해 다운타운의 비전은 충분히 길어야 한다. 다음의 예는 어느 다운타운 비전의 한 부분을 발췌한 것이다.

비전문 사례: Colorado주 Longmont시

2003년까지 우리시의 다운타운은 축제적이고 문화적이며 역사가 살아 숨쉬고 가족적이고 우호적이며 매혹적이고 안전한 거리로 조성하고자 한다. 다운타운은 전문 상점, 개성이 있는 매장, 야간에 더 활기가 있는 거리이어야 한다. 다운타운은 당신과 가족들이 평화롭게 산책할 수 있고 마음대로 길을 건널 수 있으며 거리 도처에서 콘서트를 감상할 수 있고 여러 가지 작지만 독특한 쇼핑 장소를 즐길 수 있게 된다.

다운타운이 번성하게 되면 다운타운은 물론 인접지역까지 통행자 보호책이 마련될 것이다. 다시 말해 보행자가 크고 작은 길을 건너기 용이하며 일정 규모 이상의 트럭은 다운타운으로 진입할 수 없고, 주차장이 넘쳐 인근 지역까지 주차혼잡을 야기하는 일이 있어서도 안 된다. 다운타운은 '일하기에도, 살기에도' 모두 좋은 장소이어야 함으로 다운타운과 인접지역이 업무와 주거지역으로 구분되는 일이 없이 기능적으로 통합돼야 한다. 한편 상업활동이 주요 도로를 따라 이루어지므로 인접 주택가들이 이로 인한 불편이나 손해를 입지 않도록 배려되어야 한다.

다운타운 개선에 따른 우리시의 이미지는 다음과 같이 변화해야 한다:

이 지역의 천연 건축 재료와 색조를 강조하는 매력적인 건축물로 이루어진, 역동적이고 활기차며, 우호적이고 성공적인 다운타운.
더불어 좋은 서비스와 품질 높은 독특한 상품을 제공하는 다양한 사람

과 가게가 있는 다운타운.
콜로라도 주의 도시로서, 동시에 콜로라도 산맥의 도시로서 Longmont시,
즉 역사와 문화가 배합된 독특한 개성을 견지하는, 역사를 간직한 건물
들로 이루어진 다운타운.
스스로의 문제를 현명하게 해결하는, 콜로라도의 가장 귀한 보물인
Longmont시 다운타운!

시장분석은 필수

다운타운은 대형 쇼핑센터, 할인 매장, TV쇼핑 채널, 인터넷 쇼핑 등으로 이루어지는 거대한 쇼핑 산업의 한 부분을 이루고 있다. 이러한 대형 판매회사들이 그들의 비즈니스를 시작할 때 시장분석을 최우선적으로 실시했음은 불문가지이다. 다운타운이 이들 거대 상권과 경쟁하기 위해서는 그들이 사용하는 도구를 갖추지 않으면 안 된다. 따라서

'다운타운 활성화의 첫 번째 과업은 시장분석이다.'

시장 분석적 접근방법은 다운타운 활성화 성공의 기본 요소이다. 다운타운이 지역사회에서 의미하는 바가 다양하겠지만 가장 중요한 점은 그것이 경제 집단이라는 점이다. 비즈니스는 반드시 시장 지향적이어야 한다. 즉 고객을 이해하고, 시장을 공유하고 있는 다른 경쟁 업소를 이해할 필요가 있다. 다운타운 활성화는 물리적인 환경개선만으로는 이룩되기 어렵다는 것을 이해할 필요가 있다. 고용도 증대되어야 하고 부가가치도 생산되어야 하며, 공공부문 투자에 필요한 세수도 증대되어야 한다. 경제적으로 건실한 비즈니스는 고객에게 필요한 물건과 용역을 제공하는 한편, 다운타운의 재원 조달의 역할도 한다. 다운타운 활성화를 성공적으로 이룩하기 위해서는 해당 다운타운의 경제적 잠재력을 정확히 이해할 필요가 있다.

시장분석이란 무엇인가?

시장분석은 결코 정밀과학은 아니다. 시장분석은 다운타운 비즈니스 소유주, 부동산 소유주, 개발업자, 투자자들에게 다음과 같은 정보를 제공할 뿐이다:

- 시장에 현존하는 기회에 대한 통찰력,
- 다운타운에 현재 또는 미래에 투자를 하고자 하는 투자가가 투자결정을 내리는 데 필요한 다양한 정보 제공.

그동안 다운타운의 활성화 과정에서 시장 분석은 다소 모호한 개념으로 이해되어 왔다. 과거 많은 사람들이 시장 인구 변화 자료와 사회경제(Socio-Economy) 자료만으로 시장 동향을 완전히 파악하였다고 생각해 왔던 것이다. 요즈음은 많은 사람들이 다운타운 시장 내에 잠재하고 있는 기회나 고객의 욕구를 보다 정확히 이해하기 위해 전문가 집단을 활용하기도 한다. 이러한 접근 방법은 다운타운의 시장기회(Market opportunity)에 관한 보다 나은 이해에 도움을 주는 것은 사실이다. 그러나 시장분석의 핵심 내용은 몇몇 데이터나 조사방법의 동원만으로는 획득되기 어려우며, 다양한 데이터와 의견 교환을 통해서야 비로소 가능하다.

양질의 시장분석을 위해서는 석조 건물을 지을 때 쓰는 방법과 똑같은 방법이 필요하다. 석조건물의 내구력은 개별 석재의 내구력에 의존한다. 한 개가 모자라면 전체가 위태롭게 되는 것이다.

양질의 시장분석은, 특히 다운타운의 경우에는, 다양한 정보원에 크게 좌우된다. 다양한 정보가 잘 융합되면 시장 조사의 결과는 보다 분명하고 유효하게 된다. 귀하가 다운타운 활성화에 관계자이라면 최소한 다운타운의 장래 소매 규모, 업무용 및 기타 부동산의 동향을 파악할 필요가 있다.

소매시장 분석

다운타운의 시장기회와 시장 동향을 파악하는 최근의 접근방법은 아주 간단하다. 즉 다운타운이 현실적으로 대상으로 삼고 있는 고객의 요구와 욕구에 바탕을 둔 현실적인 시장 잠재성을 이해하면 된다. 다운타운 시장 분석의 첫 단계는 다운타운이 시장 단위(Market Unit)로서 어떤 기능을 수행하고 있는가를 파악하는 것이다.

다운타운의 기능이 지역마다 여러 가지 면에서 대동소이하겠지만, 시장 관점에서 보면 저마다 특색이 있다. 어떤 다운타운은 지역사회의 가장 큰 상권을 형성하기도 하고 또 다른 다운타운은 전통적인 상권을 교외의 대규모 신흥 소매점들에게 빼앗긴 곳도 있다. 심한 경우에는 업무와 주거 공간마저도 교외의 보다 쾌적한 장소로 빼앗긴 다운타운도 많이 있다. 반면, 비록 다운타운의 상당기능을 외부로 빼앗겼더라도 아직 부흥의 가능성을 가지고 있는 다운타운도 있다. 이러한 다운타운의 경우 새로 창업하는 이 지역의 입주자 입장에서 보면 다운타운의 부동산 시세가 상대적으로 저렴하여 소규모 창업에 유리할 수도 있다. 많은 소규모 자영업자들은 이러한 다운타운에서 영업 공간을 쉽게 확보하며 이는 비즈니스 시작에 큰 도움이 된다.

다운타운 소매시장 파악에 유의할 점은 다음과 같다:

- 다운타운 영업자의 수익 향상을 위한 최선책의 파악,
- 현재 다운타운 상권을 이용하는 고객이나 잠재고객의 기대에 부흥할 수 있는 적정 비즈니스 규모 제시.

다운타운 시장분석이 중요한 이유는 다음과 같은 내용을 파악할 수 있기 때문이다:

- 다운타운의 현재 또는 미래 고객 파악
- 고객의 사회-경제적 특성, 즉 지출 규모, 지출 양태 등을 파악
- 다운타운에 대한 고객들의 의견 수집
- 다운타운의 가장 큰 경쟁 상대 파악
- 다운타운 내에서 업종별 유리한 장소 파악
- 다운타운 내에서 경제적으로 성공할 수 있는 업종 파악

한마디로 요약하여

'시장 분석은 해당 다운타운의 재활에 필요한 구체적인 액션과 시장 기
회의 포착을 가능하게 한다.'

시장 분석은 시장 분석 자체로 끝나면 안 되며 이를 바탕으로 다운타운
이 필요로 하는 요소를 가늠하고 다운타운의 경제 부흥에 도움이 되는 보
다 적극적이고 실천 지향적인 경제부흥전략 수립에 적용되어야 한다.

시장분석의 수혜자는 누구인가?

시장분석을 통해 파악된 내용들은 다음과 같이 다양한 계층에 그 혜택
이 돌아간다.

- 다운타운 비즈니스 소유주: 업종 전환, 규모 확대 여부, 영업시간 결
  정, 마케팅, 새로운 영업 개시.
- 다운타운 부동산 소유주: 건물 세입자 유형 파악, 안정된 임차 계약.
- 다운타운 고용자
- 지역 융자회사: 대출금에 대한 안정성.
- 지방정부: 지방 세수 증대.

　- 일반 시민: 쇼핑 대안의 추가, 지역사회 구성원으로서의 자긍심.

　시장분석의 결론: 귀하의 다운타운에 알맞은 구체적인 영업 분야(최적의 비즈니스 구성)를 제시하여야 한다.

□ 다운타운 활성화 프로그램: 귀하의 다운타운에 가장 알맞은 추진 전략을 정의하라.

　비전을 정립하고 시장분석을 완료하면 다음 사항이 명확하게 나타난다:

　- 상당한 분량의 문제점과 다운타운이 직면한 현황,
　- 이용 가능한 경제 기회(Economic Opportunity).

　다운타운 활성화 전략의 근간을 이루는 구체적인 실천 사항(Action)의 선정 및 스케줄을 세울 때 위에 나열한 정보를 근거로 한다. '알맞은' 실천 사항이란:

　- 다운타운이 직면한 현안들을 해결하고, 정립된 비전을 성취하며, 다운타운의 수요 장기 발전책을 이룰 수 있도록 하는 실천사항.

　'올바른' 실천사항이 다운타운마다 다를 수 있겠지만, 모든 다운타운의 활성화 노력을 성공적으로 이끄는 최소한의 공통적인 자세와 실천사항이 있음을 우리는 경험을 통해 알 수 있었다. 이들을 나열하면 아래와 같다:

올바른 자세(The Right Attitudes)
　오늘날 미국에서 성과를 거두고 있는 다운타운활성화 노력은 대부분 비즈니스 경영기법을 적용한 경우들이다. 이러한 경영기법을 적용하는 것이 바로 다운타운활성화에 대한 올바른 자세라 할 수 있다. 다음은 올바른 자세를 보다 자세히 설명한 것이다.

시장 지향적이 되라

모든 다운타운 활성화 전략을 추진함에 있어 시장분석 정보를 **반드시** 이용해야 한다. 경영 예측 기법, 가용한 모든 광고 수단의 동원, 각종 이벤트, 광범위한 물리적 환경 개선 등이 총 동원돼야 한다.

특화 업종을 발굴, 육성하라

다운타운을 대표하면서, 타 지역의 초대형 매장들과도 견줄 수 있는 독특하고 실질적인 경제적 특화 업종을 발굴, 개선, 창조하는 일이 다운타운 활성화의 경제 목표이다.

실천 지향적이 되라

관민 파트너십을 공고히 하라

투자하라

활성화 과업을 수행하는 데 필요한 재원을 공공부문뿐만 아니라 민간분야(해당 업계)에서도 동시에 조달하는 것이 필요하다. 그래야만 이들 민간부문 참여자들이 다운타운 활성화에 보다 직접 연관을 갖게 되고 따라서 과업 성공에 대한 스스로의 동기를 부여받는다.

전문가를 위촉하라

자질과 경험이 있는 다운타운 사업 분야의 전문가를 유치할 수 있느냐는 다운타운 활성화사업의 성패를 좌우한다는 사례가 비일비재하다. 이렇게 위촉된 전문가는 잦은 행사나 개인적인 진급 문제 등에 연연할 필요가 없기 때문에 다운타운 활성화 과업에만 전념할 수 있다.

비즈니스 경영식 접근방법을 구사하라

다운타운에 대한 재투자와 투자이익을 창출하기 위해서는 비즈니스 경영식 접근방법이 필요하다. 이를 위해 다음 사항을 명심할 필요가 있다:

'성공적인 다운타운이란 그곳에 투자한 사람들 예컨대, 비즈니스 소유자, 부동산 소유자, 부동산 개발업자, 지방 정부 모두가 투자 이상의 이득을 확보할 수 있는 곳이어야 하며, 따라서 이들이 계속 투자를 유지하는 그런 곳이어야 한다.'

올바른 실천(The Right Actions)

비즈니스식 다운타운 활성화 전략, 즉 귀하의 다운타운에 적용되는 일련의 올바른 실천 사항들을 성의하는 것은 비전 정립 및 시장 분석 과정의 정점을 이룬다고 할 수 있다. 쉽게 말해 다운타운 활성화 전략은 시장 분석에서 나타난 문제점과 그 대안에 근거한, 공격적이면서도 실현 가능한 실천사항들이다. 이들을 살펴보면 다음과 같다:

- 다운타운에 현존하는 비즈니스를 다른 곳으로 **빼앗기지** 말 것,
- 다운타운 내로 새로운 비즈니스를 유치할 것,
- 관민이 협심하여 관내 환경을 개선할 것.

- 다운타운을 안전한 공간으로 조성하는 한편, 이에 대한 홍보를 계속 할 것,
- 다운타운 내 유휴 공간의 개발 및 이용을 도모할 것,
- 다운타운 내 주차와 교통 통제를 소비자 위주로 개선할 것,
- 현재의 고객은 물론, 미래의 잠재 고객들도 다운타운 마케팅 대상으로 삼을 것.

기본적으로 다운타운 활성화 전략은 아래의 항목들을 실현하는 청사진을 제공한다.

- 지역사회의 비전 성취
- 규명된 시장기회의 획득 및 활용
- 다운타운 당면 과제의 해결,
- 다운타운 활성화와 관련한 참여 확보,

다음의 사항들은 다운타운의 경제 활성화 전략을 성공으로 이끄는 데 필요한 다양한 힌트를 나열한 것으로서, 미국 각지에서 성공을 거둔 다운타운 활성화 기법들을 발췌한 것이다.

<u>현존하는 비즈니스에서부터 시작하라</u>

다운타운 활성화의 구체적인 노력은 현재 영업 중인 비즈니스를 잘 돌보아 번창할 수 있도록 하는 것에서부터 시작된다. 이들 비즈니스의 소유주들은 귀하의 다운타운에 이미 투자를 시작한 사람들이며, 앞으로도 그 비즈니스를 계속할 사람들이다. 따라서 다운타운 경제 잠재력의 혜택은 당연히 이들에게 우선돼야 한다.

다운타운의 기존 비즈니스 소유주들에게 줄 수 있는 가장 효과적인 도움은 그들에게 일대일의 상담기회를 제공하는 것이다. 이를 통해 그들과 허심탄회한 대화를 가질 수 있고, 이들이 필요로 하는 도움이나, 정보, 충고 등을 파악할 수 있다.

점포 밖에서부터 소비자의 시선을 장악하라

외관이나 주변이 변변하지 못한 상점가는 소비자들로 하여금 그 내용, 즉 상품이나 용역이 별로 구미가 당기지 않는 것처럼 만든다. 말할 필요도 없이 이는 영업에 유해하다. 다운타운 활성화는 민간과 공공기관이 모두 환경 정비에 노력할 것을 요구한다. 상점 주변의 환경을 개선하기 위해서는 건물 재단장, 거리 조경, 기타 환경미화를 실시하여야 한다. 민간 부문의 환경 개선 사업을 효과적으로 유도하기 위해서는,

- 낡은 건물의 재단장에 필요한, 지역 특성에 맞는 '디자인 가이드'를 개발, 홍보해야 한다.
- 건물주들이 어떻게, 어느 정도 개선해야 하는지를 조언해 줄 수 있는 전문가를 선정하여 활용한다.

다운타운 조경 개선 시 지자체 공무원들이 견지하여야 할 항목을 살펴보면,

- 최소 원칙(Minimalist: 필요 이상의 개선은 삼가),
- 보행자 친화적,
- 유지, 보수상 유리한 방향으로 개선

등을 꼽을 수 있다. 이로써 보행자들이 거리의 쾌적함에 너무 몰두하지 않고 다운타운의 빌딩이나 매장에도 시선을 할애할 수 있어야 한다.

새로운 비즈니스의 유치

기존의 다운타운 비즈니스가 사업기반을 확고히 하고, 다운타운의 주변 경관도 정비가 완료되면 그 다음의 노력은 새로운 비즈니스를 다운타운 내로 유치하는 데 모아져야 한다.

- 비즈니스의 유형을 구분할 것: 비즈니스를 유치할 때 아무업종이나 무조건 유치할 수는 없다. 시장분석을 통해 선정된 분야의 업체 유치에 주력해야 할 것이다.
- 동일 업종은 동일 구역 내로: 새로 유치되는 비즈니스는 동일한 또는 비슷한 업체들이 모여 있는 장소로 입주를 권장한다.
- 비즈니스 유치의 역할과 목표를 분명히 할 것: 특정 시점까지 목표치, 즉 유치하고자 하는 업체의 숫자를 명확히 설정한다. 목표 유치 업체 수는 투입될 시간과 인원이 구체적으로 산정되기 전까지는 개략적으로 산정한다.
- 부동산 업계와 연계: 이상의 모든 노력은 지역 부동산 업계와 업무 연계하여 추진한다.
- 건물 소유주와의 협조 체계를 구축한다.

새로운 비즈니스도 키워가라

4-5년 전만 해도 다운타운 활성화 담당자들은 관내에 새로운 비즈니스를 기피하는 경향이 있었다. 과거의 예로 볼 때 소규모 신흥 비즈니스의 유치 성과가 신통치 않았기 때문이다. 그러나 요즈음의 다운타운 관계자들은 두 가지 새로운 사실을 깨닫고 있다. 첫째로, 어떤 지역사회 내에서 새로 창출된 비즈니스나 고용은 외부인이 아니라 그 지역에서 이미 운영되고 있는 비즈니스에 의한 경우가 대부분이라는 사실과, 둘째로 요즈음의 새 비즈니스

창업자들은 과거의 창업자들과 다르다는 점이다. 따라서 다운타운 비즈니스 유치 방안의 하나로 새로운 비즈니스의 창업을 독려해 볼 필요가 있다.

유사 업종은 동일 지역으로

가장 성공적인 다운타운 활성화 시책의 하나로 '유사업종 모아두기'를 꼽을 수 있다. 이는 시장분석의 결과를 근거로 다운타운 내 비즈니스를 가장 효과적으로 배치하는 것이다. 이러한 모아두기식 배치의 목적은 특정 쇼핑 목적을 가진 손님들로 하여금 여러 가게를 들르기 편리하게 하며 나아가 다운타운 전체를 보다 이용자 친화적으로 하기 위해서 이다.

고품질, 종합 홍보책을 시행하라

현재 또는 미래의 소비자들은 여러 가지 다양한 쇼핑 대안을 가지고 있으며, 아주 현명하게 대안을 선택한다. 또한 그들은 쇼핑 홍보의 홍수 속에서 살고 있다. 다운타운 관계자들은 다운타운의 홍보 방법이 다른 경쟁 상대의 전문적이고 종합적인 홍보책에 필적해야 함을 알고 있다. 홍보가 성공하기 위해서는 홍보의 질이 높아야 하며, 시장분석 결과에 충실해야 하고 다운타운의 이미지를 분명히 하고, 다양한 방법을 동원해야 한다. 중요한 점은 다운타운의 종합 홍보책이 대중 매체, 즉 신문 및 방송과 유기적 관계를 유지하며 공동 광고, 우편 광고, 광고 전단, 인터넷 홈페이지 및 기타 가용한 방법을 총망라하는 종합적인 것이어야 한다는 점이다.

☐ 활성화 프로그램의 발진: 올바른 다운타운 활성화사업 관리 장치를 마련하라

정보 수집과 이에 따른 적절한 전략이 수립되었다면 다운타운 활성화

프로그램을 시행해야 한다. 시행에 필요한 두 가지 사항은:

- 활성화 전략 수행의 최선봉에 자리하는 파트너십,
- 다운타운 활성화를 질적으로 뒷받침할 수 있는 충분한 재원.

다운타운 파트너십(The Downtown Partnership)

다운타운의 잠재능력을 충분히 구현하기 위해서는 다운타운 핵심 인적 자원을 결속하고 추진력을 부여하는 장치가 필요하다. 이러한 장치를 마련하기 위해서는 강력한 관민 협조체계, 즉 파트너십이 필요하다. 이 파트너십은 여타 모든 다운타운 활성화 노력을 이끌고 나아가야 하며 장기적으로 지속돼야 한다.

파트너십의 역할

파트너십은 다음의 역할을 충족시켜야 한다:

- 다운타운 활성화의 주요 참여자들이 다운타운의 발전에 필요한 계획과 집행이 하나로 결속시키는 우산 역할을 한다.
- 다운타운의 활성화를 지역사회의 가장 우선적인 사업으로 고양하는 리더십을 제공한다.
- 다운타운의 활성화 전략을 실행하는 데 필요한 리더십을 제공한다.
- 충분한 자원, 즉 인적 자원 및 재원을 축적하여 다운타운의 활성화 전략을 성공적으로 수행할 수 있도록 한다.
- 다운타운과 다운타운 활성화의 중요성을 홍보하는 주체가 된다.
- 다운타운의 주요 파트너, 지역사회, 다운타운의 이용자들과의 정보제공 및 교류를 담당한다.

- 추진사업의 목표를 제시하고 이를 따르게 독려한다.

파트너십의 구조

파트너십을 충분히 구현하기 위해서는 다음과 같은 수성 요소를 갖추어야 한다.

- 관련 조직의 관리, 감독, 업무 수행의 기능을 갖는 관민 합동 감독위원회
- 다운타운 활성화의 다양한 전략을 수행하기 위한 자원 봉사자들로 구성된 상설 위원회를 둔다.
- 다운타운 활성화 프로그램 추진 시 예측 못한 문제가 발생하면 이를 해결하기 위한 임시 태스크 포스(Task Force)를 설치하고, 문제가 해결되면 해체한다.
- 감독위원회, 자원봉사 상설위원회, Task Force, 기타 자원 봉사자들이 다운타운 활성화 업무를 효과적으로 추진할 수 있도록 전문지식을 갖춘 요원(Staff)들을 채용한다.

재원 조달

다운타운 활성화사업을 차질 없이 추진하는 데 필요한 재원의 조달은 사업 성공의 중요한 요소이다. 따라서 파트너십은 신속하면서도 적극적인 재원 조달 노력을 경주해야 한다.

다운타운 활성화사업 추진비용은 2가지, 즉 일반 비용과 특별 추진비용으로 대별되며, 재원조달 영역에 따랄 공공기관으로부터의 투자와 민간분야로부터의 투자로 구분할 수 있다. 일반적으로 사업의 초기에는 연래 사업비 등 대부분의 투자가 공공 부문으로부터 이루어진다. 그러나 사업이

진척되고 성과가 가시적이 되어감에 따라 민간 부문의 투자가 점차 증가되는 경향이 있다.

다운타운 활성화에 필요한 재원 조달을 추진할 시 다음과 같은 경험 법칙을 염두에 둘 필요가 있다:

- 재원 발굴 노력은 다운타운은 물론 보다 광범위한 지역사회 여러 곳을 망라해야 한다.
- 민간 및 공공 부문이 공동으로 재원을 출자함이 다운타운 활성화사업 추진에 가장 유리한 형태이다.
- 다운타운 활성화재원 마련의 최근 경향은 '다운타운 특별 조세 지구'를 설정하여 특별세를 징수하는 방안이 널리 쓰이고 있다.
- 그러나 이러한 특별세만으로는 일반적으로 충분한 재원을 마련할 수 없으며, 따라서 추가재원을 발굴해야 한다.

□ 다운타운 활성화 프로그램의 적용: 다운타운 활성화에서 지방 정부의 역할

다운타운 활성화를 위해 지방 정부가 해야 할 일, 할 수 있는 일은 무엇인가?

민간 부문이 다운타운 활성화의 주체이지만, 지방정부의 조언, 홍보 및 고문으로서의 역할도 매우 바람직한 일이다. 지방정부의 역할을 좀더 자세히 살펴보면 다음과 같다.

홍보역할

지방정부는 다운타운을 대표하는 대리인 또는 홍보 사절의 역할을 담당해야 한다. 이를 위해 다운타운이 전체 지역사회에 얼마나 중요한지를 이해하며, 다운타운으로의 민간 투자에 대해 확신을 심어줄 수 있어야 한다.

리더십

다운타운의 활성화가 지역사회 최우선 과제임을 일반 시민, 관내 공공 조직, 지자체 공무원 개개인들에게 주지시키는 데 필요한 리더십을 제공하여야 한다.

프로 경영/프로급 품질

지방정부는 다운타운의 투자유치와 개선사업에 임함에 있어 그 수준이 프로급이 되어야 한다. 즉 추진하는 과업이 관계 법규와 상충되지 않도록 하면서도 과정이질을 계속 높여 나아가야 한다. 또한 다운타운 투자가들이 대 정부 업무를 한곳에서 볼 수 있도록 기구와 창구를 일원화해야 한다.

공공재의 개선과 유지

지방정부는 모든 공공시설의 개선과 이의 유지를 확실히 해야 한다.

교통, 주차, 치안

다운타운의 주차 교통 흐름, 치안 활동이 시민 친화적이 되도록 노력해야 한다.

□ 지역 특성의 반영

귀하의 다운타운 활성화 과업이 성공하기 위해서는 다음과 같은 과정이 필요하다:

1 단계: 아래 사항에 근거한 실천 지향적인 다운타운 청사진을 만들라
  - 지역사회의 통합된 의사가 담긴 비전 정립,
  - 시장분석,
  - 지역적 특성을 반영한 다운타운 활성화 전략 수립,
2단계: 관-민 다운타운 파트너십 조직
3단계: 다운타운 활성화 전략 수행
4단계: 적극적인 재원 확보
5단계: 다운타운 활성화 및 행정 각 분야 전문가 영입
6단계: 다운타운 활성화 전략 수행 강화
7단계: 1년 주기로 결과를 주시, 분석한 후 다운타운 활성화 전략을 보완.

Ⅳ. 맺는말

서두의 문제제기에서 언급하였듯이 우리의 경우는 도심이 아직까지는 비즈니스의 중심기능을 하고 있다는 사실은 미지자체들의 도시들이 현재 경험하고 있는 다운타운에 대한 재개발노력과 문제점을 파악하여 이에 대비할 수 있는 계기가 될 수 있다고 생각한다.

모쪼록 구청별 도심지역개발에 대한 방향을 설정하는 데 참고자료로 이용되길 바라며 현재의 도심 중심적인 기능의 단점을 보완하여 다운타운의 공동화를 미연에 방지하고 이에 대비하는 데 도움이 되었으면 한다.

Ⅳ. 교통분야

01. 고속도로 체계망

1. 미국 도로 체계의 개요

미국의 도로는 도로의 위계, 기능, 관리 주체 등의 원칙에 따라 다양하게 구분할 수 있는바, 우선 지역 간 도로(Inter Regional Roads)와 지역 내 도로(Local Roads)도 대별할 수 있다. 지역 간 도로란 미 대륙의 동서, 남북을 잇는 장거리 도로나 이들 장거리 도로 간을 이어주는 중기리 도로를 말하며, 도로의 위계, 진출입(Right of Way: ROW)의 난이 정도에 따라 Inter State Highways, U.S. Highways 그리고 State Highways로 구분된다.

Inter State Highway는 미국의 대표적인 고속도로(Freeway) 체계로서, 1940년대 초반부터 기초 조사 및 개략적인 노선 선정의 작업을 기초로 1956년 연방법에 의해 건설이 시작된 철저한 계획 고속도로 체계이다. 반면, U.S. Highway 체계는 Inter State Highway 이전의 장거리 도로 체계로서 종합적인 마스터플랜이나 도로 체계의 통일성이 없이 노선 단위로

건설되어 구축된 도로 체계로서 우리나라의 국도와 유사한 도로 체계라고 할 수 있다. 연방 정부는 Inter State Highway의 건설과 병행하여 이들 도로를 정비, 보완하여 U.S. Highway로 체계화하였다. 이 도로들은 일부 구간을 제외하고는 진출입이 자유로우며, 평면 교차로, 신호등 등이 곳곳에 설치되어 있어서 고속도로(Freeway)로 분류되지는 않는다. U.S. Highway가 지역 간 중, 장거리 통행을 일부 담당하고 있다는 점에서 Inter State Highway의 기능을 보조하고 있다고 할 수 있다.

State Roads는 각 주의 중, 장거리 지역 간 통행을 담당하고 있으며, 상당 부분이 인접 주의 도로와 연결되어 있다. State Roads는 설계 기준이나 접근성이 U.S. Highway와 매우 유사하며 기능적으로는 거의 동일하다고 할 수 있다.

지역 내 도로는 그 기능상 시민들의 일상적인 통행, 즉 통근, 통학, 쇼핑 등의 일상 교통 수요를 담당하는 도시 내 또는 근교의 도로 체계로서 각 지방 자치단체가 건설과 유지, 보수를 전담하고 있는 도로를 가리킨다.

2. 미국 도로의 번호 체계

미국도로의 번호 체계는 앞에서 구분된 도로 체계에 따라 독립된 번호 체계를 갖고 있다. 우선 지역 간 도로 체계는 도로의 등급과 노선 번호를 결합하여 분류된다.

도로의 등급은,

> Inter State Highway: I로 표시
> U.S. Highway: US로 표시
> State Road: SR로 표시

로 구별하여 도로 번호의 맨 앞에 붙인다. 예를 들어 Ⅰ-10과 US-101은 각각 Inter State Highway의 10번 도로와 U.S. Highway의 101번 도로임을 나타내고, SR-91은 (해당 주의) 91번 도로임을 나타낸다.

도로의 노선 번호는 위의 도로 등급별로 독립적으로 부여하며, 다음과 같은 원칙에 의해 결정한다.

가. Inter State Highway

Inter State Highway의 번호 체계는 미국 각주의 도로 관련 공무원 조직인 AASHO(American Assopciation of State Highway Officials)가 제시한 원칙(Manual for Complete Numbering System for Interstate Highways)에 의거하며 다음과 같이 요약할 수 있다.

우선 도로의 주행 방향에 따라 남-북의 도로는 홀수 번호를, 동-서의 도로는 짝수 번호를 부여한다. 이때 주요 도로는 한 자리 또는 두 자리 번호가 부여되며, 노선이 특별히 길고 대륙 전체적으로 등간 격을 이루는 주요 도로에는 5 또는 0의 끝자리를 부여한다.

주요 Inter State Highway의 예:

동-서 방향: Ⅰ-10, Ⅰ-20, Ⅰ-30, ……, Ⅰ-90.
남-북 방향: Ⅰ-5, Ⅰ-15, Ⅰ-25, ……, Ⅰ-95.

이들 주요 Inter State Highway들은 서로 간의 간격이 충분히 떨어져 있고 노선의 길이 또한 장거리(대륙의 동해안-서해안 간 또는 남단과 북단 연결) 도로임을 나타낸다. 반면 노선이 비교적 짧은 중거리 Inter State Highway는 인접한 두 주요 Inter State Highway의 중간 번호를 부여한다. 예를 들어, Ⅰ-17번 도로는 Ⅰ-5와 Ⅰ-25 사이에 있는 남북방향의 중·단거리 Inter State Highway임을 알 수 있다.

한편 번호의 상대적 크기는 그 Inter State Highway의 개략적인 위치를 가늠할 수 있도록 대륙의 서남부에서 가장 작은 번호를 부여하고, 동북방향으로 갈수록 노선 번호는 증가한다. 예를 들어, Ⅰ-5는 대륙의 서해안 지역을 따라 남과 북을 잇고 있으며 Ⅰ-95는 대륙의 동쪽 끝에서 남-북 방향으로 연결되어 있다. 또한 Ⅰ-10과 Ⅰ-90은 각각 최남단과 최북단의 동-서 방향 장거리 Inter State Highway이다.

한편 주요 도시를 경유하는 Inter State Highway의 경우 본선과는 별도로 우회도로나 지선이 있는 경우가 많은데 이 경우에는 세 자리의 번호를 부여하여 구분하고 있다. 이 세 자리 번호 중 두 번째 및 세 번째 숫자는 본선의 번호를 쓰고, 첫 번째 숫자는 홀수(지선을 나타냄) 또는 짝수(우회 도로를 표시)를 부여하여 본선과의 관계를 개략적으로 가늠하게 하고 있다. 로스앤젤레스 지역의 Ⅰ-405를 예로 들어 보면, 두 번째 및 세 번째 숫자(05)로부터 우선 이도로가 Ⅰ-5의 지선 또는 우회 도로임을 알 수 있고, 첫 번째 숫자(4: 짝수)로부터 Ⅰ-5의 우회도로 임을 알 수 있다. 또 다른 예로 Ⅰ-110은 Ⅰ-10의 지선(도로의 한쪽은 본선과 연결되나 다른 한쪽은 다른 고속도로로부터 고립된 도로)임을 알 수 있다.

나. U.S. Highways

U.S. Highways는 Inter State Highway와 비슷한 번호 체계를 갖고 있으나 덜 체계적이며 몇 가지 차이가 있다. 홀, 짝수 번호로 노선의 방향을 나타내는 점은 Inter State Highway와 같으나 가장 작은 번호가 대륙의 북동쪽에서 시작하며, 남동쪽으로 갈수록 증가한다(Inter State Highway와는 반대). 또한 두 자리 수와 세 자리수가 본선과 지선/우회도로를 구분하지 않는다. 따라서 US-101의 경우 US-1의 지선이 아니고 별도의 도로이다. Inter State Highway와 U.S. Highways는 독립적인 번호체계이

며 따라서 동일한 번호가 부여될 수 있다. 예를 들어, Ⅰ-45와 US-45
도로는 다른 도로이며 서로 아무 관련이 없다. 이 점은 State Road의 경
우에도 마찬가지이다.

다. State Roads

State Roads의 번호체계는 각 주에서 임의로 부여하며 따라서 전국적인
표준방법이 없다. 대부분의 주에서 먼저 건설한 도로에 낮은 번호를 부여
하되 홀-짝수에 따른 노선의 방향은 U.S. Highways나 Inter State
Highway의 경우와 동일한 방법을 쓴다. 만일 어떤 주의 State Road가 인
접 주의 State Road로 연결될 경우 도로의 명칭은 주경계점에서 바뀌게
된다(예: California SR-62 도로는 주경계를 지나 Nevada에서는 Nevada
SR-72로 번호가 바뀜).

라. 기타 도로

U.S. Highway, Inter State Highway, State Road를 제외한 도로는 도시
가로나 비도시 지역의 일반 도로들은 번호를 쓰지 않으며 대신 지역의 특
성, 자연 조건, 기념물, 유명인사의 이름 등에서 따온 도로명을 주고 있다.

3. 아이젠하워의 길

1920년대 아이젠하워가 초급장교시절 군수송단을 이끌고 미 대륙횡단을
하는 데 꼬박 62일이 걸리자 '2000년 전의 로마제국보다 못한 미국'이라고
탄식하였는데 당시만 해도 웨스트포인트는 토목공학을 중점적으로 교육하
여 파나마 운하 건설에도 육사출신의 우수한 엔지니어가 밑바탕이 되었다.
2차세계대전 이후 나토군 총사령관으로서 폐허독일이 유독 고속도로

(Autobahn)만은 피해를 받지 않은 점에 자극받아 대통령에 당선 직후부터 고속도로건설을 추진하였다. 물론, 의회의 반대로 벽에 부딪히고 말았으나 소련의 대륙 간 탄도 미사일 개발로 미전역이 사정권 안에 들어가자 아이젠하워는 소련의 핵미사일 공격 시, 즉각 대피할 수 있도록 주요 도심권을 연결하는 고속도로망이 건설되어야 한다는 주장이 비로소 의회의 동의를 얻을 수 있었다.

전국토를 거미줄처럼 엮어 논 인터스테이트 하이웨이의 탄생이 되었고 표지판도 로마병사들의 방패를 본떠 만들었다. 주와 주를 연결하는 고속도로는 별칭으로 '드와이트 아이젠하워 하이웨이 방위시스팀'이라는 긴 이름으로 불리게 되었다. 연방정부가 90%, 주정부가 10%를 분담하여 1956년부터 25년간 무려 4만 3천 마일에 이르는 고속도로가 만들어졌다. 인구 5만 명 이상 도시들을 모두 커버하는 세계 최대의 하이웨이 망이 된 것이다. 번호를 매긴 것도 아이젠하워였고 동서방향은 짝수, 남북방향은 홀수 그리고 서부에서 동부 쪽으로 갈수록 숫자가 높아지도록 만들었다. 인터스테이스는 아니지만 도심권 연결도로의 경우에는 세 자리 번호를 매기되 마지막 숫자는 기간도로 번호로 통일하였다. LA를 지나는 605나 405번 프리웨이는 5번이 중심도로임을 의미한다. 또한 왕복 6차선이 되면 중앙분리대를 만들었다. 환경론자들은 아이젠하워의 고속도로가 자동차의 증가를 초래하여 대기오염과 도심의 인구증가로 범죄발생이 늘고 사람들이 자동차에 길들여져 전철 같은 대중교통수단이 발달되지 못하였다고 지적한다.

02. 뉴욕 시 택시

1. 도시현황

가. 도시명: 뉴욕

나. 인구수: 7,322,564/1990년

다. 면적: 308.9평방마일

라. 차량등록대수: 1,699,193대

마. GNP: $16,281

2. 면허제도

가. 근거법규: 1971년 뉴욕시의회의 입법에 따라서 뉴욕 시 택시/리무진 위원회(Taxi and Limousine Commission; TLC)가 발급하는 메달리온(Medallion)이라는 면허를 획득해야 하며, 개인면허와 집단면허의 두 가지가 있다.

나. 면허의 법적성격: TLC로부터 면허를 받아야 함

다. 택시 운송사업을 관장하는 곳: 택시/리무진 위원회(TLC)는 뉴욕시 청에 속해 있고, 9명의 위원들로 구성되어 있으며, 이들 중 위원장 은 시장에 의해 임명된 풀타임 근무자이며 나머지는 파트타임 자원 봉사자들이다.

라. 면허를 받기 위하여 기본적으로 갖추어야 할 요건

TLC에서는 거리에서 승객을 태우면서 운행하는 택시(Yellow Cap) 와 사전에 전화로 예약된 승객을 수송하도록 되어 있는 콜택시(For -Hire Vehicle)를 엄격히 구분하여 관리한다.

1) 택시: 뉴욕 시 운전면허국에서 TLC가 발행하는 상용면허 소지자 로 메달리온을 구입한 자, 특히 1990년 1월 7일 이후에 메달리온 을 구매한 자는 최소한 하루에 9시간 이상 210일 운행을 면허 유 지를 위한 조건으로 규정

   가) 회사택시(Fleets): 최저 차량 대수 25대 이상으로 하루 2교대, 1교대 당 12시간을 1회 기준으로 운행

   나) 위탁경영택시(Management Companies): 메달리온 라이선스를 특정 법정 대리인에게 위임하여 위탁 경영되는 택시로 고용 운전사 당 하루 12시간 운행을 원칙으로 하나 실제로는 주대, 월대도 가능하며 차량수의 제한은 없는 듯 하다.

   다) 장기리스택시(Leased Long-Term): 메달리온의 소유자로부 터 장기간 임대되어 운영되는 택시

   라) 개인택시: 택시 소유주가 1회 운행한 뒤 소유주는 다른 운전 자에게 차량을 리스하여 1회 운전하도록 할 수 있음

2) 콜택시: 뉴욕 시 관련 법규에 따라 운전자를 제외하고 9명의 승
객을 전화를 통한 예약을 통하여 운행이 허용된 택시로 무전시설
을 갖추고 차량을 배차시킬 수 있는 차량기지(Base Station), 차
량 그리고 운전자가 공히 면허를 필요로 함

가) 기지(Base Station)면허: 기본적으로 무선연락 장치에 대한 면
허를 획득한 후 10대 이상의 차량을 모집을 사업 조건으로 함

나) 차량: 특정 차량기지에 등록되어야 하며 뉴욕주가 규정하는
보험에 가입되어야 한다.

다) 운전자: TLC에 인사된 뉴욕주가 발행한 면허증을 소지한 자

3. 사업주체에 따른 택시의 종류와 특징

가. 종류와 특징
1) 사업주체: 민영

나. 종류별 사업자수 및 등록 대수
1) 개인택시: 3,650개 사업자에 3,650대로 전체 택시의 34.5%
2) 회사택시: 28개 사업자에 2,630대로 전체의 22.2%
3) 위탁경영택시: 66개 사업자에 2,730대로 전체의 23.2%
4) 장기리스택시: 2,320대로 전체의 20.1%
5) 콜택시: 1992년 현재 768개의 기지면허와 30,000개의 차량면허

다. 양도 가능성 여부
택시의 메달리온은 구입을 통하여 양도가 가능
하나 콜택시의 베이스 면허는 1년마다 TLC에서 재경신을 받으므로
굳이 다른 업자로부터 양도하거나 양도받을 필요가 없음

4. 기능에 따른 택시의 종류와 특징

가. 택시: 누구나 거리에서 이용할 수 있는 택시로 반드시 노란색으로 도장되어 있어서 Yellow Cap이라고 불림

나. 콜택시:
1) 근린 차량 서비스(Neighborhood Car Service) : 주로 가까운 거리를 이동할 때 많이 이용되며 비교적 낡고 노후한 차량이 주종이나 거리에 대한 특별한 제한이 있는 것이 아니므로 장거리 운행도 가능함
2) 비즈니스 차량 서비스(Black Car) : 주요차종이 링컨이나 캐딜락 같은 고급 대형차량으로 구성되어 있으며 주로 맨해튼의 비즈니스맨들이 이용함
3) 리무진 서비스: 졸업, 약혼 또는 결혼 같은 특별한 행사나 접대, 관광용으로 주로 이용되는 택시 서비스

5. 종류별 사업자수 및 택시대수

가. 택시: 11,330

나. 콜택시: 29,118
1) 근린차량 서비스 택시: 477개의 차량기지에 19,559대의 차량
2) 비즈니스 서비스 택시: 45개의 차량기지에 7,968대의 차량
3) 리무진 서비스 택시: 63개의 차량기지에 1,591대의 차량(이 중에는 Black Car도 포함되어 있음)

6. 택시요금

가. 요금결정의 형태: 사업자의 요청에 따라 공청회를 열어 그 요청의 타당성을 조사한 후 TLC에서 결정

나. 요금결정기관: TLC

다. 요금구조
1) 택시: 메타기에 의거한 제한적인 동시병산제 기본운임 1.50불로 기본운임거리가 따로 없이 1/5마일당 그리고 시속 9.6/mph 이하의 속도로 75초 경과 시 25센트씩 가산하며 운임의 15%를 통상 팁으로 추가 지불
2) 콜택시: 거리에 비례하여 측정된 지역별로 가격이 책정되며, 리무진은 시간별로 운임 책정.
   - 근린 차량 서비스 택시: 대략 3-10불, 최저운임: 2-5불
   - 비즈니스 서비스 택시: 약 30-35불, 최저운임: 11-13불
   - 리무진 서비스 택시: 시간당 30-55불, 최저운임: 1시간 또는 2시간

라. 요금의 할증 빛 할인: 오후 8시에서 오전 6시 사이 일률적으로 50센트씩 가산(옐로우 캡)하며, 할인요금은 없음

7. 운행실태

가. 운행거리
   - 일평균 운행거리: 141마일/1990
   - 일평균 영업거리: 84.6마일/1990

나. 운행시간

- 일평균 주행시간: 19.8시간(주간: 9.7시간, 야간: 10.1시간)
- 일평균 영업시간: 11.88시간

다. 운행속도: 평균시속＝약 21mile/hr(34㎞/hr)*

　*: 뉴욕 시 전체 평균이며, 맨해튼의 경우 15mile/hr 이하임

라. 영업횟수: 60승차/일

마. 수송 분담률(1993): 지하철, 버스, 관광버스 등을 포함한 전체 유료 승객에 대한 수송 분담률)

　　시내 평균:　　　13.2%

　　맨해튼:　　　　34%

바. 택시 한대당 인구수: 약 181명/택시

03. 버스 보조금

1. 로스앤젤레스 카운티 교통공사(LACMTA)

MTA는 LA카운티 전체의 대중교통과 기타 교통체계를 관할하는 광역교통 운영기관이다. 설립 근거와 예산보조 그리고 업무의 성격에서 알 수 있듯이 MTA는 주정부와 긴밀한 관계를 유지하지만 운영 면에서는 상당한 독립성을 갖는다. 이러한 운영의 독자성은 MTA의 조직을 보면 보다 명확하게 이해할 수 있다.

MTA의 조직은 최고정책 결정기구인 위원회(Board of Directors)와 실무조직으로 대표된다. 위원회는 카운티소속 88개 시를 대표하는 13명의 위원과 캘리포니아 주지사가 지명하는 위원 1명 등 총 14명의 위원들로 구성된다.

(표 1. MTA위원회의 조직)

위원의 소속 및 직위	인 원
LA카운티 감독관	5명
LA 시장	1명
LA 시장이 지명한 위원	3명
카운티 소속 시(LA시 제외) 시의원	4명
주지사가 지명한 위원	1명
합 계	14명

　표 1에서 알 수 있듯이 이들 위원들은 MTA의 위원회의 위원으로서의 역할 이전에 본연의 소속과 직책이 있으며 지역이나 소속을 대표하고 있다. 즉 인구가 가장 많은 LA시(인구 약 350만)는 시장을 포함하여 4명의 위원이 할당되고, 나머지 시(인구 약 650만 명)에 4명, 카운티 정부에 5명의 위원직이 분배된다. LA시가 인구비례에 비해 보다 많은 위원수가 배정된 것은 대중교통의 집중과 세금을 통한 기여도가 반영된 것이다. 반면, MTA가 주법에 따라 설립된 기관이고, 주정부로부터 많은 금액의 재정 보조를 받고 있음에도 불구하고 주정부를 대표하는 위원은 1명에 불과한 것은 MTA의 지방 자치적 성격을 잘 나타내고 있다.

　위원회가 MTA의 주요 계획과 정책, 예산 등을 심의, 확정하면 실무조직이 이를 수행하게 되며, 실무조직은 위원회가 위촉한 전문경영인(Chief Executive Officer : 사장)이 책임 운영한다. 실무조직은 사장, 부사장 그리고 업무분장에 따른 6개 부서(계획, 운영, 재정, 행정, 건설, 공보)로 구성된다.

2. LACMTA의 주요업무

가. 버스운영
- 미국 내 3대 버스 시스템의 하나

- 1일 승객 수송: 1백만 명
- 100% 휠체어 장치구비
- 전체 차량의 20%가 청정연료 차량

나. 파라트랜짓 운영
- 수요 대응 비정규 노선 미니버스 운행
- 카운티 전역에서 지체 부자유 승객 수송
- 100% 휠체어 탑승 장비

다. 도시 고속도로 프로그램
- 다인승차선(HOV Lanes): 200마일의 다인승 차선 확보
- 스마트 도로(Smart Street): 도로 면의 센서로 교통량을 감지하고, 컴퓨터를 통해 신호 체계를 조정하여 통행 속도를 극대화
- 카풀 차선 연계: 카풀 차선을 고속도로로 연계

라. 지하철 및 도시전철 운영
- 지하철 및 도시 전철의 계획, 건설, 운영
- Metro Blue Line: 롱비치와 LA를 연결하는 22마일의 경전철
  Metro Red Line: LA중심부와 서부지역을 연결하는 6마일의 지하철로서 1996년에 부분 개통되었고 현재 연장구간의 공사가 진행 중
- Metro Green Line: LA국제공항을 기점으로 동서로 연결된 20마일의 경전철

마. 고속도로 운영지원
- 고속도로 서비스 순찰: LA카운티 내 고속도로에서 일반 차량의 운행사고로 인한 혼잡을 신속히 해소하기 위해 144대의 무료 견인차

량 운영(출·퇴근시간대)
- 고속도로 전화박스: 500마일에 걸친 고속도로 구간에 4000대의 전화를 설치하여 일반 차량의 운행 중 사고 내용을 신속히 신고 받음. 하루 평균 1400통의 전화 신고를 접수

바. 소속 지방 자치단체 버스운영 지원
- MTA의 서비스가 커버하지 못하거나 부족한 지역에 대해서는 지역 사정을 잘 아는 해당 지방 자치단체가 버스를 운영하고 MTA가 이를 지원
- 현재 LA시와 롱비치시를 비롯하여 총 11개 시에서 차체 버스 라인을 운영 중임.

사. 기타 서비스
- 대중교통센터: 버스, 전철, 지하철과 Park-n-Ride 시설을 갖춘 종합 환승 센터의 건설과 운영
- 지하철 조형, 예술: 전체 지하철 공사비의 0.5%를 각 역의 예술 조형물 비용으로 할당
- MTA 경찰: MTA운영체계 내의 치안 담당

2. MTA수입과 지출

현재의 일반 승객의 요금은 운행원가의 30%를 밑돌고 있다. 이러한 원가 이하의 요금은 버스 공영화 이후의 미국 대중교통 체계의 공통적인 현상으로, 이를 보전하기 위해 각급 정부에서 예산을 보전하고 있으며, MTA도 몇 가지 수익 프로그램(예: 버스 외장의 선전물 부착)을 시행하고 있다. 다음은 MTA의 최근 3년 동안의 수입과 지출을 요약한 것이다.

표 2. LACMTA의 수입

(단위: $1,000)

수입 내용	1994회계년	1995회계년	1996회계년
요금	127,207	119,898	116,375
요금(정기권, 기타)	80,031	78,451	96,222
기타 직접 수입	28,725	16,444	14,388
직접 수입 소계	235,963	214,793	226,985
판매세 보조금	248,238	210,341	213,563
TDA* 보조금	127,387	1,258,282	138,369
기타 주정부 보조금	45,800	17,356	27,897
연방 보조금	46,947	48,020	51,182
기타 지방정부 보조금	2,442	14,972	6,113
보조금 소계	470,814	418,971	437,124
총 수입	706,777	633,764	664,109

(* State Transportation Development Act 기금)

표 3. LACMTA의 지출

(단위: $1,000)

지출 내용	1994회계년	1995회계년	1996회계년
급료	343,753	310,346	227,880
후생, 복지	189,456	152,661	148,592
용역	42,747	10,841	27,862
새료, 사재	76,385	62,529	62,713
공과금	13,495	12,429	13,516
재해, 재난	22,232	34,163	28,376
기타	13,934	16,601	14,953
이자	17,056	21,061	22,427
경상비	0	18,334	58,700
총 지출	719,058	638,965	655,009

가. 주요 수입원의 종류와 내용

제1차세계대전 이후 꾸준한 승객감소에도 불구하고 미국의 대중교통체계는 사기업의 형태로 운영되어 왔으나 제2차세계대전 후 경영의 악화가 심각한 상황에 이르자 점차 정부가 적자를 보전해 주기 시작하였고 보전 방법과 비율도 시간이 흐름에 따라 계속 바뀌어 왔다. 다음에 소개하는 내용은 현재 LAMTA의 요금과 각 지자체와 상급 정부로부터 지원받고 있는 재정 보조의 종류와 그 내용을 요약한 것이다.

1) MTA의 요금

편도:

버스, 지하철	$1.35
토큰(10개 단위로 판매)	$0.90
고속도로 급행 버스	$1.85 - $3.85(거리 연동)
고속도로 급행 버스(노인)	$0.70 - $1.70
환승권(1시간 이내 환승 시)	$0.25
환승권(노인, 장애인)	$0.10

1개월 패스:

무제한 패스	$49
고속도로 급행 버스	$64 - $124
노인, 장애인	$12
학생권(고등학생 이하, 21세 이하) $20	
대학생, 직장인 패스	$30

3. 보조금지원 법적근거

가. 지방 자치단체 보조금(Local Funds)

1) 주민발의안 A

1980년 발효된 주민발의안으로서 로스앤젤레스 카운티 내의 판매세금 1
불당 6%에서 6.5%로 인상하여 대중교통 향상에 보조금으로 사용되도록 결
정한 법안이며, 1982년 이후 매년 $3억 5천 불 - $4억 불이 지급되었다.

약 1천9백만 불은 행정관련 경비를 위한 일반예산(General - fund budget)
으로 사용되며, 잔여 보조금의 배분은 다음과 같다.

지방 자치단체 교통	25%
철도운행 및 지하철 공사	35%
임시비(자유 항목)	40%
합계	**100%**

로스앤젤레스 카운티 대중교통공사(MTA)에서는 임시비를 사용하여 교
통요금의 인하, 노인 및 장애자 서비스 향상, 시내버스 개선 및 경비절감
프로그램 등에 분배하였다.

2) 주민발의안 C

추가로 로스앤젤레스 카운티 내의 대중교통 관련사업에 판매세금 1불당
1.5%를 인상하여 보조금을 부여하여 매년 $3억 5천 불 - $4억 불이 지
급되며 다음과 같은 프로그램에 사용된다.

카운티 내 버스/철도 확장 및 개선사업	40%
교통안전향상 프로그램	5%
철도 통근자 서비스	10%
지자체 내의 도로개선	20%
고속도로 및 일반도로 주행속도 개선	25%
합계	**100%**

3) 교통수혜지구 기금(Special Benefit Assessment District: SAD)

SAD기금은 일종의 개발혜택부담금으로서 주입법으로 확정되었다. 이 법에 따라 지하철 및 전철에 의해서 혜택을 입게 되는 시설이나 용역의 주체가 되는 부동산에 대해 특별 혜택세를 징수하며 세율은 1년마다 조정한다.

4) 다인승 차선 위반 벌금(HOV Lane Violation Fund)

1989년 이후 시행되고 있는 캘리포니아 형법 1464.26에 의거, LAMTA는 카운티 내에서 HOV차선 위반으로 징수된 벌금의 1/3-1/2(지역에 따라 차 등)를 수입으로 획득하며 이 돈은 고속도로 사고 관리(토우카, 비상전화 시설 등)용으로만 지출할 수 있다.

5) 광고 및 기타 수입: 버스나 지하철의 광고와 기타 계약에 의한 수입.

나. 주정부 보조금(State Funds)

1990년 6월에 가주법안으로 발효된 대중교통 관련 법안들은 다음과 같다.

1) 주민발의안 111

1990년 이후 자동차 휘발유세에 갤런당 14센트로 인상하여 매년 1센트씩인 상하여 18센트가 되도록 한다.

2) 주민발의안 108 및 주민발의안 116

철도사업관련 공채발행을 각각 10억 불 및 20억 불 발행한다.

향후 10년간 로스앤젤레스 카운티는 주민발의안 108철도채권으로 14억 불을, 주민발의안 111의 자동차 연료세로 38억 불을 그리고 주민발의안 116 철도채권으로 5억 불을 보조받을 예정이다.

3) 주교통개발법(State Transporation Development Act) 보조금

가주정부 판매세 중 1/4센트의 교통관련 보조금으로서 매년 약 1억 불을 보조받을 수 있으며, 이를 대중교통 운영비와 자전거 및 보행자시설 개선사업, MTA의 서비스영역 밖에서 운영되는 공공버스의 운영비로 지출된다.

4) 주 자동차국(Department of Motor Vehicle) 할당금

DMV가 자동차 등록 시 징수한 금액 중 일부(해당 카운티 등록 차량 1대당 1불씩)를 카운티정부에 환불해줘 교통 관련 특정용도, 즉 고속도로 비상 전화 설치, 고속도로 견인차 운영비용으로 집행하게 한다.

다. 연방정부 보조금(Federal Funds)

1) 연방고속도로 보조금(Federal Highway Funds)

로스앤젤레스 카운티는 가주도로공사(Caltrans)에서 추진 중인 프로젝트 관련 매년 약 1억 7천5백만 불의 보조금을 받으며, 지자체 내의 도로 및 소로 관리 운영관련 매년 3천5백만 불을 지원받는다.

2) 육상교통 효율증진법(Intermodal Surface Transportation Efficiency Act)

1991년 발효된 법안으로 고속도로 및 교통수단을 위한 융통성 있는 보조금으로서 매년 7천만 불을 추가로 지원받는다. 관련사업으로는 육상교통 개선사업, 도로혼잡완화 및 대기오염 개선사업 등이다.

3) 연방대중교통기금(Federal Mass Transportation Funds)

버스 및 철도재원과 운영경비로서 연방대중교통기금을 받으며, 매년 약 1천만 불은 버스시스템 개선사업에 사용되고, 약 1천5백만 불은 지하철공사(Red Line)에 사용된다.

라. 민간 보조금(Private Funds)

로스앤젤레스 카운티 대중교통공사(MTA)에서는 대중교통관련계획에 민간참여를 통한 관·민합작개발을 적극유도하고 있으며, 주요 분야로는 고속도로 진입계획, 지자체 내 일반도로 개선사업, 철도역 증설 그리고 신기술 도입 등이다.

마. 이상의 여러 가지 수입원은 LACMTA재원 조달의 근원이지만 일부 자동 배정 기금을 제외한 나머지 자금원은 일정한 금액이 항상 지원되는 것이 아니고 필요에 따라 조건을 갖추어 신청하면 해당 기관이 심사하여 배정한다. 따라서 LACMTA는 새로운 자금원을 발굴하고 이를 활용하기 위해 전담 부서의 직원들이 계속 노력하고 있다.

4. 기준 및 종류(지원금액 산정 시 구체적 산출근거)

연방회계기준위원회(the Governmental Accounting Standards Board)의 정부재무보고 기준집(Codification of Governmental & Financial Reporting Standards)에 의거한다. 보조금은 연간 20억 불 이상이며 산정기준은 다음과 같다.

연방정부 보조금	17%
주정부 보조금	8%

지방 자치단체	74%
민간 보조금	1%
합계	**100%**

가. 사업보조금(Enterprize Fund)

개인기업의 경우와 유사하게 운영되고 재정지원된 보조금이다. 버스 및 철도 운영관련 예산과 경비를 포함한다.

나. 일반보조금(General Fund)

일반기금은 사무관리, 행정관련 및 일반적 계획활동에 제공되며, 주민발의안 A와 주민발의안 C의 행정분야 보조금에서 지원된다.

다. 특별보조금(Special Revenue Fund)

특수목적의 예산집행에 사용되며, 주민발의안 A와 주민발의안 C관련자금은 특별기금으로 기록되며, 이들 기금은 로스앤젤레스 카운티 대중교통공사(MTA)로부터 지자체 및 관련부서에 직접 지불되는데 분배방법, 지방정부 보답 프로그램, 혹은 버스와 철도운영지원, 철도공사, 고속도로 개발, 기타 다양한 프로그램을 위한 타 기금에의 전용에 지원된다.

라. 부채서비스 보조금(Debt Service Fund)

부채서비스기금은 채무를 위한 모든 재정적 자금을 모두 포함한다. 로스앤젤레스 카운티 대중교통공사(MTA)는 지하철 신설공사, 유니언 철도역 공사, 교통센터 등의 지원으로 많은 부채를 초래한 데 기인한다.

마. 자본보조금(Capital Fund)

자본기금은 모든 주요한 자본획득과 건설계획을 포함하며, 주로 지하철 관련 공사보조금이다.

바. 위탁보조금(Subsidy Trust Fund)

위탁보조금은 로스앤젤레스 카운티 교통계획을 위하여 로스앤젤레스 카운티 대중교통공사(MTA)로부터 타 관련단체에 할당분배된 모든 계획된 보조금을 의미한다.

5. 보조금 차입현황(Budget by Major Fund Type: Fiscal Year 1997)

(단위:$1,000)

	일반 보조금 (General)	사업 보조금 (Enterprise)	특별 보조금 (Special Revenue)	자본보조금 (Capital)	부채서비스 보조금(Debt Service)	정부기관 보조금 (Agency)	위탁 보조금 (Subsidy Trust Fund)
96/7/1 전기이월액	–	(25,292	502,442	89,874	56,730	–	–
예산재원							
집행예산	1,050	236,436	–	8,100	–	–	–
Propo. A	–	–	432,500	–	–	–	–
Propo. C	–	–	433,600	–	–	–	–
TDA 예산	–	–	225,700	–	–	–	–
융자수입	–	35,000	346,000	–	–	–	–
지방정부	–	5,360	–	81,684	4,615	10,938	–
주정부	–	–	38,043	98,651	–	–	–
연방정부	–	17,800	167,425	311,122	–	–	–
이자	–	5,300	14,000	–	–	–	–
Operating TransfersIn	135,623	434,174	–	595,957	248,142	1,415	559,488
소계	136,673	734,070	1,657,268	1,095,513	252,756	12,353	559,488
가용보조금 총액	136,673	708,778	2,159,710	1,185,386	309,486	12,353	559,488

	일반 보조금 (General)	사업 보조금 (Enterprise)	특별 보조금 (Special Revenue)	자본보조금 (Capital)	부채서비스 보조금(Debt Service)	정부기관 보조금 (Agency)	위탁 보조금 (Subsidy Trust Fund)
예산확정된 보조금 직접경비 Operating Transf. Out	136,673 -	733,662 -	- 1,959,841	1,135,191 14,957	252,756 -	12,353 -	559,488 -
총 보조금	136,673	733,662	1,959,841	1,150,148	252,756	12,353	559,488
차기 이월액 (97/7/1)	-	(24,884)	199,869	35,238	56,730	-	-

로스앤젤레스 지역의 대중교통은 버스, 택시, 지하철 및 전철로 대변되며,
버스와 지하철(총 9.6km) 및 전철(총 64.4km)은 로스앤젤레스 카운티 교통공
사(MTA)에서 계획, 운영, 건설을 담당하며, 택시만이 민간업체에서 운영하
고 있다. 본 자료는 로스앤젤레스 카운티 교통공사의 보조금관련 자료이다.

04. 가로등

1. LA시 가로등 담당부서 및 주요업무

LA시의 가로등 관리는 Bureau of Street Lighting에서 담당하며 주요
업무로는 다음과 같다.

가. 가로등의 설치
나. 가로등관리 및 보수
다. 전구교체, 가로등 도색작업, 비상시보수작업(수도 전력국과의 계약)

2. 시설현황

가. LA시 총 도로 길이: 7,000마일(11265.1㎞)
나. LA시 가로등 설치구간: 5,500마일(8851.1㎞)

다. 총 가로등 수: 230,000개

라. 가로등 종류: 250여 종

마. 연간 사용경비: $17 Million

바. 48만여 소유지에 대한 연간 세입액: $40 Million

사. 주거지역: 약 $1/foot

아. 상업지역: 약 $2/foot

3. Bureau of Street Lighting의 목표

"시민을 위한 심야안전 및 밝은 거리조성"

4. 절전시스템

LA시의 가로등 관리 담당자인 Bureau of Street Lighting의 길버트 모라에게 문의한 바에 따르면 현재 가로등은 타이머 설치 및 태양열을 조절하는 절전장치인 Photo Cell 타입의 2가지로서 대표되며 이는 일몰부터 일출시까지 심야의 도로를 밝게 함으로써 범죄로부터 안전한 도로를 조성함에 있다. 분기당 700여 개의 Photo Cell 타입의 가로등으로 교체하는 실정이다.

가. 타이머형 절전장치:Tork Model DZS 200(Astronomic Controller)

자동시간 조절장치인 타이머를 이용하여 일출 및 일몰을 지각하는 기능에 있어서 연중 2가지의 독립된 기능을 수행하여 가로등의 절전효과를 기대할 수 있다. 또한 북가주 및 남가주 지역에 따라 10단계부터 60단계의 구분기능이 있다. 추가적으로 이 타이머는 1분부터 99분 사이의 인지기능으로 일출 및 일몰 전·후에 가로등의 작동을 하는 조절기능이 있어서 자연태양광 및 기타 특수상황하에서 물리적 장애요인으로 인한 가로등 시간 조절이 가능하다. 이 장치는 −30℃에서 70℃까지 작동하므로 기후에 관계없이 전천후 사용이 가능하다.

나. Photo Cell 타입형

이 장치는 2가지 기능이 있는데 'thermal type photo control' 및 'relay type photo control'로서 모두 일몰부터 일출까지의 가로등의 작동을 타이머 및 기타 수동작업에 의존하지 않고 바이메탈장치를 이용한 온도감응을 자동적으로 일출시 스위치를 켜고 일출시에는 가로등을 끄는 기능을 수행한다.

또한 에너지 절약차원에서도 약 25%의 감소효과를 기대할 수도 있다. 이와는 별도로 단점으로는 자동차 헤드라이트 및 번개로 인한 스위치의 변환으로 가로등이 일시 꺼지는 현상이 문제점으로 지적된다. 이와 같은 번개와 같은 자연현상은 LA시의 경우 연중 거의 발생하지 않으며 Photo Cell 타입은 관리가 용이하고 타이머의 경우 계절별, 기후별, 서머타임제 등 다양한 상황에 효과적인 기능을 기대하기 어렵고 일몰 후에 가로등이 켜져서 범죄발생요인을 미연에 방지하고자 LA시의 가로등을 Photo Cell 타입형으로 전환하고 있는 추세이다.

첨부 1. Bureau of Street Lighting(City of Los Angeles)
　　 2. 타이머형 절전장치
　　 3. Photo Cell형 절전장치
　　 4. Design Out Crime Program(Los Angeles Police Department)
　　 5. 수도전력국(DWP)에너지 절약 시민홍보자료
　　　 - Simple Ways to Save Energy

- Child's Guide Electric Safety
- Energy & Water Conservation
- Energy Cost Calulator

LA시 가로등주 재질 및 유지관리 실태

1. LA시 가로등 담당부서 및 주요업무

LA시의 가로등 관련부서는 가로등과(Bureau of Street Lighting) 및 수도 전력국(Department of Water and Power)이며 주요업무는 다음과 같다.

가. 가로등의 설치(가로등과)
나. 가로등관리 및 보수(가로등과)
다. 전구교체, 가로등 도색작업, 비상시 보수작업(수도전력국)

2. 시설현황

가. LA시 총 도로 길이: 7,000마일(11265.1km)
나. LA시 가로등 설치구간: 5,500마일(8851.1km)
다. 총 가로등 수: 236,600개
라. 가로등 종류: 250여 종
마. 연간 전기사용 경비: $17 Million
바. 48만여 소유지에 대한 연간 평가금액: $40 Million
사. 주거지역 연간 평가금액: 약 $1/foot(0.028평)
아. 상업지역 연간 평가금액: 약 $2/foot(0.0282평)

3. 가로등과(Bureau of Street Lighting)의 목표

'시민을 위한 심야안전 및 밝은 거리조성'

4. 가로등주 분류

가. 기능별 분류

총 가로등 수(236,600개) 중에서 214,400개는 샹들리에형(Electroliers)이며 22,200개는 다목적 용도형(Utilitarian Lights)이다. 다목적 용도형 가로등이란 전화선용 전주에 설치된 가로등을 말한다.

나. 가로등주 재료별 분류

1) 샹들리에형 가로등: 250여 종류의 가로등
  ○ 콘크리트 가로등주   59%
  ○ 강판주   40%
  ○ 기타(aluminum, fiberglass) 1%

2) 다목적용 가로등
  ○ 목재(전화선용 전주)   100%

다. 가로등 목적별 분류

  ○ 장식적 목적(onamental): 도시 미화적 측면
  ○ 실질적 목적(modern): 야간조명으로 인한 범죄감소 효과

5. 유지관리 실태

가. 담당부서

시 수도전력국(Department of Water and Power)에서 청소 및 가로등 전구교환 등을 담당하며 가로등과(Bureau of Street Lighting)에서는 가로 등 보수 및 설치 등 전반적인 책임을 갖는다.

가. 정기적 도색

○ 과거에는 시 수도전력국에서 매 7년마다 도색을 하였으나 시행상 문제점이 많아 앞으로(1998년 1월)는 가로등과에서 도색작업을 담당할 예정이다.

나. 보수 소요기간

○ 불량전구 교환 시 약 2-3일 소요
○ 가로등 장치고장 수리 시 약 3-5일 소요
○ 가로등 전체교환은 가로등주에 손상이 심하거나 쓰러진 경우

디. 주요 시민제보 내용

○ 가로등 고장
○ 가로등 점멸현상
○ 가로등 전구파손
○ 가로등 전선피복불량
○ 가로수에 의한 조명차단
○ 가로등 낙서행위
○ 기타

별 첨

1. LA시 가로등과 자료   1부.
2. 시민제보 서식   1부.
3. 가로등과 회답서신   1부.
4. 가로등(사진)   1부.

가로등(사진)

V. 환 경

01. 21세기 환경산업의 발전방향

범세계적 환경규제 강화와 환경의식의 급신장으로 환경산업은 21세기에도 지속적인 고성장이 예상된다. 분야별로는 오염방지 설비 및 기기가 성숙기에 접어드는 반면 환경서비스 분야가 성장을 주도할 전망이다.

21세기를 목전에 둔 지금 새로운 밀레니엄에 거는 기대가 높기만 하다. 새로운 기술, 새로운 패러다임 등 장밋빛 청사진이 쏟아지면서 21세기에는 그 어떠한 난관도 능히 해결될 것처럼 보인다. 그러나 여기에도 예외는 분명히 존재한다.

대표적인 분야가 환경문제이다.

20세기 공업화의 진전과 함께 대두된 환경문제는 그 어디를 보더라도 해결될 기미가 보이지 않는다. 일부 선진국의 환경오염방지 노력에도 불구하고 새로운 환경오염원의 폭발적인 생성은 지구상의 환경수준이 오히려 악화되지는 않을까 하는 우려를 낳고 있다.

그럼에도 불구하고 환경문제 해결에 있어 긍정적인 현상이라면 환경문제에 대한 범세계적 공감대가 형성되고 있다는 점이다. 이러한 점에서 20세기는 역사적으로 환경문제 해결의 출발점이 아니라 환경문제의 중요성을 인식하게 된 시기로 기억되어야 할 것이다.

21세기에도 고성장 예상

역설적이지만 이러한 사실은 환경산업의 미래를 점칠 수 있는 근거를 제시하고 있다. 다시 말해 환경산업은 아직까지 완전히 개화하지 않았으며 장기적인 관점에서 이제 도입기와 성장 초기를 거쳐 본격적인 성장기로 이행하는 단계라고 말할 수 있을 것이다.

현재 환경산업의 분류 및 정의에 대해 국제적으로 통용되는 기준은 없다. 국가별 심지어는 기관별로 다양한 기준을 활용하고 있으며, 이에 따라 현재의 시장규모 및 예측치도 제각각일 수밖에 없다. 일반적으로 환경산업의 정의는 크게 협의의 개념과 광의의 개념으로 나누어 볼 수 있다. 협의의 환경산업에는 통상 대기, 수질, 폐기물, 토양 등의 환경오염방지 설비·기기 또는 이와 관련된 서비스가 포함된다.

반면 광의의 환경산업에는 기관별로 관점상 차이가 있으나 협의의 환경산업 범위에 부가하여 청정기술(Clean Technology)과 관련된 설비 및 기기 또는 서비스, 환경친화적 제품 또는 서비스의 생산, 에너지 절약 및 재생가능 에너지 생산 등이 포함된다. 최근에는 환경산업의 범위를 광의의 개념으로 해석하는 것이 보편적인 추세이다.

일본 통산성은 1994년 15조 엔에 달하던 일본 환경산업 규모가 연평균 5.5% 성장하여 2010년에는 35조 엔까지 확대될 것으로 전망하고 있다. 미국 상무부는 1996년 1,296억 달러에 달하던 미국 환경산업 규모가 연평균 3% 성장하여 2002년에는 1,550억 달러에 달할 것으로 전망한 바 있다.

한편 이러한 전망치는 각각 협의의 환경산업 정의에 기초한 것이다.

환경산업의 범위가 지속적으로 확대되고 있고 특히 오염방지 분야보다는 청정기술, 재생가능 에너지 등의 분야가 가파른 성장세를 보이고 있음을 감안할 때 실제 성장률은 이러한 전망치를 크게 상회할 것으로 예상된다.

성장패턴이 달라진다

21세기에는 환경산업의 양적인 팽창과 함께 질적인 측면에서의 성장패턴 변화가 예상된다. 우선 설비·기기 중심에서 서비스 중심 성장으로의 이행이 뚜렷해질 것이다. 환경선진국들의 경우 이러한 현상은 이미 두드러지게 나타나고 있다. 규제 강화에 대응한 기업들의 환경투자가 마무리되면서 환경설비·기기 시장의 성장세 둔화가 나타나고 있다.

현재 3만여 개의 기업이 활동 중인 미국의 경우 기업들의 경쟁이 격화되고 수익성이 악화되면서 경쟁력이 없는 기업의 도태 내지는 전업 사례가 속출하고 있다. 반면 폐기물 처리, 폐수처리 등의 환경서비스 시장은 양호한 성장을 지속하고 있다.

정부의 민영화 또는 서비스 대행에 이어 최근에는 일반 기업들의 환경서비스 아웃소싱이 늘어남에 따라 동 시장은 향후에도 안정적인 성장이 가능할 것으로 전망된다. 장기적으로 볼 때 일부 저개발국을 제외하고는 이러한 추세가 빠르게 확산될 것으로 보인다.

보다 포괄적으로는 규제에 의한 시장 창출이 한계에 직면할 것으로 예상된다. 지금까지의 상황을 놓고 볼 때 환경산업은 전형적인 규제산업이라고 말할 수 있다.

그러나 규제와 같은 강압적 수단에 의해 기업들의 지속적인 환경투자를 유도하는 데에는 효과 면에서 많은 제약이 따른다는 인식이 확산되고 있다. 이러한 판단에는 최근 기업들의 인식 변화도 하나의 요인으로 작용한다. 기업들이 이제 환경투자를 방어적인 수단이 아닌 차별적 경쟁우위 확보를 위한 수단으로 활용하고 있다는 것이다.

볼보, GM 등의 선진기업들이 강력한 자체의 환경기준을 설정, 전 세계 작업장에 공통적으로 적용하고 있는 것이 하나의 예이다.

환경산업에 있어서 이러한 변화는 청정기술의 개발 및 활용을 자극함으로써 환경산업의 비약적인 성장을 촉진하는 계기가 될 것으로 평가된다.

즉 사후적 처리보다는 사전 예방을 위한 시스템 구축이나 기술 개발이 각광을 받게 될 것이다.

또한 전문가들은 향후 정부의 환경정책 역시 기업들의 환경성과 창출을 장려하고 보상하기 위해 오염배출권 거래나 부과금의 차등 부과와 같은 수단을 적극적으로 활용하는 형태로 변화될 것으로 전망하고 있다.

에너지분야에서 거대시장 형성

환경산업의 범위는 향후에도 지속적으로 확대될 것이며 그 방향은 크게 가지로 나누어 볼 수 있다.

하나는 새로운 환경오염 원인이 발견되고 그에 따른 규제가 실현되면서 나타나는 수요에 기인한다.

예컨대 기후변화방지협약에 따라 석유, 석탄 등의 화석연료 사용이 제약되면서 재생가능 에너지를 비롯해 에너지 절약기술, 이산화탄소 절감기술, 에너지효율향상기술 등의 수요가 급증하는 것이 대표적인 경우이다.

미국 에너지성은 세계 에너지 수요가 2030년까지 두 배로 늘어날 것이라고 전망한다. 이들은 같은 기간 중 환경친화적 에너지 이용체계를 구축하기 위한 신에너지 프로젝트에 30조 달러가 필요할 것으로 보고 있으며, 이 중 약 5조 달러가 환경오염 방지에 소요될 것으로 추산하고 있다.

실제로 1997년 12월 교토의정서 이후 미국, EU, 일본 등의 선진국들이 2008~2012년까지 5년간 1990년 기준으로 평균 5% 이상 온실가스 배출량을 감축하기로 합의함에 따라 이러한 투자는 상당 부분 현실화될 것으로 예상된다. 각국은 이미 장기계획을 수립하여 태양열·광, 풍력, 조력 등의 재생가능 에너지 개발에 투자를 진행하고 있다.

　민간기업 차원의 투자도 확대되고 있다. 로열 더치 쉘은 향후 50년 내에 자사의 에너지사업 중 50%가 재생가능 에너지로 구성될 것이라고 공언하고 있다.

　신에너지분야를 환경산업에 포함시키는 데에는 이견이 있을 수 있으나 이를 제외하더라도 21세기 에너지분야에서 창출되는 환경산업의 규모는 단연 다른 분야를 압도하기에 충분할 것으로 보인다. 이에 따라 신기술을 개발하기 위한 국가 간 기업간 경쟁은 시간이 지날수록 더욱 치열해질 전망이다.

　환경친화적 제품 및 서비스 확대 전망

　환경산업의 범위 확대에 있어서 또 다른 축으로 환경친화적 제품 및 서비스의 확대를 예상할 수 있다. 환경친화적 제품의 경우는 그동안 환경론자와 기업들 사이에 많은 시각 차이를 보여 왔던 분야이다. 기업들의 경우 지금까지는 생산과정에서의 환경적합성을 강조한 반면 환경론자들은 제품 사용 전 생애에 있어서의 환경부하를 중시해 왔다. 즉 환경론자들은 기업들의 환경오염방지 활동이나 에너지 절감도 중요하지만 이와 함께 원료 조달, 제품 디자인 단계에서부터 환경을 고려한 생산체제로의 이행이 중요하다고 강조한다.

　이러한 문제는 '지속가능한 성장' 개념이 정착되면서 해결의 실마리를 찾고 있다. 일부 기업이기는 하지만 제품 개발 시 단계별 환경부하를 평가하고 있으며 이를 제품 생산 및 판매에 반영하고 있다.

　향후 소비자들의 환경의식 확대 및 기업들의 인식 변화에 따라 이러한 환경친화적 제품 개발은 더욱 확대될 전망이며, 이에 따라 환경컨설팅 및 재활용 분야의 성장이 예상된다.

일종의 벤처사업 성격을 띤 환경친화형 서비스도 다양하게 등장할 전망이다.

인터넷을 활용한 환경정보 제공사업, 수익액의 일부를 특정 환경단체에 기부하는 환경금융상품, 민간단체 및 기업에 의한 환경교육사업 등은 이제 우리 주위에서 쉽게 찾아 볼 수 있는 환경서비스 상품이다. 생태 여행과 같은 새로운 개념의 서비스 상품도 등장하고 있다. 생태여행은 특히 경제사정이 어려운 저개발국의 환경보전을 지원한다는 취지에서 활성화될 전망이다.

아프리카 등지에서 활발하게 전개되고 있는 생태여행은 여행자들의 환경의식 제고라는 본래의 취지를 충족시키는 동시에 현지 고용 확대효과를 거둠으로써 환경파괴를 예방하는 등 일석이조의 효과를 거두고 있는 것으로 평가되고 있다.

국가 간 기술개발경쟁 격화 예상

현재 환경산업의 국가별 경쟁력은 전체적으로 미국이 가장 앞선 것으로 평가되고 있다. 미국은 세계 최대의 환경시장을 배경으로 폐기물 관련 엔지니어링 및 서비스 분야에서 타의 추종을 불허하고 있으며 기계·설비 분야에서 일본, 독일과 경쟁하고 있다. 이 밖에 재활용 설비와 수자원 분야는 지역적 특성에 따라 전통적으로 EU 국가들이 강세를 보이고 있는 것으로 나타난다.

환경산업의 양적 질적 확대가 이루어지면서 이들 국가 간 기술개발 및 시장확보 경쟁은 더욱 치열하게 전개될 전망이다. 특히 시장확대가 예상되는 에너지 및 재활용 분야는 미래 환경산업의 주도권을 좌우할 수 있다는 점에서 투자확대가 집중될 것으로 전망된다.

한편 미국, EU, 일본 등 선진국의 시장지배력은 더욱 강화될 전망이다. 환경 기초기술 및 응용기술에서 월등히 앞서 있는 이들 국가들은 강력한

경쟁력을 바탕으로 환경시장 확대가 예상되는 지역 공략에 적극 나설 것
으로 보인다.

국내 환경기술 개발능력 강화 필요

환경산업은 그 자체의 유망성을 떠나 여타 산업의 경쟁력을 지원한다는
측면에서 중요한 전략적 의미를 지닌다. 환경산업의 경쟁력은 그 나라의
경쟁력을 나타내는 지표라고 할 수 있으며, 이에 따라 각국 정부는 환경
산업에 대한 지원을 아끼지 않고 있다.

그러나 국내 환경산업은 아직까지 사후처리 분야의 저급기술에 의존하
는 초보단계에 머물고 있다. 기업규모가 극히 영세하며 핵심기술은 주로
선진국으로부터 도입하고 있는 실정이다. 국내 환경산업에 있어서 가장
큰 문제라면 다양화, 고도화되는 수요자의 니즈에 전혀 대응하지 못하고
있다는 점이다. 환경기업들이 전문성을 바탕으로 고객에게 신기술을 제안
함으로써 수요를 창출하는 능력이 부족하다는 것이다.

이에 따라 국내 기업은 고급기술은 선진기업으로부터의 도입에 의존한
채 저급기술에 의한 단순 시공이나 하청에 의존할 수밖에 없고 따라서 기
술 축적이 이루어지지 않는 악순환에서 벗어나지 못하고 있는 실정이다.

국내 환경산업이 장기적인 성장기반을 구축하기 위해서는 무엇보다 독
자적인 기술력의 확보가 필요하다. 이를 위해서는 전문 영역 또는 특정
시장을 선정해 자원의 투입을 집중화하는 노력이 중요할 것이다. 선진기
업과의 경쟁을 피하기 위해 국내 지역 특성에 맞는 니치 분야를 선정하는
것도 한 방안이다.

기초기술 확보를 위한 정부의 지원도 필수적이다. 정부 자체의 직접적
인 지원도 필요하나 장기적으로 민간기업의 투자를 진작시킬 수 있는 여
건 조성에 관심을 기울여야 할 것이다.

21세기 전 세계적으로 거대시장의 형성이 예상되는 환경산업에는 아직

도 무한한 가능성이 존재한다. 국내 환경시장만 해도 1993년부터 1996년 사이 연평균 약 16%의 고성장세를 기록했으며 이러한 성장세는 2000년대 초반까지 지속될 전망이다.

이러한 고성장의 결과 국내 환경시장은 2005년 약 20조 원, 2010년에는 30조 원의 규모가 예상된다. 이제는 국내 기업들도 환경산업에 대한 적극적인 관심과 함께 도전을 시도해 볼 때이다.

02. 그린 에너지

L.A.시는 1999년 5월 13일부터 시행되는 무공해 전기이용 프로그램인 'Green Power for a Green LA program'을 발표하였다. 날로 심각해지는 자연환경을 보호하고 전기가 절약되는 효과를 기대할 수 있는 이 프로그램은 가입희망 가구당 월 3천6백 원($3)을 전기료에 추가 부과하게 된다. '그린 에너지(Green Power)'라 불리는 이 프로그램은 매월 3달러의 추가 비용으로 현재 L.A.시에서 소모되는 전기의 20%를 차지하는 태양력, 풍력, 지열 등 환경보호를 위한 대체에너지 자원개발기금으로 충당되게 된다. L.A.시의 그린 에너지관련 프로그램을 알아보면 다음과 같다.

□ 그린 파워란?

그린 파워는 자연정화 과정에서 환경에 영향을 주지 않고 에너지로 이용하는 대상을 의미한다. 즉 풍력, 태양열, 지열(geothermal), 생물량(biomass)

및 수력(hydroelectric)자원 등이 해당되며, 이들 천연자원들은 환경에 악영향을 초래하지 않으므로 그린 파워에 비유된다.

□ 참여대상

L.A.시에 거주하는 시민, 기업, 단체 등 전기를 사용하는 모든 대상

□ 프로그램 참여경비

가입 희망가구당 월 3불

□ 그린 에너지 프로그램의 개요

수도전력국(DWP)은 L.A.시내 소재한 360만 가구 중 첫해인 올해에는 10여만 가구가 가입할 것을 예상하고 있으며, 향후 3년까지는 20만여 가구 수가 '그린 에너지' 프로그램에 가입할 것으로 기대하고 있는데 가입자에게 연간 $30불의 전기료가 절약되는 2개의 에너지절약 형광전구와 전기절약요령을 담은 책자를 선물로 제공할 예정이다.

빌 리처드슨 연방에너지장관은 '그린 에너지 프로그램에 가입하면 미국에서 살아갈 후세들이 깨끗한 환경을 영위하도록 준비하는 재정적인 적립금을 마련하는 것'이라고 강조하고 'L.A.시 수도전력국(DWP)이 부유층만이 아니라 시민 누구나 참여할 수 있는 프로그램을 마련한 성과에 클린턴 미국대통령과 연방에너지국이 박수갈채를 보낸다'고 치하했다.

리처드슨 장관은 이어 에너지국이 2010년까지 수백만 채의 주택과 건물에 태양력지붕을 설치할 계획으로 우선 L.A.시내에 소재한 10개 우체국을

해당 건물로 선정 중에 있다고 밝혔다. 리처드 리오단 L.A.시장은 그린
에너지 프로그램의 첫 가입자로 등록됐으며 L.A.시에 소재한 단체로는
L.A.다저스팀, 남가주(USC)대학, 게티센터, 사이언톨로지 교회(Church of
Scientology), 플라야 비스타(Playa Vista), 로빈슨 메이(Robinson's May),
대표적인 종합병원들(Cedars Sinai, Kaiser Permanente) 등이 이미 가입
했다. 현재 L.A.시는 소모되는 전기 가운데 70%가 화력 또는 핵발전소에
서 공급되고 있는 실정이다.

□ 그린 에너지 프로그램의 장점

1. 낮은 전기사용료(Low Energy Rates)
   비영리로 운영되는 수도전력국(The Los Angeles Department of
   Water)의 전기요금은 남가주지역에서 가장 저렴하게 로스앤젤레스
   시민에게 공급된다.
2. 로스앤젤레스를 위한 공헌(Our Commitment to the LA Community)
   시정부와 시민단체들과의 연계를 통한 에너지의 보다 더 효율성 있는
   방안과 에너지 절약에 도움을 준다. 특히 학교주변의 식수행사를 통하
   여 여름에 운동장 및 교실에 응달을 조성하여 에어컨 사용이 줄어들어
   전기료도 절약되고 신선한 공기 속에서 학생들이 공부할 수 있는 여건
   을 만들 수 있다.
3. 환경보호(Our Commitment to the LA Environment)
   화력을 이용 시 발생되는 가스의 양을 감소시켜 로스앤젤레스 시의
   대기를 깨끗하고 주변환경을 푸르게 하고자 노력하고 있으며, 그린에
   너지 가입 시 부과되는 기금으로 태양열, 풍력, 수력을 통한 전력의
   공급을 배가시킬 수 있는 장점이 있다.
4. 에너지 사용의 효율성(Our Commitment to the Efficient Use of Energy)

사무실과 주택내의 효율적인 전기사용 및 절약을 계몽하여 지역사회에 이바지한다. 공공뿐만이 아니라 시민들의 전기를 이용한 교통수단(전기 버스, 전기승합차량, 전기차)을 이용하도록 지원하고 시내 전 지역에 전기충전소를 증설한다.

□ 천연자원 중 전력의 재활용이 가능한 분야

○ 태양력(Solar)

1. Photovoltaic(PV) systems
   태양광선이 직접적으로 작용하여 전기를 발생하는 시스템
2. Solar thermal systems.
   태양에너지로 액체를 가열하여 이때 발생되는 수증기로 발전기를 작동하여 전기를 생산하는 시스템

○ 풍력(Wind)
   바람은 청정하고 재활용이 가능한 에너지자원으로서 풍차를 통한 전기를 발생시킴으로써 환경오염이 없는 중요한 천연물이다. 바람이 부는 지역 어디서나 활용이 가능하다.
○ 수력(Hydropower)
   댐들은 흐르는 물을 저장하여 낙차를 이용하여 고속의 터빈을 통하여 전력을 얻는다. 수질문제와 어류 및 야생 서식처에 대한 환경변화가 다소 문제가 되기도 하지만 재활용이 가능한 에너지원이다.
○ 지열(Geothermal)
   지하면 내부에 저장된 고온의 지하수와 수증기를 이용한 전력이용 방법이다. 미세량의 대기오염이 발생되나 환경에 심각한 영향을 끼

치지는 않는다.

○ 바이오매스(Biomass)

유기물인 바이오매스는 용광로에서 태워져서 전력을 발생시키는데 새로운 기법으로는 소각 시 발생되는 가스를 이용한 효율적이고 청정한 도시가스로 활용되기도 한다.

□ 재활용이 불가능한 에너지원

전기를 발생하기 위하여 현재 세계 각국에서 사용되는 석탄(Coal), 원유(Oil), 핵원료(Nuclear), 천연가스(Natural Gas) 등은 재활용이 불가능한 에너지원이 된다.

○ 석탄(Coal)

미국 내에서 발생되는 아황산가스(SO_2)의 65%, 이산화탄소(CO_2)의 33%, 이산화질소(NO_2)의 25%가 화력발전소에서 사용되는 원료인 석탄이 대기오염의 주요 원인 중의 하나가 되며, 지구온난화, 산성비, 환경관련 질병 등의 문제를 야기하고 있다. 현재 가주의 경우에는 전력발생의 17%를 화력발전소에 의지하고 있다.

○ 원유(Oil)

원유를 사용하면 석탄에 비하여 대기오염이 덜하지만 대기보전의 차원에서는 상당량의 오염물질을 발생시킨다. 현재 가주에는 원유를 사용하는 발전소가 없지만 자동차로부터 발생되는 대기오염의 주원인이 되고 있다.

○ 핵원료(Nuclear)

핵원료를 사용하는 핵발전소는 대기로 방출되는 물질은 없으나 인류 및 환경에 치명적인 위험을 항상 내재하고 있다. 핵발전소의 사고로 인한 방사능의 유출사고가 이에 해당된다. 가주에는 전체 전력에너지의 14%가 핵발전소에서 제공되고 있다.

○ 천연가스(Natural Gas)

천연가스는 경제적이고 자연 친화적인 에너지원이다. 다른 에너지원에 비하여 많은 량의 대기오염을 발생시키지는 않지만 대기오염의 일부 발생원인이 되고 있다. 가주에는 전체 전력의 35%가 천연가스를 사용한 화력발전소에서 제공된다.

□ 그린 에너지 프로그램 옹호기관(Program Advocates)

ADRO Environmental Inc.

ADVANCE

All Peoples Christian Center

American Philantrophy Association

Asian American Drug Abuse Program

Beacon House Association

Carmona Ave. Association

Centro Latino De Educacion Popular

Cypress Park Library

East 60th Street Youth Center

Econewstv Environmental Directors

Radio

FAME Renaissance

Family Helpline

Founders National Bank

Hathaway Family Resource Center

Hollywood Police Support Association

Inglewood Coalition

Kentwood Elementary School

Korean Youth & Community Center

Lafayette Community Senior Center

Los Angeles Neighborhood Initiative

National Council Negro Women

Studio City Residents Association

Teen Post Inc.

Tomorrow's Entrepreneurs Today

Van Ness Ave(1200) Block Club

□ 그린 에너지관련 기관(Green Energy Organizations)

American Solar Energy Society

American Wind Energy Association

AG Solar

Center For Energy And Environmental Studies

Center For Renewable Energy & Sustainable Technology

Greenlight Consortium

International Solar Energy Society

National Energy Foundation

Northeast Sustainable Energy Association

Solar Energy Research and Education Foundation(SEREF)

Solar Information Center

□ 그린 에너지 프로그램 공인협회(Program Endorsments)

The Natural Resources Defense Council

Environmental Defense Fund

Center for Energy Efficiency and Renewable Technologies

Union of Concerned Scientists

California League of Conservation Voters

03. 자전거 순찰

자전거 순찰제를 통하여 대기오염을 감소시키고자 하는 L.A.시의 노력이 단기적으로는 미약하게 보이지만 장기적으로는 대기정화에 기여하는 바가 클 것으로 기대되며 이 프로그램이 소기의 성과를 거두기 위해서는 여기에 참여하고 있는 L.A.시, 대기정화국, 주정부 등 공동의 책임과 노력이 중요하다. 대기오염 저감방안에 도움이 되고자 소개한다.

L.A.시 경찰국은 남가주 대기정화국(Air Quality Management District)의 지원으로 대기오염발생을 미연에 방지하고자 자전거를 제공받으며, 이 프로그램은 자동차관련 대기오염 저감방안 위원회(the Mobile Source Air Pollution Reduction Review Committee)에서 기금을 지원받게 된다. 또한 환경국(The Environmental Affairs Department)과 수도전력국(Department of Water and Power)은 '대기정화를 위한 자전거 순찰(Bike Patrols for Clean Air) 프로그램'에 총 $116,000의 기금을 제공받으며, 이 기금으로

는 시 순찰구역 내를 담당할 115개의 산악용 자전거들과 44개의 최신의 전기용 자전거 구입에 사용될 예정이다.

이 기금과 관련하여 남가주 대기정화국의 운영위원이며 시의원인 리차드 알라카는 '이 프로그램은 L.A.시의 자전거를 통한 순찰계획에 커다란 지원방안이 되며, 지역사회, 사업체, 대기정화, 경찰관 본인 등 모두에게 최대의 효과를 제공하는 결과를 기대할 수 있다.'고 극찬하였다.

자전거를 이용함으로써 L.A.시는 향후 5년간에 걸쳐 거의 4만 파운드의 오염원을 저감시키는 결과와 순찰차량 이용 시 소비되어야 할 연간 150만 마일의 주행거리를 무공해 순찰수단인 자전거로 대체하는 일거양득의 효과가 기대된다. 오염원 배출원인의 하나가 될 수 있는 순찰차량과 트럭 등 자동차에서 자전거순찰로 경찰관의 순찰패턴을 조정하는 방안이야말로 법질서 수호와 안전을 담당하는 L.A.시 경찰국의 이상적이고 경제적인 방법(Cost-Effective Way)이 되며, L.A.지역의 대기정화를 위한 노력에 동참하는 실질적이고 효과적인 계기가 된다고 볼 수 있다.

L.A.시 수도전력국의 운영기획관인 안젤리나 갈리티바는 'L.A.시 경찰국에서 자전거순찰을 실시함으로써 일반자전거의 약점을 보완한 전기자전거를 통해 수도전력국에서는 대기오염을 정화시킬 수 있는 전기의 올바른 사용과 다양한 혜택을 시민에게 홍보하고 교육시킬 수 있는 좋은 계기를 마련할 수 있다.'고 기뻐한다. 수년 전부터 L.A.시는 베니스 비치, 할리우드, 다운타운 지역 등에서 자전거를 통한 순찰을 실시하고 있는데, 순찰차량으로는 보도 및 골목길에 대한 방범상의 한계점을 발견하고 대신에 자전거를 통한 순찰을 시범적으로 실시하여 자전거 이용에 따른 장점을 권장한 바 있다. 경찰국, 공원관리과, 주차단속반, 동물원 경비원 및 수도전력국 검침원들은 이러한 재정적 지원금을 통하여 새 자전거 구입, 액세서리, 장비, 관리교육 등의 혜택을 받게 된다.

L.A.시 경찰국의 경우, 매일 자전거 순찰을 실시하는데 약 200명에서

250명의 경찰관들을 대상으로 다양한 종류의 업무, 즉 갱단진압, 마약단속, 순찰지원, 특별행사 질서유지 등의 업무를 자전거를 사용하여 실시하고 있다.

한편, 교통국 산하부서인 주차위반 단속반은 주차위반 관련업무를 순찰 차량이 아닌 자전거로 실용화할 예정이며, 공원국의 공원관리인들은 공원, 해변가, 레크리에이션 센터, 박물관, 노인회관 등의 전 지역순찰에 자전거 를 사용하기 시작하였다. 로스앤젤레스 동물원에서도 경비원들이 응급상 황 대처 시, 미아 발견 시, 범죄자 신고 시에 신속히 대처하도록 자전거를 사용하도록 권장하고 있다.

남가주 대기정화국(SCAQMD)에서 제공하는 지원금의 출처는 가주정부 의 AB2766이며, 이 규정은 자동차에 의한 대기오염원을 감소시키고자 주 정부에서 자동차 소유주가 매년 납부하는 자동차등록세 중에서 $4불을 대기정화기금으로 사용하도록 규정한 법이다.

04. 에너지 절약

☐ **가정분야**

1. 에너지 절약을 위한 40가지 방법

가. 주방에서 에너지를 절약하는 10가지 방법

1) 식기건조기 사용 대신 실온에서 건조시킬 것.

2) 식기세탁기(Dishwasher) 구입 시 세탁과정이 단순할수록 물도 절약하고 전기도 절약된다.

3) 식기세탁 시 용량에 맞도록 세탁하여 작동 횟수를 줄인다.

4) 냉장고에는 경제성을 고려 가능한 문을 자주 열지 말고 충분한 음식을 저장하여 냉장효과를 거둔다.

5) 냉장고 및 냉동고의 온도를 지나치게 낮게 조정하지 않고 권장온도에 조정할 것.

6) 냉장고 밑의 코일을 최소 1년에 2회 이상 청소하면 먼지로 덮인 코일보다 25%의 에너지 절감효과가 있다.

7) 뜨거운 음식은 식힌 후 냉장고에 저장하고 저장된 내용물은 뚜껑을 사용하면 에너지 절감효과가 있다.

8) 불필요하게 두 개의 냉장고를 함께 사용하지 말 것.

9) 냉장고를 햇빛 및 가스레인지 등으로부터 격리한다.

10) 냉장고 구입 시 냉동실이 상부에 위치하는 냉장고를 구입하면 좌우측에 냉장 및 냉동실이 구비된 냉장고보다 20%를 절약할 수 있다.

나. 조리 시 에너지를 절약하는 10가지 방법

1) 조리 시 냄비뚜껑을 덮어 요리하면 시간 및 가스가 절약된다.

2) 밑바닥이 넓고 편편한 냄비를 사용하여 열이 고르게 전달되도록 한다. 너무 작거나 큰 냄비는 비효율적이다.

3) 용량이 큰 오븐보다 마이크로 오븐을 사용하면 경제적이다.

4) 음식가열 시 최종 2-3분 전에 스위치를 꺼서 에너지를 절약한다.

5) 특별한 조리 시, 즉 식빵을 구울 때는 토스터를, 보약준비 시 슬로우 쿠커를 사용하라.

6) 오븐 속에 음식 없이 미리 뜨겁게 하면 조리시간만 길어지고 전기만 소모된다.

7) 조리 중 오븐을 열면 온도가 하강하여 그만큼 에너지가 소모된다.

8) 조리 후에도 오븐 속의 온도가 15분-30분간 높으므로 식사 후 디저트용 과자 및 빵을 데우는 데 이용할 것.

9) 음식가열 시 철제냄비보다 유리형 냄비가 열을 잘 보존하므로 가열온도를 낮추어 에너지를 절약한다.

10) 조리 후 오븐청소가 부득이 필요할 경우, 자동청소 버튼을 사용하면 조리 후 높은 온도가 오븐 속에 남아 있어 평소보다 청소 시

가열까지의 시간을 절약할 수 있다.

다. 세탁 시 에너지를 절약하는 10가지 방법

1) 세탁 시 세탁용량을 적게 또한 너무 많게 하지 말 것.
2) 가능하면 냉수 및 온수를 이용 세탁할 것. 뜨거운 물 사용 세탁 시 그만큼의 에너지가 소모된다.
3) 가정용 온수보일러의 온도를 약 49℃(120℉) 정도에 조정한다.
4) 세탁용 세제를 과량 사용하지 말 것.
5) 건조기 사용할 때 동종의 의류를 함께 건조시킬 것. 혼합된 의류건조 시 느리게 건조되는 의류로 인하여 장시간 건조하여 에너지를 소비하는 단점이 있다.
6) 의류별로 정확한 건조시간을 선택하여 건조기를 사용한다.
7) 건조 시 연속적으로 건조기를 사용하여 매 일회 사용할 때 요구되는 온도를 절약한다.
8) 건조기 작동이 끝나면 즉시 의류를 정리하여 장기간 건조기 속에서 방치 시 추가로 다리미를 사용하여 에너지를 소비함을 방지한다.
9) 담요 및 이불 등 부피가 큰 내용물 건조 시 개별적으로 건조시킨다.
10) 건조기 속의 필터를 매회 청소하여 공기의 순환이 잘 되도록 한다.

라. 냉방 및 온방 시 에너지를 절약하는 10가지 방법

1) 냉방 및 온방용 조절 스위치속의 온도계를 점검하여 정확한 온도를 감지하도록 한다.
2) 온도조절 스위치를 온방 시에는 약 20℃(68℉)로 조정하고, 냉방 시에는 약 26℃(78℉)로 조정하고, 취침 시에는 약 13℃(55℉)로 조정한다.

3) 벽면, 천장, 마루 등의 절연물질을 사용하여 겨울철의 보온효과와 여름철의 더위를 방지할 수 있다.

4) 온도조절 스위치를 최고로 혹은 최저온도로 조정하면 보다 많은 에너지 손실의 주요 원인이 된다.

5) 모든 절연체를 점검하여 혹시 금이 간 부분은 공인된 방법과 재료를 사용 커버하여 공기가 밖으로 새는 현상을 방지한다.

6) 창문은 닫고 커튼은 내려서 공기의 유통을 방지하며, 창문틈새 및 문풍지가 새는 것을 미연에 방지한다.

7) 사용하지 않는 방들은 밀폐하고, 온도조절 스위치를 끈다.

8) 에어컨 사용할 때 열을 발생하는 가스레인지와 세탁기 등의 사용을 자제하고 에어컨필터를 자주 청소 또는 교환한다.

9) 겨울철 보온을 위한 히터사용을 자제하며, 가능한 두꺼운 옷을 입고 외출 시는 스위치를 끈다.

10) 불필요한 전등을 끄며, 형광등은 일반전구보다 수명이 10배가되고 전기소 모도 1/4 정도 절약할 수 있다.

2. 여름철 햇볕차단을 위한 16가지 방법

가. 그늘조성법

1) 나무를 식재하여 그늘을 조성한다.
   사용경비는 $10 - $100불이며, 연간 에너지 절약은 $43불이 된다.

2) 파티오 및 나무담장으로 그늘을 조성한다.
   사용경비는 $35 - $800불이며, 연간 에너지 절약은 $43불이 된다.

3) 창막이 천막설치로 그늘을 조성한다.
   사용경비는 $5 - $20불/sqft이며, 연간 에너지 절약은 $53불이 된다.

4) 그늘커튼(Shade Screen) 사용으로 햇빛조절효과 및 외부시선 차단 효과를 기대할 수 있다.

사용경비는 $2.5 - $10불/sqft이며, 연간 에너지 절약은 $69 - $77불이 된다.

5) 창문틴팅(Window Films) 방법으로 햇빛조절을 하며, 회색 및 청동색이 일반적이다.

사용경비는 $2.5 - $3.5불/sqft이며, 연간 에너지 절약은 $77불이 된다.

6) 창문가리개(Window Shade) 사용으로 햇볕 차단효과를 기대할 수 있다.

커튼보다는 블라인드형이 효과적이고 롤러형 차단방법이 가장 효과적이다.

사용경비는 $0.5 - $5불/sqft이며, 연간 에너지 절약은 $24 - $49불이 된다.

나. 열차단법(여름철)

7) 지붕의 표면을 밝은 색상으로 도색한다.

사용경비는 $0.28 - $0.40불/sqft이며, 연간 에너지 절약은 $31불이 된다.

8) 반사벽(Radiant Barriers) 설치로 직사광선을 피한다. 만일 지붕과 천정 사이에 30센티미터 이상의 절연재가 설치되어 있으면 반사벽 설치 시 경제성이 없다. 사용경비는 $0.35불/sqft이며, 연간 에너지 절약은 $16불이 된다.

9) 지붕과 천정사이 공간(Attic)에 통풍구를 설치한다.

사용경비는 $100 - $400불이며, 연간 에너지 절약은 $20불이 된다.

10) 천정 속 절연재 사용할 때 최소 25센티미터 이상이어야 한다.

사용경비는 $0.55불/sqft이며, 연간 에너지 절약은 $51불이 된다.

다. 공기대류법(여름철)

11) 창문을 열어 공기의 순환을 자유롭게 하는 일반적인 방법이며, 이 때 유입되는 차가운 공기의 창보다 유출되는 더운 공기의 창이 높게 하면 더욱 효과적이다. 사용경비는 $5 - $10불이며, 연간 에너지 절약은 $20불이 된다.

12) 창문에 환풍기를 설치하는 방법이다. 사용경비는 $30 - $50불(개당)이며, 연간 에너지 절약은 $35불이 된다.

13) 천정 속에 강력한 선풍기를 설치하는 방법이며, 단점은 소음이 커서 침실주변보다는 주방주위에 설치하면 더욱 효과적이다. 사용경비는 $300 - $800불(개당)이며, 연간 에너지 절약은 $45불이 된다.

14) 주야에 지붕에 물을 사용하여 온도를 낮추는 방법이며, 이때 지붕의 재질이 콘크리트 및 벽돌 등 방수가 될 때 가능하다. 사용경비는 $5 - $10불이며, 연간 에너지 절약은 $20불이 된다.

15) 천정에 선풍기를 설치하는 방법이며, 사용경비는 $30 - $200불(개당)이며, 연간 에너지 절약은 $20불이 된다.

16) 쿨러(Cooler)를 사용하는 방법이며, 에어컨보다 16% 정도의 전기가 소비되는 효과적인 방법이며 하루 약 5 - 15갈론의 물이 소모된다. 사용경비는 $1500 - $2200불(개당)이며, 연간 에너지 절약은 $163불이 된다.

3. 가정용 전기제품 전력 소비량

전기제품	watt 소비량(일반)	KW/시간(KWh)
에어컨	1,325	1-3/10
믹 서	386	2/5
시 계	2	1/20(하루)
옷 건조기	4,856	3-3/5(매회)
커피메이커	894	1/5(매회)
식기세척기	1,201	1(매회)
선풍기	171	1/6
분쇄기(음식)	445	2/25(하루)
프라이팬	1,196	1-1/5
헤어드라이	361	4/10
전기난로	1,322	1-3/10
다리미	1,003	1
마이크로오븐	1,450	1-1/2
라디오	71	1/10
전기레인지	12,000	3-1/5(하루)
청소기	630	2/3
세탁기	512	1/4(매회)
온수보일러	4,500	3-1/5(하루)
100watt 전구	100	1/10

□ 상업분야

상업분야의 경우, 운영비를 절감하기는 어렵지만 장기적인 수도·전기 등 에너지 절약 프로그램을 통하여 경비를 절약할 수 있다. 조명, 온방, 난방, 온수보일러 등의 에너지 절약을 통하여 일상 업무 및 고객에게 지장을 주지 않고 금전적으로도 절약할 수 있는 세부사항은 다음과 같다.

1. 조명시설 에너지절약

사업체운영 시 에너지 소비가 많은 부분이 조명시설이며, 불필요한 조명은 끄고, 규격에 맞는 전구선택과 청결상태 유지만으로도 경비를 절감할 수 있다. 또한 조명시설의 사전점검을 통하여 고장 난 전구의 교환과 경제적인 조명시설의 선택이 에너지를 절약하는 방법이 된다.

조명타입	광량/watt (Lumens)	광량유지 상태	색연출 효과	광선조절	재점등 시간	가격비교 (제품)	경비비교
할로겐램프 텅스텐전구	13 - 24	보통–최우수	최우수	우수–최우수	신속	저렴 – 간단	높다. 수명 낮음. 저효율
형광등	63 - 95	보통–최우수	우수–최우수	보통	신속	적당가격	약간 높음
수은등	24 - 60	매우 우수	빈약–우수	매우 우수	3–10분	약간 고가	약간 높음
Metal Halide	60 - 115	우수	매우 우수	매우 우수	10–20분	고가	낮음
Sodium: 고압	51 - 130	최우수	보통/우수	최우수	1분 이내	매우 고가	약간 낮음
Sodium: 저압	62 - 150	최우수	빈약	보통	신속	매우 고가	매우 낮음

(자료: National Electrical Contractors Association)

2. 보온, 통풍, 냉방장치

가. 절약방법

1) 온도조절 스위치를 겨울에는 약 21℃(70°F)에, 여름에는 약 26℃ (78°F)에 조정한다.
2) 업무시간 이후 및 휴일에는 자동온도 조절장치를 끈다.
3) 회사원들의 복장을 겨울에는 두껍게, 여름에는 서늘한 의상을 권고한다.
4) 사무실에 통풍이 잘 되도록 조정한다.

5) 빈사무실, 창고, 사물함 지역의 보온 및 냉방용 환풍구를 닫는다.

6) 냉·온방 시 문을 닫고 창고의 경우 물건들의 반·출입 시 커튼을 달아 내부온도가 유지되도록 한다.

7) 가정용 에너지 절약과 동일함.

나. 관리방법

1) 월별 점검사항

 ○ 공기필터 점검·청소·교환

 ○ 환기통 스크린 청소

 ○ 균열이가고 느슨해진 벨트 교환

 ○ 에어컨 콘덴서 코일청소

 ○ 열조절장치 점검

2) 분기별 점검사항

 ○ 베어링에 윤활유 첨가

 ○ 온방/냉방용 코일청소

 ○ 송풍기 주변 먼지점검 및 청소

 ○ 파이프 및 배출구 주변의 손상된 절연물질 교환

 ○ 온도조절장치 점검 및 교환

3) 반기별(연 2회) 점검사항

 ○ V벨트 및 팬벨트의 도르래 점검

 ○ 여름에 대비한 냉방점검과 겨울에 대비한 온방점검

4) 회기연도별 점검사항

 ○ 창문주변 및 문주변의 벗겨지고, 틈이 생기고, 윤기 없는 부분의

청소손질
- ○ 캐비닛, 선반, 온방, 환풍, 에어컨 부품의 나사조정
- ○ 녹이 슨 부분의 청소와 페인트 작업

※주의사항: 청소 시 필히 전원을 끄고 작업할 것

3. 온수보일러

온수보일러의 에너지 절약방법은 첫째, 더운물 사용을 줄이고, 둘째, 온수온도를 낮게 하는 방법이다.

가. 절약방법

1) 화장실 사용 온수는 손 세척에 적당한 온도(41℃)로 조정한다.
2) 식당 및 주방용 온수는 규정에 의거 82℃의 뜨거운 물이어야 한다.
3) 보조히터(Booster Heater)를 사용하여 82℃의 뜨거운 물을 사용하고 기타 용도에는 52℃의 물을 사용하여 에너지를 절약할 수 있다.
4) 세탁기의 경우, 상업용(병원·학교포함)은 규정에 의거 74℃의 뜨거운 물이어야 하며, 일반용은 52℃의 물을 사용하여 에너지를 절약할 수 있다.
5) 온수보일러의 위치는 가급적 가까운 장소에 위치시킨다.
6) 불필요하게 온수가 흐르지 않게 한다.
7) 온수탱크와 파이프를 절연체로 감싸주면 열손실 및 안전에 도움이 된다.
8) 태양열을 이용하는 온수보일러로 교체한다.
9) 화장실 내 온수사용 시 센서에 의한 온수 사용장치 이용

10) 온수보일러의 에너지 절약만이 아닌 장비의 수명연장도 궁극적인 경비절감 방안이 된다.

나. 관리방법

1) 온수보일러 속의 물청소를 6개월마다 실시하여 불순물을 제거한다.
2) 온수보일러 탱크와 파이프를 덮고 있는 절연물질의 점검 및 교환
3) 물이 새는가 점검

4. 식기세척장비

가. 관리방법

1) 식당용 식기세척 시 세척용량을 준수한다.
2) 식기 건조기 작동 시 정지 후에도 더운 공기가 충분히 도달되도록 한다.
3) 식기건조기 사용을 자제하고 살균된 타월을 사용 건조시킨다.

나. 절약방법

1) 식기세척기 윗부분에 배출구(exhaust hood)를 위치하여 식기세척 시 더운 공기를 배출함으로써, 에어컨의 불필요한 작동을 미연에 방지한다.
2) 온도가 낮은 온수(규정에 맞는)에서도 세척할 수 있는 세척기를 사용한다.
3) 수압이 낮으면 식기세탁이 제대로 안 되며, 반면에 수압이 높으면 더운물을 많이 소비한다.
4) 온도조절기를 부착하여 온도를 수시로 점검한다.

□ 공공분야

1. 로스앤젤레스 컨벤션센터

컨벤션센터에서 소비되는 에너지의 절감과 안전을 위한 임시전원 분배
장치(Temporary Power Distribution System)를 도입하여 약 $4만 5천
불을 절약하였다.

2. 하이페리온 폐수처리장(Hyprion Treatment Plant)과 Scattergood 발전소의 에너지 교환협정(Scattergood - Hyperion Digester Gas - Electric Energy Exchange and Generating Facility Opering Agreement)

수도전력국 및 폐기물과 상호 협조하여 하이페리온 폐수처리장에서 발
생되는 가스와 인접한 수도전력국소속 Scattergood 발전소에 파이프라인
을 가설하여 발전소에서는 가스를 전력발전에 사용하고, 폐수처리장에서
는 낮은 전기료와 발생가스처리시설을 절약할 수 있었다. 약 $4백2십만
불의 예산절약과 연간 $3 백만 불의 절약을 이룬 셈이다.

3. 냉각시설의 전기 및 화학물질 절약
(Cryogenic Facility Power and Chemical Optimization)

폐기물과에서 냉각시설을 인수하여 문제점을 분석한 결과 냉각수를 위
한 화학물질 사용이 절약되고, 공기분류과정관련 전기사용료가 현저히 절
약되었으며, 개선된 냉각법과 분자를 흡수하여 거르는 데 경비가 감소되
었다. 연간 $1백만 불의 재정 절약효과이다.

4. 아파트 리사이클링 프로그램(Apartment Pilot Outreach Program)

폐기물과의 폐기물관리계(Integrated Solid Waste Management Division)
주도로 다세대주택 아파트를 대상으로 리사이클링 프로그램을 통한 에너

4. 에너지 절약 347

지절약 방안이다. 분기당 약 $4만 불의 절약효과이다.

5. 휴즈사(Hughes Company)

수도전력국의 협조로 연간 $50,000의 전기료를 절감하였는데, 에너지 절감방안으로 낡은 2, 3, 4의 형광등을 좀더 효율적인 T-8램프로 교체한 결과이다. 또한 수도전력국으로 하여금 약 7,000가구에 사용될 전기량인 34만 킬로와트를 절약할 수 있었으며, 이로서 휴즈사는 남가주 대기정화 기관(AQMD)의 대기정화지침에 부합하는 좋은 결과를 얻었다.

6. 맥도널드 햄버거사(McDonalds)

맥도널드지점 신설 시 전주를 새로 세우고 시설을 변경하는 데 많은 경비 가 지출되는 난청지역(fringe area)임을 감안하여 수도전력국의 협조로 전 기를 연결하는 효율방안을 마련하여 약 $18만 불을 절약할 수 있었다.

7. 로스앤젤레스 시 가로등 절전시스템

LA시의 가로등 관리 담당자인 Bureau of Street Lighting의 길버트 모 라에게 문의한 바에 따르면 현재 가로등은 타이머 설치 및 태양열을 조절 하는 절전 장치인 Photo Cell 타입의 2가지로서 대표되며 이는 일몰부터 일출시까지 심야의 도로를 밝게 함으로써 범죄로부터 안전한 도로를 조성 함에 있다. 분기당 700여 개의 Photo Cell 타입의 가로등으로 교체하는 실 정이다.

가. 타이머형 절전장치: Tork Model DZS 200(Astronomic Controller)

자동시간 조절장치인 타이머를 이용하여 일출 및 일몰을 지각하는 기능 에 있어서 연중 2가지의 독립된 기능을 수행하여 가로등의 절전효과를 기 대할 수 있다. 또한 북가주 및 남가주 지역에 따라 10단계부터 60단계의

구분기능이 있다. 추가적으로 이 타이머는 1분부터 99분 사이의 인지기능
으로 일출 및 일몰 전·후에 가로등의 작동을 하는 조절기능이 있어서 자
연태양광 및 기타 특수상황하에서 물리적 장애요인으로 인한 가로등 시간
조절이 가능하다. 이 장치는 -30°C에서 70°C까지 작동하므로 기후에 관
계없이 전천후 사용이 가능하다.

나. Photo Cell 타입형

이 장치는 2가지 기능이 있는데 'thermal type photo control' 및 'relay
type photo control'로서 모두 일몰부터 일출까지의 가로등의 작동을 타이
머 및 기타 수동작업에 의존하지 않고 바이메탈장치를 이용한 온도감응을
자동적으로 일출시 스위치를 켜고 일출시에는 가로등을 끄는 기능을 수행
한다. 또한 에너지 절약차원에서도 약 25%의 감소효과를 기대할 수도 있
다. 이와는 별도로 단점으로는 자동차 헤드라이트 및 번개로 인한 스위치
의 변환으로 가로등이 일시 꺼지는 현상이 문제점으로 지적된다. 이와 같
은 번개와 같은 자연현상은 LA시의 경우 연중 거의 발생하지 않으며
Photo Cell 타입은 관리가 용이하고 타이머의 경우 계절별, 기후별, 서머
타임제 등 다양한 상황에 효과적인 기능을 기대하기 어렵고 일몰 후에 가
로등이 켜져서 범죄발생요인을 미연에 방지하고자 LA시의 가로등을
Photo Cell 타입형으로 선환하고 있는 추세이다.

Ⅵ. 시민참여 행정

자원봉사제도(Volunteerism)의 市政 활용:　미국의 사례

1. 서 론

우리나라의 경우와는 달리 미국의 경우 정부의 행정 편의나 정당성을 도모하기 위한 자치단체에 의한 시민단체의 자의적 조직 — 관변단체 (QANGO) — 는 거의 찾아보기 힘들다. 하지만 미국의 경우 자치단체별로 그 특성에 맞는 독특한 형태의 시민들에 의한 자치단체 행정 참여가 이루어지고 있다. 우리나라의 경우와 마찬가지로 미국의 경우 시민들의 자치단체에 대한 행정 수요는 갈수록 다양화, 급증화하는 추세이며, 시민들의 정부 행정에 대한 무관심은 갈수록 높아 가는 추세이다.

이에 따라 미국의 자치단체들은 시민들의 참여의식을 높이기 위해 새롭고도 창의적인 Program개발에 노력하고 있는 것으로 나타났으며, 시민들의 정부 정책에 대한 참여를 독려하기 위해 각종 보상과 유인책의 사용을 시민참여운동 장려 차원의 일환으로 적극적으로 시행해 오고 있다. 특히 최근에 들어 시민들의 행정 서비스에 대한 수요 증대와 중앙정부로부터의 각종 사업 이양으로 인한 긴축재정으로 각 자치단체들은 여러 가지 형태의 민간에 의한 행정 및 정책 참여를 독려하면서 정부조직(governmental organization)과 비정부조직(nongovernmental organization) 간의 유기적 연대를 꾀하며 행정 효율성을 추구해 나가고 있다.

하지만 연방제를 정부 운용 조직체계로 채택하고 있는 미국의 경우 각급 지방정부(states, counties, cities, special educational districts, etc)에 의해 집행되는 시민들의 행정참여(citizen participation)를 획일적으로 논하기는 어렵다. 예를 들면 같은 행정 서비스를 시행하는 지방정부 주체들 간에도 그 질적, 양적 행정 서비스의 집행과 운용은 엄청난 다양성을 띠고 있다. 아마도 이러한 다양성은 우리나라와 같이 단일 민족으로 이루어진 중앙집권적 획일적 정부구조 체계하에서는 찾아보기 힘든 미국과 같은 다민족으로 구성된 연방제 국가들만이 갖는 독특한 특성의 정부 운용 방식일 것이다.

미국에서의 시민의 자치단체 행정참여는 크게 두 가지 측면에서 조명될 수 있다. 첫째는 각급 지방정부의 사업계획과 집행에 다양한 이익단체(interest groups) — 민간기업이나 시민단체(private corporations or civil organizations) — 가 상호 경제적 편익을 위해 상호 협력관계가 이루어지는 민-관 제휴(public-private partnership) 방식과 개인의 경제적, 물리적 이해관계를 떠나 순순히 이타주의적(altruistic) 또는 공공의 이익(public interests)을 목적으로 이루어지는 자원봉사제(volunteerism)가 있다.

민-관 제휴 방식은 크게 두 가지 형태의 자치단체와 시민단체 간의 협력으로 나타난다. 첫째는 지역재개발사업이나 지역경제 활성화를 위해 자치단체와 민간기업이 연합하여 공동의 이익을 추구(자치단체: 지역발전, 민간기업: 이윤획득) 하는 것이고[1], 두 번째 형태는 주로 각종 시민단체

---

1) Stephenson, Jr. M. O. 1991. "Whither the public-private partnership: A critical review", Urban Affairs Quarterly 27: 109-127.

들이 이익집단(interest groups)을 형성하여 다양한 형태의 로비를 통하여 자신들의 이해를 추구하는 것이다.[2] 자치단체와 민간기업간의 협력형태는 오랜 역사를 가지고 있으며 우리나라를 포함해 각 국가별로 많은 경험을 가지고 있어서 개괄적 분석이 가능하나, 엄격한 의미에서 이러한 협력관계는 시민단체의 활동범주에 포함되지 않는다.[3]

동질적 단체의 경제적, 물리적 이익 을 추구하는 각종 이익단체들의 활동 상황은 훨씬 더 복잡하고 다양한 모습을 띠고 있다. 미국의 경우 종교별 (religion), 인종별(race/ethnicity), 직능 단체별(occupation), 연령별(age), 지역별(geography), 가문별(pedigree), 등등, 수천수만의 이해단체들이 각급 자치단체별로 활동하고 있으며, 일부 정기적(YMCA, YWCA, 등) 활동 을 하는 시민단체를 제외하면, 거의 모든 이해단체들이 부정기적으로 다양한 정부기관과의 접촉을 통해 그들의 이해관계를 충족시키려 노력하고 있다. 이러한 이해집단의 활동내용도 자치단체별로 그야말로 천태양상의 복잡성을 띠고 있어서 그 활동내용을 획일적 혹은 일정한 범주에서 파악하기란 거의 불가능한 실정이다.

하지만 이러한 두 가지 민-관 협력체제는 광범위한 시민참여가 이루어

---

2) 미국에서 매년 각종 단체의 이익을 위해 활동하는 유급 lobbyists의 수는 수만 명에 이른다. 이러한 lobby 활동은 주로 개별 단체의 이익을 위해 사용되며 공익을 위한 활동은 거의 없는 것으로 드러났다. 예를 들면, California 주의 경우 1995/1996년 회계연도에 등록되어 활동한 lobbyists는 94% 가 다양한 이익집단이 고용한 경우였으며, 단지 6%만이 공공이익을 위한 사람들이었다. Price, Charles. 1996. "Advocacy in the age of term limits: Lobbying after Proposition 140", Annual California Government & Politics 26: 45－47. Los Angeles city의 경우, 다양한 노동단체들의 lobby가 특히 시정에 많은 영향을 끼친 것으로 나타났다. Regalado, J. A. 1991. "Organized labor and Los Angeles city politics: An assessment in the Bradley years, 1973－1989", Urban Affairs Quarterly 27: 87－108.

3) Clark, J. 1995. "The state, popular participation, and the voluntary sector", World Development 23: 593－601.

지지 않는다는 점과 제한된 단체의 자기목적 달성이 주목적이라는 측면에
서, 포괄적인 시민참여를 담보하는 자원봉사제의 활용이 서울시와 같은
포괄적 공익을 위한 자치단체의 목적(민주적, 경제적)에 더욱 부합하리라
여겨진다. 서울시가 최근 추구하고 있는 건전한 시민단체 육성[4]도 민주시
민 육성, 전문 인적자원 활용 및 건전한 시민의식 고취라는 측면에서 고
려할 만한 사항이지만, 특히 최근 관변 시민단체들에 대한 부정적 인식
과,[5] 광범위하게 부족한 서울시의 인력 및 재정,[6] 그리고 편중된 시민참
여라는 점을 고려하면, 서울시의 실정에 맞는 포괄적인 각 실행부서별 자
원봉사제도의 도입은 각 행정부처의 앞으로의 사업계획 및 실행에 있어서
포괄적 인적자원 활용 및 재정비용 절감이라는 측면에서 많은 도움이 되
리라 여겨진다.

  따라서 본 보고서에서는 효율적인 자원봉사제(volunteerism)[7]의 성공적
인 활용으로, 많은 행정 및 재정비용을 절감하고 자발적 민주시민 의식고취
에도 기여한 미국의 다양한 자치단체들의 자원봉사제도에 대한 활용경험을
최근에 NACo(National Association of Counties)와 ICMA(International
City/County Management Association)에서 발간한 4권의 보고서에 기초
해서 소개한다. 본 보고서는 크게 네 부문으로 나누어져 있다. 첫째, 자원봉

---

4) 서울특별시. 1996. 자치 서울 1년: 새로운 출발을 위하여. 서울특별시. pp.47-52.
5) 서울21세기연구센터. 1994. 부문별 정책구상: 도시행정부문. 서울시정개발연구원
   (report no. 21C94-1-P-5)
6) 서울특별시. 1996. 민선1년 백서요약-자치 서울 1년: 새로운 출발을 위하여.
   서울특별시.
7) ICMA(International City/County Management Association)의 정의에 의하면
   자원봉사자란 정부 또는 자치단체로부터 직접적 보상을 받지 않고 봉사하는
   사람을 지칭하며, 이 경우 자치단체의 각종 위원회 또는 자문위원회 등에
   서 활동하면서 활동참여에 따르는 자기비용을 보상받는 사람도 자원봉사자
   의 범주에 속한다. Manchester, L. D., G. S. Bogart. 1988. Special report:
   Contracting and volunteerism in local government-A self-help guide.
   Washington: International City/County Management Association

사제도의 개념정리 및 제도의 필요성을 소개하고 그 사례연구로서 둘째, 미국의 각급 지방 자치단체에서 운용하고 있는 다양한 자원봉사제도 활용사례를 정리하고 셋째, 각 자치단체가 시행하고 있는 정책에 시민의 행정참여 및 봉사활동을 독려하기 위해 사용하고 있는 각종 유인책(incentives)과 보상책(rewards)에 대해 알아보기로 한다. 셋째로, 이러한 요인 이외에 사업성공에 필요한 요소들을 점검한 후, 마지막으로, 우리나라에서의 자원봉사제도의 도입 필요성에 대해 논한다.

2. 자원봉사제도의 개념 및 필요성

일상적인 시민들의 자의적 의지와 자기방어(자기재산권 보전 등)에 기초한 자발적 역할은 다음과 같은 다양한 활동으로 나타내어질 수 있다. 간단한 주변 공원청소 및 정리, 지역사회 유지보전을 통한 자기재산권 유지 내지는 증식, 자녀들에 대한 준법정신 교육, 질서 있는 공공시설 이용, 낙서 예방 등이 의식적, 무의식적으로 시민들이 수행하는 지역사회에 대한 공헌이라 할 수 있다. 이러한 일상적인 시민들의 자기책임 수행 이외에, 공공의 이익을 위한 활동의 자리매김이라는 매개체를 통해 건전한 사회 사조(social ethos) 진작이라는 측면이 제기될 필요성이 있다. 미국에서의 자원봉사제도의 활용은 이러한 시민들의 사회윤리성 제고라는 측면에서 정책 집행기관과 시민간의 바람직한 매개체로 인식되고 있다.[8]

저명한 정치학자이며 민주주의 신봉자인 Alexis de Tocqueville은 참된 민주사회의 가치는 그 사회를 구성하는 시민의 기능의 질 여부에 달려 있다고 주장하면서, 민주적 자치단체 확립에 있어서의 묵시적 가정으로서 시민과 자치단체의 공동노력을 강조하였다.[9] 즉 자치행정의 수립 및 집행에

---

8) Moulder, E. 1994. "Use of volunteers in local government service delivery. Washington: International City/County Management Association.

있어서 시민을 단순한 수혜자가 아닌 공동시혜자로서의 시민의 역할을 강조한 것이다. 이러한 정의적인 시민참여의 중요성과 필요성은 특히 최근 들어 시민들의 행정서비스에 대한 수요 증대와 긴축재정으로 인한 자치단체의 다양한 사업시행의 한계(특히 서울시의 경우)라는 측면에서 조명할 때 적절한 자원봉사제도의 중요성과 그 활용 필요성은 명백해진다.[10]

이 제도는 특히 재정적 어려움을 겪고 있는 자치단체들에 있어 기존계획의 집행 및 유지와 새로운 사업 시행에 많은 도움이 된다. 더욱 중요한 것은 자원봉사제를 통해 시민들의 자치단체 행정에 대한 이해가 제고되어 행정에 대한 불신을 반감시킬 수 있으며 이에 따른 공무원의 사기진작 효과도 얻을 수 있다는 점이다. 결국 지방정부 차원에서의 자원봉사제도의 활용은 모든 참여 당사자들의 이해 및 이익을 증대시킬 수 있다는 점에서 양자승리계획(win-win proposition)이라 할 수 있다.[11] 다음은 이상과 같은 자원봉사제 활용에 따라 자치단체와 시민들이 상호 향유할 수 있는 편익을 정리한 것이다.

---

9) Tocqueville, A. D. 1980. Democracy in America. New York: Alfred A. Knopf.

10) 미국의 지방 자치단체들은 비용절감과 대민 서비스 개선이라는 행정목표를 위해 지속적인 노력을 기울여 왔다. 하지만 이러한 노력은 최근 증대되는 중앙정부(Federal or State)로부터의 많은 업무이양과 증대되는 시민 행정수요로 인해 많은 어려움을 겪어 왔으며, 동시에 각급정부의 대민행정에 대한 시민들의 불신감은 깊어져 갔으며, 최근에 들어서도 우리나라의 경우와 유사하게 시민들은 정부의 대민행정이 필요로 하는 시민들에게 별로 도움이 되지 못한다고 생각하는 것으로 나타났다. 미국 자치단체들의 자원봉사제도의 적극적 도입은 이러한 시민들의 자치단체에 대한 행정불신에 대처할 수 있는 방안으로 여겨지고 있는 게 사실이다. Markwood, S. R. 1994. "Volunteers in local government partners in service", Public Management.(April, pp.6-9).

11) Gardner, J. 1994. "American renewal", Public Management.(September, pp.8-12).

가. 정부 행·재정 비용 절감

지방정부는 제한된 비용(인력 및 자원)으로 늘어가는 대민 행정 서비스를 담당하기 위해 지속적인 노력을 기울여야 한다. 공무원은 대민행정의 연속성을 위해 필요하고 자원봉사자들의 활동은 부족한 행정 서비스를 충원할 수 있다.

나. 정부 행정에 대한 이미지 제고

자원봉사자들이 직접 정부행정 및 정책에 참여함으로써 정부행정처리나 고충에 대한 이해가 증진되며 이러한 정부 정책에 대한 이해는 다른 시민에게도 전파될 수 있다.

다. 공무원에 대한 인식 제고

봉사에 참여한 자원봉사자들은 공무원들과 개인적 접촉을 통해 제반 자치단체 Program의 목표를 인식하게 되며 이들 자원봉사자들의 정부 정책에 대한 다른 주민에 대한 전파력은 그 어떤 정부 캠페인보다 그 효과가 높게 나타난다.

라. 자원봉사자들의 다양한 인적자원 활용.

다양한 교육과 경험을 가진 자원봉사자들의 활용은 정부 정책수립과 집행에 도움이 된다. 공무원이 보유하지 못한 각종 지식과 기술의 유입은 정부 행정서비스의 질적, 양적 증대를 가져온다.

마. 보조적 효과

자원봉사자들은 쉽게 참여하고 있는 Program의 옹호자가 되며 Program

시행에 필요한 시간, 돈 그리고 제반 재료들(Materials)의 다른 기부자를 찾는 데에도 열성적이 된다.

바. 민주화된 지역사회 고착.

다양한 집단에서 참여한 자원봉사자들은 그들의 자치단체에 참여하는 경험을 가지게 되며 그들 지역사회의 발전을 위한 자기 의견을 가지게 된다. 자연히 토론 문화의 정착으로 인해 상대에 대한 양보와 타협의 정신을 배우게 된다.

다음은 이상과 같은 지방 자치단체 및 지역사회 이익 증대를 위해 미국 내 각급 자치단체에서 실제 적용한 자원봉사 계획들을 소개한다. 더욱 자세한 항목은 참고문헌을 참고하기 바란다.

3. 사례 연구

3-1. 미국의 자원봉사제도 활용 사례

1993년에 NACo(National Association of Counties)에 의해 시행된 조사보고서는 각 지방정부들의 자원봉사제의 중요성에 대해 인식하고 있음을 보여 준다. 이 조사보고서는 1992년 County 정부차원에서만 볼 때에도 자원봉사자들의 활용으로 인해 약 $1.8 billion(18억 달러)의 재정비용 절감효과가 있었다고 나타내고 있다. 이에 따라 각 County정부들의 자원봉사제도의 활용은 급증 추세에 있다.(예를 들면 1990년에 비해 1992년의 자원봉사제 활용은 100% 이상 증가되었다). 조사대상 417 County정부 중 약 93%가 자원봉사 제도로 활용하고 있었으며 이 기간 중 자원봉사제도 활용이 가장 활발했던 우선순위 10개 행정서비스 항목은 다음과 같다.

표 1. 사업 대상별 자원봉사자 활용 비율(1992)

화재/환경보전	66%
노인보조	64%
공원 및 여가활동	51%
사회봉사	44%
청소년봉사	44%
민간봉사	42%
환경/자원재활용	37%
교 육	36%
경찰/교도	35%
교 통	34%

　상기에서 보이듯이 미국에서 활용되고 있는 자원봉사제도의 적용은 거의 모든 행정부문에서 이루어지고 있다고 하겠다. 더욱 자세한 정책시행 부문을 검토해 보면, 자치단체가 자원봉사제도의 도입을 실행할 수 있는 부분은 실로 헤아릴 수 없이 많은 것으로 보인다. 다음은 성공적으로 시행됐다고 여겨지는 몇 가지의 자원봉사 Program을 발췌 소개한다.[12]

　가. 법원지정특별지원 Program-분 County(캔터키주, 인구 57,589)

　분 County에서는 학대받는 아동과 보호받지 못하는 아동들을 위해 법원지정특별지원 자원봉사계획(CASA: Count Appointed Special Advocate)을 도입하여 현재 20명의 교육을 이수한 자원봉사자들이 활동하고 있다. 이들의 업무는 해당 아동들에 대한 개별적인 심층 사례분석을 통해 그들이 필요로 하는 즉각적이면서도 지속적인 문제해결을 봉사하고 있다.

---

12) National Association of Counties(NACo). 1995. Volunteers and counties: Partners in service. National Association of counties. and Manchester, L. D., G. S. Bogart. 1988. Special report: Contracting and volunteerism in local government-A self-help guide. Washington: International City/County Management Association.

나. 노인 복지 Program – 샌버나디노 County(캘리포니아 주, 인구 1.4 million)

샌버나디노 County 내 15내지 25%에 이르는 정신적 고통을 받고 있는 노인들을 위해 County정부 내 보건위생과에서는 비슷한 연령계층에 있는 자원봉사 노인들을 교육시켜 상담역으로서 정신적, 육체적 고통을 겪고 있는 노인들을 돕고 있다.

다. 시민 생산성 위원회 Program – 콜리어 County(플로리다 주, 인구 168,500)

긴축재정을 원하는 주민정서와 정부정책 반목에 직면한 콜리어 County정부는 시민들로 하여금 County행정참여를 유도하기 위해 일련의 자원봉사자들을 조직하여 포괄적으로 County정부의 행정체계와 시행사업을 조사보고토록 하였다. 조사보고서에 따른 행정체계의 쇄신과 각종 정책집행의 효율적 운용은 엄청난 County정부 비용절감효과를 가져왔으며 이들 봉사자들에 의한 정부 행정에 대한 이해는 다른 시민들의 정부 정책에 대한 폭넓은 이해로 나타났다.

라. 장애인에 의한 장애자 주차공간 강제 Program – 글린 County
(죠지아주, 인구 62,500)

미국에 있는 다른 많은 County정부와 같이 글린 County정부도 장애인들을 위한 도로 및 공공건물 설치에 있어서 장애인의 편의를 도모하기 위해 노력해 왔다. 공공건물인 경우 장애인 전용 주차공간은 장애인들의 접근 용이성을 고려하여 최근접 지역에 배치하였으나 비장애자들의 무절제한 사용으로 장애인들의 불만이 높았다. 이에 따라 County경찰국과 시장 자문위원회는 조례를 통과시켜 장애인 전용 주차공간을 사용하는 비장애인에 대한 벌칙을 크게 강화하였다. 이때 장애인 자원봉사자들로 하여금 벌금부과 및 규칙위반 비장애자들을 적발케 하였고 그 결과 비장애인의 장애인 전용 주차공간 위반 사례는 75%나 줄어드는 효과를 가져왔다.

마. 자원재활용 자원봉사 Program-몽고메리County(메릴랜드, 인구 750,000)

1990년대 들어, 자원재활용(recycling)은 몽고메리 County정부의 주 관심 사항이 되었다. 문제는 제한된 인적자원과 부족한 재정으로 어떻게 효율적인 자원재활용Program을 실시하는 것이었다. 몽고메리 County는 각 기관이나 지역사회단체(민-관을 포괄함)로부터 1명씩의 자원봉사자를 지원받아 자원재활용 Program에 참여하게 하였다. 약 220명의 자원봉사자들은 1년에 6,000시간 이상에 해당되는 기관 또는 지역사회에 자원재활용의 필요성과 그 효율적 운동을 전파 교육하였고 그 결과 County 정부는 부족한 인원과 재정가운데에서도 목표한 소기의 자원재활용 효과를 거둘 수 있었다.

바. 보건위생부 자원봉사 Program-불더 County(콜로라도, 인구 225,339)

불더 County 정부에 있는 보건위생과는 1986년 이래 지속적으로 자원봉사자들을 이용한 건강 및 위생에 관련된 서비스를 주민들에게 실시하였다. 1992년 현재 1,800명 이상의 자원봉사자들이 연 34,000시간 이상을 AIDS/HIV정보 전파 및 교육, 콜레스테롤 함유량 검진, 예방활동 및 외래환자 상담, 청소년 상담 및 지역사회 교육에 할애하고 있다.

다음은 이와 같은 봉사를 독려하기 위해 미국의 각 자치단체가 사용하고 있는 유인(incentives) 및 보상책(rewards)에 대해 알아보기로 한다.

3-2. 유인 및 보상책

미국의 경우 1987년 한 해에 약 8천만 명의 성인 자원봉사자들이 약 149억 시간(금액 환산 1489억 달러)을 봉사활동에 바친 것으로 드러났다.13) 이러한 시민봉사에 대한 공공기관의 포상 또는 보상제도의 연원은

---

13) Manchester, L. D., G. S. Bogart. 1988. Special report: Contracting and volunteerism in local government-A self-help guide. Washington:

고대 그리스 시대에까지 거슬러 올라갈 정도로 그 역사가 깊다. 미국의 자치단체들의 경우 특히 최근에 들어 폭넓은 사례와 보상제도를 도입하여 시민참여증대를 통한 각종 사업의 효율적 집행을 도모하고 있다.

대체로 자원봉사자들은 이타주의적 정신으로 봉사에 나서지만 여타 요인들(보상이나 유인 등) 또한 시민들이 봉사활동에 참여하는 동기부여가 될 수 있을 것이다. 자원봉사 활동의 여러 가지 긍정적 결과들(경비절감, 시민들의 자치단체에 대한 이해증진 등)을 고려할 때, 업무를 시행하는 자치단체들도 이들의 자원과 시간을 봉사활동에 유인할 수 있는 각종 시행 가능한 행정적 배려가 이루어져야 한다.

미국의 경우 자원봉사자들의 활동 필요성을 인식하고 1992년에 체계적이고 심층적인 자치단체별 보상과 유인책 사용에 대한 조사연구가 425개 자체단체를 대상으로 ICMA(International City/County Management Association)에 의해 이루어졌으며 다음은 그 결과를 5가지의 사업으로 대분류하여 정리한 것이다.

표 2. 자치단체들의 사업 시행 분야별 유인책(incentives) 사용 비율

사업 시행 분야	유인책 사용 비율
기관 봉사	31.0%
지역사회봉사	30.0%
각종 조사활동	13.6%
관청, 공공단체 개방	13.8%
공청회 참여	7.10%
무응답	4.5%

상세한 보상과 유인책 사용내역은 위의 다섯 가지로 대분류하여 종합적 조사결과를(표 3)에 정리하였다. 해당부서는 집행을 준비하고 있는 각 계획별로 미국에서의 시민 자원봉사활동에 대한 그 보상과 유인책을 참고할 수 있

International City/County Management Association.

을 것이다. 각각의 * 표시는 조사대상 자치단체 행정 감독관들이 개별 사업 시행에 있어서 자원봉사자들을 모으기 위해 사용했던 보상과 유인책들이다.

표 3. 미국 지방 자치단체들의 시민참여 및 봉사자들의 참가 영역에 대한 격려와 보상의 종류

보상책의 종류	시민 참가영역				
	기관봉사	사회봉사	조사활동	관청개방	공청회참여
금전적 보상					
자원 봉사들에 대한 수당(stipends) 지급	*				
긴급 재난 시 봉사자들에 대한 대용화폐 (token cash) 제공	*				
현금 지급					
세금 또는 각종 공공요금(전기, 가스 등) 감면					
각종 공공요금(공원, 청소 및 오물 수거비 등) 할인	*	*			
투표 참여들에 대한 보상					
식음료 제공					
아침, 점심, 저녁 및 각종 만찬	*	*			*
소풍이나 바비큐 파티	*	*		*	*
청량음료, 과자 및 아이스크림	*	*			*
각종 간단한 파티(cocktail, pizza, 등)	*			*	
선물 증정					
자치단체, 부서 및 사업 상징물(열쇠고리, 연필, 기장 등)	*	*		*	*
의류(t-shirts, 넥타이, 모자, 제복 등)	*	*	*		*
자치단체 이름이 새겨진 달력, 단추, 휘장, 풍선, 쿠폰 등	*	*	*		*
영화표, 대중교통 이용권, 연주회 관람권 등	*	*	*	*	
경품, 무료 견본 등		*	*		
무료입장(골프, 여가시설, 수영장 등)	*	*	*	*	
휘수 우프 도붕					
감사 표시(봉사에 대한 인식)					
기념 명판, 증명서	*	*			*
사업 보고회	*	*			*
신문이나 방송을 이용한 사업시행내용 전파	*	*		*	*
medals, ribbons, trophies, awards	*	*	*		
감사편지 발송 및 관보에 수록	*	*	*		*
기념식	*				
기타					
무료 주차				*	*

자료: National Association of Counties(1994), The Volunteer Toolbox
    National Assocation of Counties(1995), Volunteers and Counties: Partners in Service.
    International City/County Management Association(1994), Use of Volunteers in Local Government Service Delivery
    International City/County Management Association(1994), Community Visioning: Citizen Participation in Strategic Planning

가. 기관봉사

이 부분에서의 자원봉사활동이 가장 빈번한 편인 것으로 나타났으며 2 가지 분야로 그 활동이 분류될 수 있다. 첫째는 자원봉사자들이 도서관, 병원, 학교 또는 자치단 체내의 복지과, 사회안전과 또는 여가담당 등의 특정부서 내의 활동 속에서 이루어지는 것이고, 둘째는 자치단체가 수행하고자 하는 특정한 사업에 시민들의 참여를 촉진시키는 것이다(표 3 참조). 다음은 특정 자치단체가 시행한 구체적인 유인 및 보상책을 사업 시행 분야별로 소개한 것이다.

* Utah주에 있는 Orem County정부는 $600의 상금을 걸고 새로운 교육프로그램 창안을 전 시민에게 공모하여 참여 및 관심을 유도하였다.
* California주에 있는 Frenout County정부는 어린이들을 돌보는 데 필요한 교육에 참석할 자원봉사자들에게 장학금 혜택을 주었다.
* 다수의 자치단체에서 지역사회 안전을 위해 화재경보와 가정 내 경보장치의 설치자들에게 공인 설치증명서를 내주었다.
* 장애인 지정 주차 장소의 비장애인 사용을 막기 위해 장애인들을 감시요원으로 활용하였다.
* 시민안전을 위한 정책 및 감시활동의 일환으로 TAXI를 활용하였다.
* 민간기업이 육아보호소를 운영할 때 세금 감면 혜택을 주었다.
* 장애인들을 돌보는 개인이나 가족들에 대한 세금면제 혜택을 주었다.
* 독신 또는 부부만 사는 노인들과의 전화 연계망을 구축해서 긴급한 도움 필요시 활용하는 봉사자들을 위한 각종 보상을 주었다.
* 공익을 위해 주기적이고 비보상적 봉사활동 계획을 가지고 있는 민-관 단체에 대한 신용등급 증대 또는 세금 감면 혜택을 주었다.

이 외에 이러한 자원봉사의 유인책으로는 만찬, 무도회, 자원봉사활동 증명서 발급(참여자에 대한), 감사의 편지, 매스컴에서의 보도, 시장이나 단체장에 의한 식사대접 등이 있으며 꽃, 티셔츠, 우대권 또는 경품권 제공, 공공이용시설 무료 사용 등도 사용되었다.

나. 지역사회 봉사

지방 자치단체들은 지역사회의 복지와 생동감 있는 지역사회의 유지를 위해 다양한 활동을 전개한다. 이러한 활동으로는 소규모(마을단체 또는 연령별, 인종별) 행사로부터 그 지역사회 전체를 망라하는 행사까지 그 규모도 다양하다. 예를 들면, 이웃 시 또는 County 별로 펼쳐지는 대표적인 지역행사들은 어린이 동맹, 지역사회 교육, 책 전시회, 각종 축제, 도서 전시회, 지역사회 발족 기념일 등이 미국 내 자치단체별로 펼쳐지는 전형적인 행사활동이다. 그 외의 몇몇 자치단체들은 노인의 날, 어린이날, 지역사회 Project를 위한 기금모금회 또는 시민공원 조성을 위한 벽돌판매(Manhattan in Kansas State) 등과 같은 특별한 행사기획도 있다. 이러한 행사 유치를 위해 자원봉사자들에 대한 보상과 유인책으로서 자치단체들은 자치단체운영 Golf Course에 대한 무료입장, 식음료제공, 각종 기념물(티셔츠, 극장표, 경품, 유료공원 무료입장권) 등을 제공해 왔다. 대부분의 자치단체들은 이러한 경품 이외에 봉사자들의 참여에 대한 감사의 표시로서 메달이나 트로피 또는 봉사참가 증명서 등을 제공한다.

다. 각종 조사활동

대다수의 자치단체들은 각종 정책 현안 및 특정 지역사회 안전에 대해 우편을 통한 시민 의식조사를 주기적으로 시행하고 있다. 이때 우편물 발송 시 조사표를 완수하는 데 대한 피조사자에 대한 보상책으로 각종 경품이나 할인쿠폰 등을 사용하고 있는 것으로 나타났다. 보상의 종류별로 조사표 회수 실적에 차이는 있지만, 대다수의 자치단체들은 이러한 유인책의 사용이 만족할 만한 조사표 회수로 나타났다고 말한다.

이때 사용하는 유인책으로는 반송우표 동봉은 물론 지역사회교육 참가, 여가시설 사용, 대중교통시설 이용권 등에 대해 할인요금 제공이나 무료 서비스를 제공하고 있다. 응답자에 대한 감사편지 발송이나 자치단체 또는 지역사회 발행공보 또는 신문 등에 조사에 응한 시민들에 대한 감사 광고문 등은 빠뜨릴 수 없는 각 자치단체의 실시 영역으로 나타났다.

라. 관청 및 공공단체 개방

자치단체들은 시민들의 관청 방문이나 견학을 통한 직접적인 정부 행정 활동 인식이 차후 방문 시민들의 긍정적인 정부행정 및 정책에 대한 옹호 내지는 신뢰로 나타난다고 여기고 있다. 이러한 측면에서 많은 대민 관련 부서들(경찰서, 소방서, 보건 복지부 등)이 주기적으로 그들의 사무실을 시민들에게 개방하고 있다. 이때 방문한 시민들에게 각 주최 부서들은 무료주차장 이용이나 식음료 제공은 물론 영화표, 부서상징물 등의 제공 등의 적극적인 유인책을 사용하고 있다.

마. 공청회 참여

우리나라의 경우보다는 높은 편이지만, 미국의 경우도 시의회나 각종 공청회에 참여하는 시민들의 수가 적은 편이다. 몇몇 자치단체들은 무작위 추출법을 이용해 선택된 시민들에게 참가 초청장을 발송하고 있으며 참석한 시민들에게 넥타이, 참석 증명서, 부서장과의 사진 촬영들을 보상책으로 사용하고 있다.

다음은 이러한 자원봉사자들에 대한 보상책 이외에 이 제도의 사업시행에 있어서 중요한 요인들을 알아보기로 한다.

4. 자원봉사의 도입 및 시행에 필요한 요소

다음은 미국에서 시행되어 왔던 각종 자원봉사제도를 비교 분석하여 NACo(National Association of Counties)에서 소개되어 있는 성공적 자원봉사제 활용을 위한 중요한 요소들을 정리한 것이다.

가. 최고 정책결정권자의 적극적 관심

최고 정책결정자(우리나라의 경우 시장, 도지사, 군수)와 사업 시행부서의 책임자들의 자원봉사제도에 대한 적극적 관심은 특히 계획의 구성, 집행, 재정지원 등이 효율적 운용에 있어서 절대 필요사항이다. 최고 정책결정자들의 자원봉사제에 대한 소극적 관심은 대다수 자원봉사제 활용의 실패로 나타났다.

나. 잘 정립된 공무원과 자원봉사자와의 관계

공무원과 자원봉사자 간의 좋은 업무관계 정립은 이 제도의 성공에 있어서 매우 중요한 요소이다. 이러한 관계정립을 위해 그 제도가 목표로 하고 있는 계획의 기획 단계에서부터 집행에 이르기까지 자원봉사자들과 공무원 간이 유기저 협려 체계는 필수저이다.

다. 합법적 준칙의 설정

자원봉사제 운용을 위한 공식적 준칙의 설정은 자원봉사노력의 중요성을 강조하는 장치이다. 이러한 준칙의 설정은 효율적인 자원봉사자들의 운용을 용이하게 하고 그들의 사업참여에 대한 인식을 제고시킨다. 특정한 경우 각 자치단체별 내규 또는 조례로 규정할 수 있다.

라. 필요로 하는 자원봉사자의 특성 파악특정 부분의 포괄적 사업 집행 전, 가용 가능한 잠재적 자원봉사자들에 대한 치밀한 분석이 필요하다. 이를 토대로 계획 집행에 필요한 적절한 기술과 자원을 가진 자원 봉사자들의 적재적소 배치가 효율적으로 이뤄질 수 있다.

마. 자원봉사자의 해야 할 봉사 분야 설명.

자원봉사자들의 참여할 사업 시행 분야에 대한 설명은 자원봉사제도에 있어서 가장 중요한 사업관리 절차이다. 공식적으로 작성된 자원봉사자와 감독관(또는 사업 협력관) 간의 사업참여 동의서(시행세칙, 핵임 및 업무 수록) 작성이 수반되어야 한다.

바. 교육과 감독

자원봉사자들에게 사업 시행에 필요한 사전 교육이 필요하다. 이 과정에서 사업의 내용, 동기, 봉사내용 등 봉사자들에게 숙달시키는 작업이 필요하다.

사. 기록보존과 평가

자원봉사자들이 활동한 내역을 보고하는 것은 그들의 실재 활동한 내용만큼 중요하다. 이러한 기록은 추후 시행될 추가사업이나 새로운 사업시행 시 중요한 교훈이 된다.

아. 자원봉사자들에 대한 사업인식 제고.

사업에 참여한 자원봉사자들의 지방정부에 대한 그들의 공헌을 인식시켜야 한다. 이러한 그들의 공헌 및 봉사에 대한 인식 제고는 기존 봉사자들의 재참여를 높일 수 있는 한편 새로운 봉사자들의 참여를 촉진시킬 수 있다.

5. 결 론

지금까지 본 보고서는 미국의 자원봉사제도의 필요성과 활용경험을 다양한 각급 자치단체의 사례정리를 통해 알아보았다. 지금까지 살펴본 바와 같이 미국의 각 자치단체들은 자원봉사제도를 거의 모든 사업부서별로 지역이나 사안의 시행에 알맞은 제도를 도입해 적용해 왔으며, 많은 행정 및 재정비용을 절감하는 것은 물론, 건전한 민주시민 의식고취 및 시민들의 정부에 대한 행정불신의 완화 등에도 기여한 것으로 나타났다.

우리나라의 경우 일반적으로 시민들의 적극적 자치단체 선택의 결여(직장이나 자녀 진학문제 등의 이차적 요인이 더욱 크게 작용)로 인한 해당 자치단체에 대한 소속감 부족 등으로, 자치단체에서 시행하는 각종 공공사업에 대한 참여의식이 희박하다고 말한다. 하지만 이러한 시민의식의 부재는 주로 기존 자치단체의 행정이 개방적이지 못하고, 특정 계층만의 이익을 대변한다는 인식을 시민들에게 심어준 것과, 광범위한 시민참여를 담보해 낼만한 제도의 미비 등이 그 주요 요인으로 들 수 있다.[14]

모든 정책집행에 있어서 시민참여가 반드시 효율적인 효과를 가져다주는 것은 물론 아니다. 의사결정 과정에서의 시간의 지연이나 예측되는 정책 파급효과에 대한 의견의 불일치와 이로 인한 갈등 등은 시민의 정책참여로 야기될 수 있는 부정적 효과(disincentives)라 할 수 있을 깃이다.[15] 하지만 각종 행정 집행에 시민참여가 담보해낼 수 있는 긍정적 효과(재정비용 절감, 정부정책에 대한 시민의식 제고 등)는 그 운용의 묘에 따라

---

14) 서울21세기연구센터. 1994. 부문별 정책구상: 도시행정부문. 서울시정개발연구원(report no.21C94 -1 -P-5). p.18-19.

15) Kweit, M. G. and R. W. Kweit. 1987. "The politics of policy analysis: The role of citizen participation in analytic decision making", DeSario, J. and S. Langton.(eds.) Citizen Participation in Public Decision Making. Wesport: Greenwood Press.

이 같은 부정적 요소들을 상쇄하고도 남는다는 것을 미국의 경험을 통해 알 수 있다.

다른 한편으로, 각 연구기관에서 제시하는 각종 정책대안들이 '건전한 시민단체 육성'이라는 슬로건 아래 또 다른 재정비용 유발을 초래하는 대안[16)]인 반면, 각 집행부서별로 탄력적인 시행이 가능한 자원봉사제도의 도입은, 현재의 서울시와 같이 광범위한 분야에서의 인력 및 예산 부족에 시달리는 자치단체의 경우 매우 유효한 정책집행의 도구가 될 수 있을 것이다. 이 제도에 대한 많은 경험을 축적하고 있는 西歐 여러 나라의 사례를 심층 분석하여, 우리의 각 자치단체의 역량에 부합하는 항구적이고도 포괄적인 자원봉사제도의 확립에 시야를 돌릴 시기다.

---

16) 서울21세기연구센터. 1994. 부문별 정책구상: 도시행정부문. 서울시정개발연구원(report no. 21C94-1-P-5). 서울특별시. 1996. 민선1년 백서요약-자치 서울 1년: 새로운 출발을 위하여. 서울특별시.

Ⅶ. 재난관리

Ⅰ. 머리말

지구촌 어디에서나 예고 없이 발생하는 자연재해 및 인재로 인한 재난 피해는 실로 엄청나다. 로스앤젤레스만 하더라도 1987년부터 1996년에 무려 13번의 재난(지진, 화재, 인종폭동, 폭풍우 등)이 발생하였으며, 이들 모두 대통령이 재해지역으로 선포하는 수준이었다. 반복적인 기상재해에 체계적으로 대응하려면 기상재해는 물론 기후변화와 기후변화협약 등의 문제를 국가가 종합적으로 대응할 수 있게 재난관리시스템이 하루 빨리 구축되어야 함은 모두 동감하는 바이다. 우리나라의 경우 재난대응책이 여러 부처에 나뉘어 있고 재난방지 계획이나 복구와 관련된 활동이 자연재해대책법, 재난관리법, 재해구호법, 민방위기본법 등 각종 개별법에 따라 별도 운용되고 있는 실정이기에 재난에 대비하고 재난 시 이를 효과적으로 대처하지 못한다는 지적이 있다.

미국 지자체의 경우 재난대비 및 관리를 위하여 통합된 관리체제를 통하여 비상사태 및 재난에 신속히 대처할 수 있는 재난관리 기구를 만들어 효율적으로 대처하고 있는데 이는 과거 1980년 이전에는 전통적인 재난관련 업무를 경찰국, 소방국, 공공시설국, 수도·전력국 등에서 주관하다보니 재난발생 시 상호 부서 간의 협조체계가 미비하여 신속을 요하는 재난처리가 비효율적이고 명령체계도 많은 혼선을 유발하였던 문제점을 해결하고자 재난관련 통합시스템에 대한 요구가 대두되었다. 이에 의거 지자체의 통합된 재난관리기구의 원조 격으로 로스앤젤레스 시는 1980년에 재난에 대비하고 재난 시 피해를 최소화하고자 재난관리조직(Emergency Operations Orgarnization)을 구성하여 재난에 신속대응하고 있다. LA시의 재난대비 및 관리체계를 통하여 우리시의 재난관련 업무에 도움이 되었으면 한다.

Ⅱ. 本 論

1. L.A.시 재난관리조직(Emergency Operations Orgarnization)

□ 연 혁

L.A.시는 1980년부터 천재지변이나 기타재앙 등의 상황발생 시 지방정부로서 응급을 요하는 비상시에 대비하고 피해복구를 신속히 해결하고자 재난관리조직(Emergency Operations Organization)을 신설하였으며, 1994년 캘리포니아 주정부의 '캘리포니아 주 비상관리 기준(California Standardized Emergency Management System)'에 의거하여 비상관리센터(Emergency Operation Center)와 비상대책위원회(Emergency Operations Board)로서 재조정되어 재난에 대비하는 응급지원센터를 준비하였다.

□ 재난관리조직(Emergency Operations Organization)의 설립목적
  ○ 인명구조 및 재산보호
  ○ 대민서비스와 사회간접시설의 보수 및 개축
  ○ 재난발생 시 단일화된 지휘체계 제공
  ○ 재난 시 보유자원의 보호, 사용, 분배 등의 통제활동
  ○ 정부차원의 지원제공
  ○ 연방, 주정부, 카운티정부간의 재난발생 시 상호 연계망 구축

□ 조직체계(기구표) 및 기능

● 비상대책위원회(Emergency Operations Board)

경찰, 소방, 건물안전, 인사, 공원, 교통, 총무, 전산정보, 수도전력, 토목, 행정, 입법분야 등의 책임자들인 국장급들로서 구성되어 있으며 평상시 의장은 경찰국장이 담당(비상사태 시는 시장이 주관)하고 부의장은 행정국장(City Administrative Officer)이 일상 시 비상대책위원회의 활동을 관장하고 시검사장은 법률적 자문을 담당하며, 비상시 재난대비(Emergency Preparedness)관련사항은 행정국 간부(Assistant City Administrative Officer)가 총괄 운영한다. 일반적으로 평상시엔 1년에 6번의 정기적인 모임을 개최하고 있으나 1994년 노스리지 지진 때는 3주간에 14번의 긴급모임을 통하여 지진피해 복구 및 피해보상을 위한 대책방안을 신속히 피해주민에게 제공하기위한 연방, 주, 지방정부차원의 지원방안을 마련하는 데 주도적인 역할을 하기도 하였다.

도표 1.

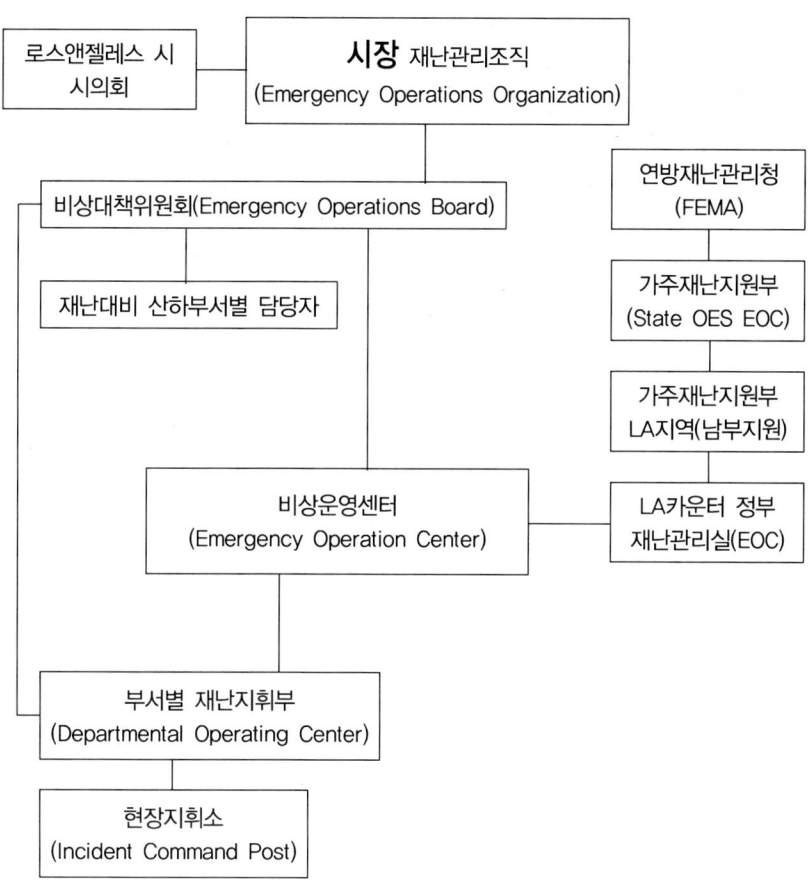

1) 비상대책위원회(Emergency Operations Board) 위원구성

의 장: 경찰국장(Chief of police)

부의장: 행정국장(City Administrative Officer)

위 원: 건물안전국장(Department of Building & Safety)

위 원: 시검사국 간부(Chief Legislative Analyst)

위 원: 소방국장(Los Angeles Fire Department)

위 원: 총무국장(Departmrnt of General Services)

위 원: 기술정보국장(Information Technology Agency)

위 원: 인사국장(Personnel Department)

위 원: 공공건설위 커미셔너(Board of Public Works Commissioners)

위 원: 공원위락국장(Department of Recreation & Park)

위 원: 교통국장(Department of Transportation)

위 원: 수도전력국장(Department of Water & Power)

2) 재난대비 관련 산하부서별 담당 공무원 수

* 노인국(Department of Aging)

  담당자 1명

* 공항국(Department of Airports)

  담당자 2명(정, 부)

* 동물보호국(Animal Regulation Department)

  담당자 2명(정, 부)

* 건물안전국(Department of Building & Safety)

  담당자 3명(정, 부-2)

* 법률자문실(Office of the Chief Legislative Analyst)

  담당자 2명(정, 부)

* 행정국(Office of City Administration Officer)

  담당자 3명(정, 부-2)

* 시검사관실(City Attorney's Office)

  담당자 2명(정, 부)

* 서기국(Office of City Clerk)

  담당자 2명(정, 부)

* 개발국(Community Development Department)

  담당자 2명(정, 부)

* 재개발국(Community Redevelopmemnt Agency)
  담당자 1명
* 환경국(Environment Affairs Department)
  담당자 2명(정, 부)
* 소방국(Los Angeles City Fire Department)
  담당자 3명(정, 부-2)
* 총무국(Department of General Services)
  담당자 3명(정, 부-2)
* 항만국(Harbor Department)
  담당자 2명(정, 부)
* 주택국(Los Angeles Housing Authority)
  담당자 1명
* 기술정보국(Information Technology Agency)
  담당자 2명(정, 부)
* 공공도서관국(Los Angeles Public Department)
  담당자 2명(정, 부)
* 시장실(Office of the Mayor)
  담당자 2명(정, 부)
* 인사국(Pesonnel Department)
  담당자 2명(정, 부)
* 도시계획국(City Planning Department)
  담당자 2명(정, 부)
* 경찰국(Los Angeles Police Departmcnt)
  담당자 3명(정, 부-2)
* 토목국(Public Works Department)
  담당자 3명(정, 부-2)

* 공원위락국(Department of Recreation & Parks)
  담당자 3명(정, 부-2)
* 교통국(Department of Transportation)
  담당자 3명(정, 부-2)
* 수도전력국(Department of Water & Power)
  담당자 3명(정, 부-2) : 전력담당
  담당자 2명(정, 부) : 수도담당

3) 재난대비 관련 기타 협조기관
  * 미적십자사(American Red Cross)
    - 재난지원국(Disaster Service Department)
  * 산업체 비상기획 및 대비연맹(Business & Industry Council for Emergency Planning & Preparedness)
  * 캘리포니아 주 재난지원부(California Office of Emergency Services)
    - 남부지원(Southern Region)
  * 로스앤젤레스 카운티정부(County of Los Angeles)
    - 재난관리실(Office of Emergency Management)
  * 다운타운 지진대책위(Downtown Earthquake planning Action Council)
  * 로스앤젤레스 재난연계망(Emergency Network Los Angeles)
  * 연방재해관리국(Federal Emergency Management Agency)
    - 제9 지역본부(Region IX)
  * 로스앤젤레스 통합교육구(Los Angeles Unified School District)
    - 재난지원국(Office of Emergency Services)
  * 가스공사(The Gas Company)
  * 구세군(Salvation Army)
  * 미육군 공병단(U.S. Army Corps of Engineers)

● 비상운영센터(Emergency Operation Center)

비상운영센터의 지휘권 및 스태프 진은 상황에 따라 다르다. 폭동, 화재, 홍수, 지진 등에 의한 경우는 시경찰국장 및 경찰지휘계통이 주관하고, 기타 경우는 소방국장 및 소방지휘계통이 주관하게 된다. 총무국은 비상운영센터의 병참역할을 하며, 시행정국은 재정/행정 및 연락을 담당하며, 시장실은 정보와 홍보분야를 담당한다. 비상운영센터의 조직구성은 비상계획관(Director)과 6개 분야 담당관(Coordinators)외에 상황평가반(Situation Assessment Unit)과 지적정보반(GIS Mapping)으로 구성되며 비상사태의 정도에 따라 인원이 추가되거나 감원된다.

1) 조직체계 및 기능

(도표 2.)

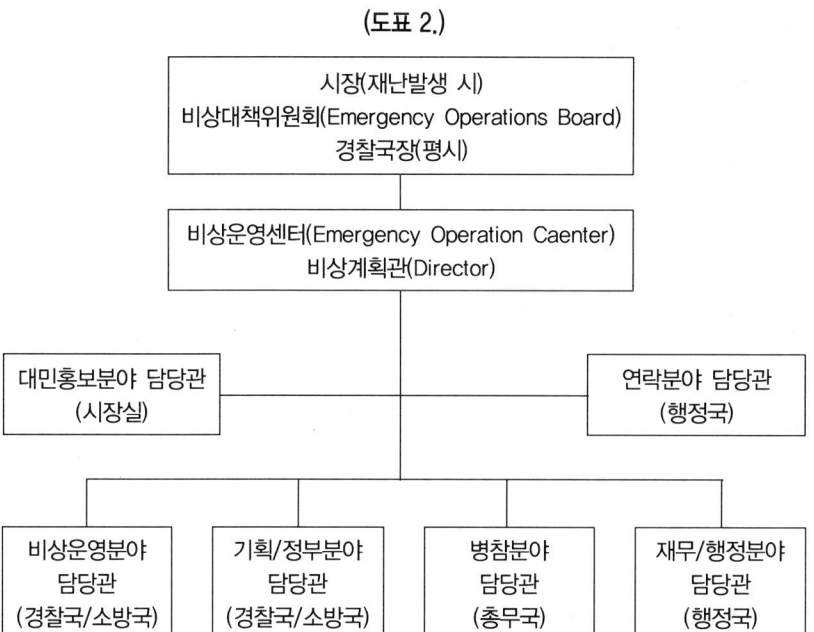

*공항반	*비상기획반	*총무국	*행정국
*동물보호반	*문서기록반	*통신반	*지원반(EOO)
*건물안전반	*상황평가반	*관리반	*피해평가반
*소방국	*피해복구반	*급식/물자지원반	*회계관리반
*항만반		*차량지원반	*시검사
*경찰반		*인원/소집반	*법률지원
*토목반		*전산정보반	
*교통반			
*수도전력반			
*복지/노숙자반			

2) 근무인력 및 임무(기능)

비상운영센터(Emergency Operation Center)의 분야별 임무는 다음과
같다.

○ 비상계획관(Management EOC Director)

경찰국장/소방국장 중에서 담당하며 비상시 민간기구와 정부부서들
과의 상호 협력에 대한 전반적 지침과 조정에 대한 책임을 진다.

○ 비상운영분야 담당관(Operations Section Coordinator)

경찰국/소방국 부서 중에서 담당하며 비상시 부서별 행동 및 운영에
관하여 주관한다.

○ 기획/정보분야 담당관(Planning/Intelligence Section Coordinator)

경찰국/소방국 부서 중에서 담당하며 정보의 수집, 평가, 전달을 담
당하며, 비상운영센터의 기능에 부합하는 행동지침과 자료의 관리
등을 전담한다.

○ 병참분야 담당관(Logistics Section Coordinator)

총무국(General Services Department)에서 담당하며 비상시 시설, 서
비스, 인원, 장비, 자재를 지원하는 업무를 수행한다.

○ 재무/행정분야 담당관(Finance/Administration Section Coordinator)
행정국(City Administration Officer)에서 담당하며 행정지원 및 재정
관련 업무에 대한 책임을 진다.

○ 대민홍보분야 담당관(Information and Public Affairs Section Coordinator)
시장실에서 담당하며 대민홍보 관련 정보의 전파매체를 통한 홍보와 시
운영방송매체의 활용을 통한 광범위한 대민정보 제공을 담당한다.

○ 연락분야 담당관(Liaison Section Coordinator)
행정국(City Administration Officer)에서 담당하며 시 산하부서와 기
타 단체와의 연락을 주관하는 업무를 한다.

3) 단계별 비상상태 대응체계 및 담당인원

상 황	위험도	비상수준	행 동 기 준
○지진예고/경고 ○홍수 ○2-3개 부서관련사고 ○24시간 이내 처리가능 사고	경미	1	○1단계 담당인원(8-10명) ○시장 및 시의회 의장 통보 ○비상대책위원회(EOB) 및 시산하부서 전체통보 ○카운티정부에 통보
○일반지진 ○시 전역 영향주는 화재/홍수 ○24시간 이상 예상되는 사고	보통	2	○2단계 담당인원(30-40명) ○시장 및 시의회 의장 통보 ○비상대책위원회(EOB) 및 시산하부서 전체통보 ○카운티정부에 통보
○시 전역/주 전체 비상 ○시에서 감당할 수 없는 재앙 ○상호 지원이 필요시 ○수일경과 예상의 사고	최고	3	○3단계 담당인원(70명 이상) ○시장 및 시의회 의장 통보 ○비상대책위원회(EOB) 및 시산하부서 전체통보 ○카운티정부에 통보

4) 시스템 구성

○ 내부 시스템

비상운영센터(EOC)와 24개 이상의 부서별 운영센터(Department Operation Center)는 정보관리시스템(EOC Information Management System: EOCIMS)이라고 알려진 자동화된 광범위 네트워크(Wide-Area Network: WAN)로 상호연결 되어 있다. 비상운영센터 및 인접한 사무실에는 정보관리시스템(EOCIMS)을 주축으로 지역망(Local-Area Network: LAN)을 연결하는 80개 이상의 자동화된 연결망(Automated Work Station)을 구비하고 있다.

비상운영센터(EOC)에는 2종류의 전화망이 가설되어 있으며 하나는 일반전화회사(퍼시픽벨 전화회사)가설 직통망이고, 시내부 연결용의 독립된 비상전화망(EOO Telephone System)으로 구분된다. 독립된 비상전화망은 시 전 지역의 100여 개 이상의 부서장과 시설물과 내부로 연결되어 있다. 한편, 이동통신 장비인 셀룰라용 전화기들도 추가로 준비되어 있다.

기타시설로는 6대의 기증받은 팩스머신과 복사기, 40개 TV 모니터, 라디오 등이 준비되어 있다.

○ 외부 시스템(소방, 경찰 등과의 네트워크 형태)

비상운영센터(EOC)에는 4개의 위성선화망이 가주성부 비상실(Office of Emergency Services:OES)과 가주 전 지역을 커버하는 58개 카운티정부 비상운영센터(EOC)와 연결된 OASIS(Operational Area Satellite Information System) 방식으로서 소방, 경찰과도 연락되도록 준비되어 있다. 또한 3종류의 라디오망(소방, 경찰, 800MHz)을 통하여 58개 카운티정부와의 상호 연계가 가능하다.

5) 설립예산

로스앤젤레스 시의 재난관리센터는 '90 디자인 설계를 거쳐 '92 - '95년에 건물준공을 하였다. '96년 12월에 컴퓨터 등 내부장비를 도입하여 재난대비 및 재난 시 지휘소로서의 기능을 다하고 있다. 시의회에서는 비상운영기금(Emergency Operations Fund)을 설립하여 이 기금으로 비상관련 교육, 장비, 자료지원 등에 지급된다. 비상관리청(Emergency Operations Organization)의 예산은 재난관리과(Emergency Preparedness Division)에서 조정되어 비상대책위원회(Emergency Operations Board)의 인가를 받아 시장에게 보고되어 시의회의 최종 승인을 받는다. 일반적으로 재난관리 관련 예산책정(1997 - 98년도)은 행정국 예산의 10%인 120만 불 정도이다.

6) 평소 근무인력 및 임무(기능)

시행정국(City Administration Office)산하 재난관리과(Emergency Preparedness Division)에서 비상사태에 대비한 준비를 하며, 비상관리청 담당인원은 평상시에는 2명이 장비점검 및 비상연락망 확인 등 준비업무만을 수행하며 재난관리과에서는 L.A.시 부서별 시공무원을 대상으로 재난관리교육을 담당하고 있다.

7) 상황발생 시 근무인력 및 기능

상황이 발생하면 평소에 준비한 상황지침(Manual)에 따라 신속히 대처하게 되며 6개 분야 조정관들과 상황 평가반(Situation Assessment Unit) 및 지적정보부서(GIS Mapping) 담당자들이 신속히 소집되어 상황파악 및 비상사태 대비요령을 하달하게 된다.

2. LA시 재난대비 관련 부서정보

가. 일반재해관련 정보
- 비상운영위(Emergency Operations Organization) 응급전화 안내
- 수도·전기고장 안내(수도전력국)

나. 홍수정보
- 홍수대비책(건물안전국)
- 모래주머니 무료배포 지역안내(도로관리과)

다. 지진안내
- 지진대비 안내서(소방국)
- 지진대비 안전 및 대비방안(토목과)

라. 화재안내
- 잡목제거방안(소방국)

3. 시설분야별 재난대비 안전점검 담당부서

가. 도시기반시설

1) 도로: 도로관리계(Bureau of Street Maintenance:Dept. of Public Works)
2) 지하철: 광역 교통공사(Metropolitan Transit Authority)
3) 하수도: 하수처리과(Bureau of Sanitation:DPW)
4) 가스: 남가주 가스회사(Southern California Gas Company)

나. 도시방재시설

1) 유수지: 수도전력국(Department of Water & Power)

2) 하천: 하수처리과(Bureau of Sanitation)

3) 제방: 건물안전국(Department of Building & Safety)

다. 다중이용시설

1) 호텔: 건물안전국(Department of Building & Safety)

2) 백화점: 건물안전국(Department of Building & Safety)

3) 운동경기장: 건물안전국(Department of Building & Safety)

3) 공연장: 건물안전국(Department of Building & Safety)

라. 공동주택 및 대형공사장

건물안전국(Department of Building & Safety) 및 주택국(Housing Dept.)
에서 담당.

4. 부서별의 주요업무

가. 안전관리반(건물안전국)의 주요업무

- 주거지역 안전점검

- 건축 규정위반 단속

- 특수공사 담당

- 축제행사장 담당

- 민원 조사담당

- 주차시설 안전담당

- 전기안전 담당

- 열처리 담당

- 배관담당

- 상업지역 담당
- 건물담당
- 전문분야 조사
- 정지작업 담당
- 지진관련 안전점검
- 면허 및 허가사항 준수여부 조사
- 엘리베이터 안전담당
- 수압기관련 안전담당

나. 도로관리계(토목공사국)의 안전관련 주요업무

- 도로 균열상태 및 도로 훼손여부 점검
- 도로 재포장 담당

다. 소방국의 안전관련 주요업무

- 소방안전관의 정기적 점검
- 지하철공사 및 운행관련 안전점검 상호 협조
- 잡목제거관련 담당
- 축제행사 안전담당
- 학교, 병원, 교회시설 안전담당
- 건축공사 소방시설 담당
- 정유관, 수도관, 전선 등에 대한 안전담당
- 유해·유독물질 안전담당

※ 소방서의 재난(화재)대비 관련 점검사항 및 기간들

○ 기본적인 화재경보장치(Basic Fire Warning Systems): 1년

○ 단지 내 화재경보장치(Complex Fire Warning Systems): 1년

○ 중앙통제시스템(Central Station Signalling Systems): 1년

○ 엘리베이터(Elevators, Automatic): 1년

○ 비상용 발전기(Emergency Generator and Lighting Systems)

 - 고층건물(high-rise bldgs.): 1년

 - 일반건물(all other bldgs.): 5년

○ 건물 내 소화전(Fire Doors)

 - 고층건물(high-rise bldgs.): 1년

 - 일반건물(all other bldgs.): 5년

○ 비상구(Fire Escapes): 1년

○ 클래스 Ⅰ 수화전(Class Ⅰ Standpipe Systems): 5년

○ 클래스 Ⅱ 수화전(Class Ⅱ Standpipe Systems): 5년

○ 클래스 Ⅰ수화전(Class Ⅲ Standpipe Systems): 5년

○ 혼합형 수화전(Combined Standpipe Systems): 5년

○ H형 수화전(Class H Standpipe Systems)

 - 승압펌프식 수화전(systems with a booster pump): 2년

 - 기타(all other systems): 5년

○ 소방펌프(Fire Pumps): 1년

○ 화재진화용 스프링클러(Automatic Fire Sprinkler Systems): 5년

○ 수압조절밸브(Pressure Reducing Valves; PRV's): 1년

○ 소화기(Automatic Fire Extinguishing Systems): 6개월

라. 로스앤젤레스 카운티 광역교통공사(지하철관련)의 안전관련 주요업무

 - 광역교통공사 경찰(MTA Transit Police Officer)의 주차장, 지하철
   역, 기타 대중교통 관련사고 담당 및 안전 및 재난대비 순찰 임무

- 폐쇄회로를 통한 역주변 안전감시 임무
- 지하철 내 인터콤을 통한 기관사와의 즉시연결
- 조명을 통한 안전대처
- 광범위한 안전체계: 비상 브레이크장치, 유리파손 시 조각방지 장치, 비상전화.
- 지진대비 안전점검: 1989년 샌프란시스코 지진 및 1994년 LA지진 에도 지하철관련 피해가 없었음
- 안전관리과(the Safety Department)에서는 1993년 기준 약 500명의 직원, 컨설턴트, 하청업자들에게 지하철 공사관련 안전규칙인 현장 안전규범(Field Safety Orientation Handbook) 교육을 실시함

마. 하수처리과(토목공사국)의 재해대비 관련 주요업무

- 수해에 대비한 안전점검 및 시민 불편사례 접수
- 하수구 점검
- 빗물 침수지역 파악

바. 남가주 가스공사의 화재안전관련 주요업무

- 가스누출여부 점검
- 가스누출 신고관련 업무
- 공사 시 지하매설 가스관 정보안내
- 지진 전·후 대비책 안내
- 가스사용 제품 안전점검 및 안전교육

사. 주택국의 안전관련 주요업무

- 임대주택 및 임대아파트 입주자 불편사례 현장조사
  - 지붕 및 벽면의 방수여부
  - 창문 및 현관문 작동상태
  - 배관 및 가스시설 안전
  - 냉·온수 시설
  - 하수처리 시설
  - 바퀴벌레, 쥐 서식여부
  - 방범 등 및 전선피복상태
  - 계단 및 바닥 안전상태
  - 쓰레기장 주변 청결상태
- 임대주에 대한 의무규정 이행여부 점검
- 불이행 시 임대료 차압(이행 시까지)

Ⅲ. 맺는말

전술한 바와 같이 로스앤젤레스 시는 각종 재난에 효율적으로 대처하기 위하여 시정부산하의 모든 재난업무 관련부서들을 통합적으로 조정하는 기관인 재난관리조직(Emergency Operations Organization)을 미지자체 중 처음으로 1980년부터 운영하여 오고 있다. 연방정부의 경우에도 비상시의 재난에 대비하는 전 미국의 기후변화 등 기상문제를 총괄하는 국가기후위원회를 두어 부처 간 이견을 조정하고 정책을 강도 높게 추진하고 있는 실정이며, 재해를 최소화하기 위하여 개발계획을 입안 시 입지장소와 지반상태, 기후조건, 강수량 예측 등 설계단계부터 방재 개념을 엄격히 적용하고 있다. 또한 풍수해보험, 지진보험 등 재난구제관련 보험제도도 잘 운용되어 재난을 당한 이재민들도 국가의 재정적 지원방식에만 의지하지 않고 재활의 기회를 다시 시작할 수 있는 제도를 우리들도 도입하여, 기상재해 손실을 복구하는 과정에서 나타나는 이재민들의 심리적 고통을 덜 수 있는 제도가 도입되었으면 한다.

  자연재해의 경우에서 현대의 첨단기상장비를 보유하였다고 하여 다변하는 기상조건을 정확하게 언제나 예측할 수는 없고 설사 기상예보만으로는 자연재해에 대처할 수 없음을 선진국인 미국 내에서 발생하는 재난재해를 통하여 잘 증명되고 있다. 우리의 실정을 보면 환경에 대한 국민의식의 낙후성과 무리한 택지개발로 인한 자연환경의 훼손으로 재해발생 시 피해의 규모가 커질 수 있음을 잘 알 수 있다. 결론적으로, 반복되는 자연피해를 최소화하는 길은 재난에 대한 대비, 점검, 재난 시 신속한 피해복구, 재정지원 및 문제점 파악과 후속조치 등을 통하여야만이 가능하다고 본다.

부 록

01. 사례별로 본 미국의 지방행정 초판발행 언론보도

서울경제　　　　　　　　　　　　　　　2007년 05월 22일 화요일 A33면 사회

"진정한 지방자치는 경제자치에서 출발"

'미국의 지방행정' 출간 화제 박용래 관악구 부청장

"지방의회가 있다고 지방자치가 되는 게 아닙니다. 우리나라는 아직 경제 지방자치가 이뤄지지 않고 있습니다."

최근 서울의 한 자치구 부구청장이 쓴 '사례별로 본 미국의 지방행정(한국학술정보㈜ 펴냄)'이란 책이 부산 등 각 지방자치단체의 '러브콜'을 받으며 화제가 됐다. 이 책에는 경제 행정 교통 등 다양한 분야의 미국 행정이 서울시의 행정과 비교돼 있다.

저자는 서울시 최초 미국 로스앤젤레스(LA) 서울종합홍보센터 관장으로 근무했던 박용래(54·사진) 관악구 부구청장. 그는 서울시 안에서도 '국제화된 공무원'으로 정평이 나 있다.

박 부구청장은 미국에 비해 우리나라의 지방자치단체는 지역경제를 활성화시킬 동력이 부족하다고 강조했다. 그는 "미국 LA시에서는 반대세(부가가치세)의 일부와 호텔 숙박세 전체가 LA시로 들어온다"며 "이 때문에 LA시는 물건이 더 팔리게 하려 노력하고 공항에서 관광객들의 불편한 점은 없는지 수시로 점검하는 등 시자체가 직접 도시의 경쟁력을 갖춘다"고 말했다.

우리나라의 낮은 부가가치세 등 '실물경제'의 세금 일부를 지자체에 나눠줌에 따라 해당 지자체가 지역경제에 밝게그나 서게 된다는 얘기다.

그는 이어 "미국에서는 항만 공항 컨벤션센터 등을 모두 지자체가 관리한다"며 "경제의 기반이 되는 지역의 물류 시스템을 각 지자체가 운영함에 따라 더 많은 고객 유치를 위해 지자체가 직접 뛰게 되고 이 과정에서 부가가치가 바로 창출된다"고 답했다.

박 부구청장은 또 공무원들도 이제 '국제화된 능력과 마음가짐을 갖춰야 한다고 말했다.

그는 "한미 FTA가 체결됨에 따라 이제 도시와 도시간의 교류의 문도 본격적으로 열리게 됐다"며 "공무원들이 법규와 제도 예산 의존할 것이 아니라 멀리를 바꾸고 인터넷을 통해 외국의 우수 행정사례를 스스로 찾아 활용할 줄 아는 국제화된 능력을 갖춰야 한다"고 말했다.

서울 78년 행정고시에 합격한 뒤 부청장은 서울시에서 국제교류과장·투자유치과장 등을 거쳤고 양천구와 성동구 부구청장을 역임했다.

최근에는 서울 시립대에서 '대도시 정부외 국제 교류 실태와 활성화 방안 연구'로 박사학위를 취득한 후 전임교수로도 활동하는 등 '공부하는 공무원'의 표본이 되고 있다.

/문흥우 기자 seoubird@sed.co.kr

World Report | Book

행정공무원이 바라본 미국의 지방행정사례

박용래 관악구 부구청장

사례별로 본 미국의 지방행정
박용래 지음 / 한국학술정보(주)
펴냄 / 3만5000원

미국의 지방행정사례집 낸 박용래 관악구 부구청장

박용래 관악구 부구청장은 1996년부터 2000년까지 미국 로스앤젤레스(LA) 서울종합홍보센터 관장으로 일하며 얻게 된 행정실무와 사례들을 묶어 '사례별로 본 미국의 지방행정'을 발간했다.

경제, 행정, 교통, 건설, 환경, 정보화 등 다양한 분야의 미국 행정 사례를 서울시 행정사례와 비교·검토하여 알기 쉽고 일선 행정에서 활용이 가능하도록 풀어낸 점은 그의 꼼꼼한 성격을 드러낸다.

박 부구청장은 서울시 초대 국제교류과장을 거쳐 1996년 LA 서울관을 개설했다. 미국 주요도시를 순회하면서 서울시의 문화와 투자환경을 설명하고 미국의 지방자치 제도와 사례를 수집했다. 미국에서의 재임기간에 서울시에 보내온 보고서의 페이지 수만 확인해 봐도 그의 남다른 행정에 대한 열정을 엿볼 수 있다. 무려 281건 6428쪽에 달하는 보고서로 지난해 8월 한국학술정보가 이 자료에 대한 출판을 제안했고 자료 중 30%를 정리해 책으로 엮었다. 나머지 행정사례도 2, 3권으로 묶을 계획이다.

이 책은 미국의 행정사례를 토대로 만들어진 만큼 이론에 대한 이해를 돕고자 하는 의미보다는 직접 현장실무에 활용

이 가능하다는 점에서 현장실무자들에게 꼭 필요한 실무지침서로의 활용이 가능하다.

우리나라에서는 버스·지하철 등 대중교통을 도시별로 운영하지만, LA에서는 LA시와 주변 도시가 참여하는 LA대중교통공사(MTA)에서 책임진다. 대중교통은 지역을 아우르는 광역 문제라는 데 합의했기 때문이다. 교통운영 분담금은 인구비율에 따라 도시별로 나눠 낸다. 서울시와 경기도처럼 다른 교통카드를 사용하는 일이 없다는 얘기다.

LA시는 또 판매세(부가가치세)도 걷는다. LA 호텔에 머물면 투숙객은 숙박세 14%를 내는데 이것이 LA시로 들어간다. 당연히 LA시는 인근 공항, 항구, 버스터미널에 도착하는 여행객을 시로 끌어오기 위해 각종 서비스를 제공한다.

박 부구청장은 중앙대 법학과를 졸업하고 피츠버그 대학원에서 도시행정학 석사학위를 받았으며 서울시립대에서 '대도시정부의 국제교류 실태와 활성화 방안 연구'로 박사학위를 받았다. 현재 서울시립대에서 겸임교수로 도시관리론을 강의하고 있다. **KLAFIR**

서울신문 www.seoul.co.kr
since 1904

[내가 바로 으뜸 공무원] 美행정사례집 낸 박용래 관악부구청장

박용래(54) 관악구 부구청장이 최근 '사례별로 본 미
국의 지방행정(한국학술정보㈜ 펴냄)'을 발간했다. 경
제 행정   화 등 다양한 분야의 미
국 행정사례를 서울시 행정사례와 비교 검토했다.

박 부구청장은 "미국의 지방정부가 실제 시행하는 제
도를 중심으로 정리해 관련 분야의 실무참고가 될 수
있을 것"이라고 말했다.

이 책은 학구파인 박 부구청장이 1996 2000년 미국
로스앤젤레스(LA) 서울종합홍보센터 관장으로 일한
결과물이다. 그는 서울시 초대 국제교류과정을 거쳐
1996년 LA서울관을 개설했다. 미국 주요도시를 순회
하며 서울시의 문화와 투자환경을 설명하고 미국의
지방자치 제도 사례를 수집했다. 재임기간에 그가 서
울시에 보낸 보고서만 무려 281건 6428쪽에 달한다.
지난해 8월 한국학술정보㈜가 이 자료를 출판하자고 제안했고 자료 중에서
30%를 발췌해 책으로 엮었다. 그는 나머지 행정사례도 2,3권으로 묶을 계획이
다.

박 부구청장이 소개한 미국의 지방행정은 구체적이고 실질적이다.

우리나라에서는 버스   철 등 대중교통을 도시별로 운영하지만,LA에서는
LA시와 주변 도시가 참여하는 LA대중교통공사(MTA)에서 책임진다. 대중교통
은 지역을 아우르는 광역 문제라는 데 합의했기 때문이다. 교통운영 분담금은
인구비율에 따라 도시별로 나눠 낸다. 서울시와 경기도처럼 다른 교통카드를
사용하는 일이 없다는 얘기다.

박 부구청장은 "서울시는 돈의 흐름을 보여주는 부가가치세를 걷지 않아 지역
경제를 독려하는 데 한계가 있다."고 분석했다. 그래서 미국의 행정경험을 배
우고 서울시에 접목하는 노력을 계속해야 한다고 강조했다.

박 부구청장은 피츠버그 대학원에서 도시행정학 석사학위를 받았다. 최근에는
서울시립대에서 '대도시정부의 국제교류 실태와 활성화 방안 연구'로 박사학위
를 받는 등 학구 열기를 이어가고 있다. 지금은 시립대에서 도시관리론을 강의
하고 있다. 영어감각을 놓칠세라 영어방송 듣기를 게을리 하지 않고 있다.

정은주기자 ejung@seoul.co.kr

I 기사일자 : 2007-04-20 I

02. 서울시 LA사무소 운영현황

□ 서울관 개요
- 위치: 4801 Wilshire Blvd. #101(KOTRA 무역관 내)
- 규모: 4800sf.(약 134.90평)
- 주요 시설: 중소기업지원실, 영상홍보실, 교역상담실, 자료실 등
- 인원: 시 직원 2명(3급 1, 6급 1), 현지채용 2명
- 개관일시: 1996. 4. 23

□ 주요 기능
- 경제지원 활동: 중소기업 미주진출 지원(수출 판로 개척, 전시회 참가 등), 서울 투자환경 홍보 및 상담
- 서울 문화, 관광 홍보: 서울의 문화, 역사, 관광 안내 및 홍보
- 행정정보 수립, 교류: 시정 관련 행정자료 수집, 도시 간 교류 등 경제 분야 지원활동

※ 1996년

- 통상박람회, 교역세미나, 투자유치 설명회 등(3회)
  - 참가홍보: 토랜스 시 교역전시회, 롱비치 시 아시아 트레이드 교역세미나
  - 투자유치: 뉴멕시코 주 서울투자유치 설명회 및 카탈로그 전시회 (1996년 12월 앨버커키, 뉴멕시코 주)
- 관내 중소기업체 카탈로그·샘플 전시, 배포, 기타 상담
  - 기업 및 제품소개 카탈로그, 샘플 전시회 개최(1996. 11. 피닉스·투산)
  - 기업 및 제품소개 카탈로그 배포: 약 2,000여 부
  - 통상관련 안내 및 상담: 약 400건

※ 1997년

□ 투자유치 세미나, 통상 박람회, 참석 및 개최
- 1997 포모나 아시안 상업박람회 참가
- 1997. 2. 1~2, L.A. 동부 Pomona시 Fairflex.
- Long Beach시 교역세미나 침식
  - 1997. 2. 12, Long Beach시 World Trade Center
- 1997 Fedex Global Perspectives 참가
  - 1997. 10. 27~28, 피닉스 시빅프라자
- 1997 컴덱스 전시회 참관
  - 1997. 11. 18, 라스베가스
- 개관 1주년 기념 「서부 3개 도시순회 투자종합세미나」 개최
  - 1997. 4. 24 솔트레이크시티(유타 주)

- 1997. 4. 29 덴버(콜로라도 주)
- 1997. 5. 1 시애틀(워싱턴 주)
• 서울통상관광설명회 개최
  - 현지 주정부의 협조로 서울의 투자환경 및 문화관광 등 종합 홍보활동
  - 1997. 9. 10, Omaha(네브래스카 주), 시카고 총영사 및 무역관 업무공조
  - 1997. 11. 18 Charleston(남캐롤라이나 주), 애틀랜타 무역관 업무공조
  - 1997. 11. 20 New Orleans(루이지애나 주), 2회 개최

□ 시장개척단 및 유관기관 업무지원
• 영등포구 시장개척단 수출상담회
  - 1997. 6. 3, L.A. 래디슨윌셔 플라자호텔
• 콜로라도 주 대표단 L.A. 지역 한국지상사 방문협조
  - 1997. 8. 13~14, LG, 대우, 삼성 방문주선
  - 주정부 통상담당관, 오로라 시 시장, 덴버국제공항 관계자 등

□ 기타 통상자료 제공 · 상담 및 자료수집 등
• 통상 관련 자료수집
  - 1997 Las Vegas 컴덱스 쇼 서울시 참가관련 자료조사(1997. 3)
  - 무역진흥 민관합동회의 관련 자료(1997. 3)
  - 중소기업 제품 L.A 상설전시장 설치관련 진행상황 보고(1997. 4)
  - L.A. 국제통상자문위원회 현황조사.(1997. 10)
  - L.A. KMC 현장조사(1997. 11)

- 카탈로그 송부업체 결과회신(1997. 4)
  - 총 참여 업체 256개 대상
- 투자유치설명회 개최기 작성
  - 서울시 투자유치활동 참고사항 소개
- 미국 지역 유망 전시박람회 현황조사
- 기업소개 및 제품안내 카탈로그 배포: 약 3,880부
- 통상관련 안내 및 상담: 약 860건

※ 1998년

□ 캘리포니아 기프쇼 참가
- 일시(장소): 7. 18~7. 22(LA 컨벤션센터)
- 참여 기업: 서울소재 중소기업 32개 사
- 주요성과
  - 거래희망 바이어 수: 210건
  - 수출계약액(1998. 11월 현재): 1,050만 달러

□ 조국경제 살리기 재미동포 방문단 지원
- 인원: 재미교포 1세 기업인 50명
- 기간: 4. 5~4. 12(서울, 경주, 제주 등)
- 지원목적: 중소업제품 구매촉진 및 관광 진흥
  (서울시 '중소기업제품전시판매장' 등 방문주선)

□ 기타 제품홍보·상담 및 자료수집 등
- 중소기업제품 카탈로그 및 샘플 전시: 300여 개 사(샘플 전시: 30개 사)
- 제품 카탈로그 및 기업 홍보자료 배포(715건)

- 서울기업제품 구매 및 투자관련 상담(348건)
- 통상관련 자료수집
  - 1998 미국지역 유망 전시, 박람회 현황 조사
  - 주요도시 세일즈단 및 투자설명회 참관 및 자료 수집

※ 1999년(11월 현재)

- 세미나 참관 - 투자 설명회 및 전시회 참관 4회
- 전시회 참가 - 상품 전시회 참가 1회
- 투자설명회 개최 2회
- 기업 제품 홍보 - 제품 카탈로그 배포 1,300매, 통상 상담 276회

문화 · 관광홍보 활동

※ 1996년

- 관광교역 전시회참가 홍보물 배포 및 상담
  - Travel Age사 주최(1996. 6, 팜스프링스)
- 인터넷 홈페이지 개설, 홍보물 배포
  - 문화, 관광, 시정 등 각종 시정 홍보물 및 자체 팸플릿 배포(22,000)
- 대언론매체 홍보활동
  - 120여 언론사를 대상으로 보도자료 배포, 취재 인터뷰 및 보도출
    연(26회)
  - 현지 일간지 약 41회 취재보도
- 내방객 자료제공(일평균 5건), 전화문의 수신(일평균 20여 건)
  영상물 및 도서 대여(일평균 3건)

※ 1997년

□ 관광홍보 전시회, 박람회, 설명회 참가
• Travel Age Travel Show 참가
  - 1997. 6. 6~7, Las Vegas MGM 호텔
• St. Louise 관광설명회 참가
  - 1997. 9. 3, 미조리 주 센트루이스, 매리엇 파빌리언 호텔.
• 1997 IT & ME 국제관광교역전시회 참가
  - 1997. 10 6-7, 시카고 컨벤션센터
• 1997 한국의 밤 참가
  - 1997. 10. 22, 샌디에이고, 관광공사 주최
  - 1997. 12. 3. 로스앤젤레스 옴니호텔, 관광공사 주최

□ 홍보매체 보강
• 인터넷 홈페이지 내용 보완
  - 서울시 신규로고 및 배경 디자인 변경
  - 보유자료 리스트, 중소기업체 리스트 등 정보 확대.
  - 서울관 안내 및 자료요청서 접수 등 적극 홍보
• 시울권 자체 인내 팸플릿 보완제각(30,000부)
  - 신규로고 등 내용보완
• PATA 남가 주 지역회의 회원가입(1997. 6)
• 각종 홍보자료 배포: 약 4,500점(문화, 관광, 지도, 기념품, 자체 팸플릿)
• 대언론매체 홍보활동(24건)
  - 당관활동 보도자료 수시배포 및 언론취재 인터뷰
• 타 기관 및 단체 지원을 통한 홍보

- 샌디에이고 초중고등학교 세계 민속잔치: 홍보자료 제공(1997. 5)
    - 한미문화재단 6·25 참전 용사 위로의 밤 홍보자료 제공(1997. 6)
- 북캐롤라이나 주 서울방문단(35명): 홍보자료 제공(1997. 8)

※ 1998년

□ 관광홍보 전시회, 박람회, 설명회 참가
- 1998 Korea Expo 참가
    - 일시·장소: 1998. 5. 2~5. 3, LA(컨벤션센터)
- 1998 ASTA 총회 관광교역전 참가
    - 일시·장소: 1998. 10. 15~10. 17, LA(컨벤션센터)
- 1998 National Travel Exchange 관광교역전 참가
    - 일시·장소: 1998. 11. 4, 시애틀(컨벤션센터)

□ 남가주 교사방한단 초청 설명회(1998. 7. 10.)

□ 기타 활동
- 타운 내 교민 관광사업자 간담회 수시 개최
- 관광안내 책자 등 홍보물 배포-전시회 시 배포 및 우편 송부(2,195부)
- 인터넷을 통한 서울의 문화 및 관광홍보(이용자: 6,262건)

※ 1999년(11월 현재)

- 교역전 참가-관광교역전 및 문화행사 13회
- 관광상담 및 홍보물 배포
    - 관광상담 1,588건, 안내물 배포 3,045매, 개념품 배포 530개

- PR 활동 - 언론 인터뷰 및 보도자료 7회
- 인터넷 이용자 수 4,128명
- 시정·홍보 활동 - 상담·자료 배포 건수 294회

행정정보 수집 및 교류
별첨참조(총 281건 6,428쪽)
※ 1998년

03. LA사무소 언론보도 내용

"4년간 보낸 보고서만 281건"

선진행정 서울시정에 접목시키고 귀국
LA서울종합홍보센터 박용래관장

인터뷰

"96년4월 정식 개관이후 경제지원활동과 홍보, 행정정보 수집 등 3가지 기능을 LA서울관의 주요 업무로 설정했었습니다."

4년간의 임기를 마치고 18일 서울로 귀임하는 LA서울종합홍보센터 박용래 관장(46·사진).

그는 95년12월 LA로 부임, 4개월의 준비과정을 거쳐 홍보센터를 개설한 이후 줄곧 서울시를 주류사회에 알리는 한편 선진 행정을 서울시정에 접목시키기 위해 교량역할을 담당했다.

또 본국 중소기업들의 미주시장 진출을 지원키 위해 박관장은 캘리포니아 기프쇼와 같은 대형 박람회장에 한국관 마련을 주선하기도 했다.

특히 미 전국의 주요도시를 순회하며 서울시의 투자환경을 설명하고 문화와 관광상품을 홍보하는 데도 큰 노력을 기울여 왔다. 이같은 노력은 그가 재임기간 서울시에 보고한 총 281건, 6,428쪽에 달하는 각종 보고서에 그대로 배어있다.

"그중에서도 윌셔가 재단장 계획, 유료고속도로 개발, 장애인을 위한 공공건물 건축규정, 부숙자 대책, 자원봉사제도 시정활용 방안 등에 관한 보고서는 서울시를 비롯한 각 지방자치단체의 정책수립 자료로도 적극 활용되고 있다"고 박관장은 전했다.

"후회없을 만큼 열심히 일했습니다. 개인적으로도 미국의 제도와 생활의 장·단점을 파악할 수 있는 소중한 기회였구요."

박관장은 귀임후 시간이 허락된다면 그동안 겪었던 미국생활을 토대로 한국인들에게 미국의 '참모습'을 알리는 책을 펴내고 싶다고 말했다.

중앙대를 졸업하고 76년 서울시에 들어간 박관장은 국제교류과장, 양천구 부구청장 등을 역임했으며 재직중 고려대 그 대학원에서 도시행정학 석사학위를 취득한 '학구파' 부이사관 이기도 하다.

노세희 기자
⟨rshe@joongangusa.com⟩

서울저널

제8422호

The Korea Times Los Angeles Edition

Wedn

'서울'에 미친 "서울 나빠스"

LA 서울홍보센터 초대관장 박응래씨

▲서울시 홍보팀 박응래 팀장이 ...

인터넷순회 설명회 주력… 신도시시행 자문해가 모국 방문도

Los Angeles Times

◆ TUESDAY, APRIL 23, 1996   **B3**

METRO NEWS

Seoul Opens Office in L.A. to Promote Trade

■ **Pacific Rim:** Mayor of South Korean capital says new center will help smaller businesses market products in the United States.

By K. CONNIE KANG
TIMES STAFF WRITER

In a historic step to strengthen economic and cultural ties between Los Angeles and Seoul, the mayor of the South Korean capital is opening an outreach office in Los Angeles today, the first such facility outside Asia.

"The two cities have much in common and a tremendous potential to work together for mutual benefit," said Seoul Mayor Cho Soon, who will inaugurate the Seoul Information Center, at 4801 Wilshire Blvd., this afternoon, with Mayor Richard Riordan and scores of local and state officials on hand.

"In an age of globalization, relationships between cities become more important than ever because the role of central governments decreases," Cho said. "What happens in Seoul and other parts of northeast Asia affects Los Angeles and California."

California is South Korea's fourth-largest trading partner, after Japan, Canada and Mexico.

Tonight, to celebrate the center's opening, Cho and his wife will host a reception with Korean entertainment at the Omni Hotel downtown. More than 1,100 people from the worlds of politics, business and academia have been invited.

The relationship between Los Angeles and Seoul goes back nearly a century, when Korean pioneers first settled here.

Today, Los Angeles has more Koreans than anywhere outside Asia. A majority of the more than 400,000 Koreans in Southern California hail from Seoul, a city of 11 million.

Cho, an economist with a doctorate

IRIS SCHNEIDER / Los Angeles Times
Seoul Mayor Cho Soon looks over pamphlets at Seoul Information Center.

from UC Berkeley, expressed the hope that the Seoul City Hall annex in Los Angeles will serve as an important two-way forum to exchange information on a number of subjects.

"We have much to learn from each other," he said.

The outreach office here will offer a variety of materials covering an array of subjects in print, video and through a computerized retrieval system, which will be backed up by resources in South Korea, officials said.

Cho said his office would like to assist small- and medium-size enterprises in Seoul with marketing products in the United States because they are handicapped by a lack of information. By the same token, he hopes his center will be useful to American businesses that are looking to establish business connections in Seoul.

"Most people outside Korea only know about the big companies such as Hyundai, Samsung or Daewoo," he said, "but the backbone of the South Korean economy consists of small- and medium-size businesses."

On Monday, Cho was the host at a meeting of Korean businessmen and their Los Angeles counterparts. He also visited subway construction sites. Traffic jams are a major problem in Seoul, which has 2 million cars.

The mayor also said he is studying federal and state clean air and other environmental laws to use them as models for Seoul, where smog is worse than in Los Angeles.

Cho, recently named South Korea's most popular politician in a public opinion survey, is an unusual public figure there. Equally fond of Confucian classics and Shakespeare's tragedies, Cho is a

thoughtful man who believes that people of ability and social conscience should take part in public service.

At the age of 60, after two decades of teaching economics at the prestigious Seoul National University, Cho accepted in 1988 a simultaneous appointment as deputy prime minister and minister of the Economic Planning Board, which sets South Korea's economic policies.

"I went into government for one reason—for public service," he said.

He was later tapped to run the Bank of Korea, perhaps the most influential financial position in the country.

Last year, when he was drafted by a major opposition party to run for mayor of Seoul, he could not turn it down, Cho said.

"I had to practice what I preached," he said.

He won handily, becoming the first popularly elected mayor of Seoul in 35 years.

Cho said he shares with many Koreans at home and abroad the embarrassment of seeing two former presidents—Chun Doo-Hwan and Roh Tae-Woo—in jail for receiving bribes and abusing power.

But he expressed the hope that as democracy takes root in South Korea, after three decades of military rule, the importance of integrity in public and private lives will take hold.

What happened to the two corrupt leaders may not change the course of the South Korean body politic right away, he said, but there is a lesson to be learned from their fall.

That lesson is to make democracy work, he said. Toward that end, South Koreans individually as well as collectively need to think about what democracy really means and practice it.

Americans have a stake in what happens in Seoul and the rest of Asia, too, he said.

Cho leaves Wednesday afternoon for the Bay Area to deliver a speech at UC Berkeley, after a morning meeting with Riordan.

· 저자 ·

박용래
(朴龍來)

·약 력·

충남 서천 출생
중앙대학교 법학과 졸업
미국피츠버그대학원 행정석사(2년)
서울시립대학교 행정학 박사
제18회 행정고시 합격
미국LA서울시사무소장(4년)
서울시립대학교 사무처장
강동구청장 권한대행
강동구청 부구청장, 관악구부구청장
중앙대학교 겸임교수

·주요저서·

『대도시 정부의 국제교류 실태와 활성화 방안』
외 다수

·표   창·

대통령 근정 포장

·연 락 처·

spdream87@chol.com

사례별로 본

미국의 지방행정(후속편)

• 초판 인쇄	2008년 11월 17일
• 초판 발행	2008년 11월 17일
• 지 은 이	박용래
• 펴 낸 이	채종준
• 펴 낸 곳	한국학술정보㈜
	경기도 파주시 교하읍 문발리 526-2
	파주출판문화정보산업단지
	전화 031) 908-3181(대표)·팩스 031) 908-3189
	홈페이지 http://www.kstudy.com
	e-mail(출판사업부) publish@kstudy.com
• 등 록	제일산-115호(2000. 6. 19)
• 가 격	36,000원

ISBN 978-89-534-5187-2 93350 (Paper Book)
         978-89-534-5306-7 98350 (e-Book)